国家科技支撑计划课题（编号：2012BAJ01B03）
城市地下道路建造与运营安全关键技术研究系列丛书

城市地下道路通风工程设计指南

北京市市政工程设计研究总院有限公司　著
北京工业大学

中国建筑工业出版社
中国城市出版社

图书在版编目（CIP）数据

城市地下道路通风工程设计指南/北京市市政工程
设计研究总院有限公司，北京工业大学著. —北京：
中国城市出版社，2016. 3
城市地下道路建造与运营安全关键技术研究系列
丛书
ISBN 978-7-5074-3060-8

Ⅰ. ①城… Ⅱ. ①北… ②北… Ⅲ. ①城市隧
道-隧道工程-通风工程-指南 Ⅳ.①TU459.9-62

中国版本图书馆 CIP 数据核字（2016）第 054476 号

责任编辑：付　娇
责任校对：焦　乐　王雪竹

城市地下道路建造与运营安全关键技术研究系列丛书

城市地下道路通风工程设计指南

北京市市政工程设计研究总院有限公司
北京工业大学 著

*

中国建筑工业出版社
中国城市出版社 出版、发行（北京海淀三里河路 9 号）

各地新华书店、建筑书店经销
霸州市顺浩图文科技发展有限公司制版
北京京华铭诚工贸有限公司印刷

*

开本：787×1092 毫米　1/16　印张：13½　字数：308 千字
2017 年 10 月第一版　2017 年 10 月第一次印刷
定价：96.00 元
ISBN 978-7-5074-3060-8
（904023）

本书编委会

主 编 单 位：北京市市政工程设计研究总院有限公司

北京工业大学

主要起草人：李 雁　陈 超　李俊梅　李 琼　常 军

郑晓娜　赵英杰　邓奕雯　胡秦锱　袁浩庭

主要审查人：包琦玮　张 旭　谢朝军　谢永利　车轮飞

杨秀军

序

目前我们国家发展面临着六大难题，即人口、土地、能源、水资源、环境和气候，其中首当其冲的就是人口持续增长和土地资源不断减少，开发利用地下空间是解决城市资源与环境危机的重要措施。21 世纪是地下空间资源开发的世纪。

我们土木工程也应顺潮流而检讨自己，大量的土建工程拔地而起，人们要进入城市，大量的交通、房屋要建，我们每天都看到大片良田被钢筋混凝土所取代。能否把地面沃土多留点给农业和环境，把地下岩土多开发点给道路交通、工厂和仓库，从而使地下空间成为人类在地球上安全舒适生活的第二个空间。城市地下道路建设是城市地下空间开发与利用的重要组成部分，随着城市建设规模的扩大和市民交通出行需求的提高，为完善城市道路路网、缓解城区道路的交通拥堵，国内城市地下道路建设近年来开始快速发展，上海、北京、南京、深圳、杭州、武汉、宁波、南宁等城市均有已建成或在建的地下道路。

本系列指南是以"十二五"国家科技支撑计划"城市地下道路建造与运营安全关键技术研究"（2012BAJ01B03）为依托，在地下道路分岔与立交暗挖技术安全控制、路线线型及交通安全设计、通风与防烟排烟控制技术等三个方面进行了大量现场数据测试、缩尺物理模型实验和专题研究，并结合近年来城市地下道路工程实际案例而形成的技术成果。指南基于砂卵石等松散地层条件，给出了适合复杂及大断面隧道的安全建造方法和控制指标体系；通过大量的实地调研、仿真分析和驾驶模拟试验，研究地下道路车辆行驶安全特性，提出并优化了道路设计安全性敏感参数；通过对地下道路气流流动特性及控制方法的分析研究，重点比对各国汽车排放因子特点，初步给出了适用于多点进出复杂线型城市地下道路通风设计标准，补充了通风设计相关以排抽为主双阀网络计算方法，进一步诠释现有规范条文的应用。上述部分成果已经成功应用于城市地下道路示范工程中。

本系列指南信息量大，实用性强，我将本书推荐给从事城市地下道路设计、施工、运营管理、教学、科研等工作的人员和广大读者，相信本书的出版对我国城市地下道路建造与运营技术水平的提高，定会起到积极的促进和推动作用。

中国工程院院士

2017 年 2 月 9 日

前　言

目前我国城市地下道路通风工程设计主要是参照执行《城市地下道路工程设计规范》CJJ 221—2015、《公路隧道通风设计细则》JTG/T D70/2-02—2014 和《公路隧道设计规范　第二册　交通工程与附属设施》JTG D70/2—2014 等国家现行标准规范。《细则》虽主要针对各级公路山岭隧道，但对于单点进出的地下道路通风设计其基本思路是相通的，通风方式和计算方法等可以适用。随着城市地下道路迅猛发展，多点进出系统、互通立交式系统的地下道路、地下车库联络道等多种新型城市地下道路出现，特别是当地下道路设置在环境空气质量等级较高功能区域，如密集居民区、医疗教育服务区等，通风设计标准、控制运行要求、洞口或通风井口环境保护要求等方面存在显著差异，有必要根据各隧道的实际情况进行探讨。因此，亟待有一套系统的城市地下道路环境通风控制设计理论和方法，以满足我国城市地下交通基础设施建设关于隧道环境污染物控制与通风工程应用的需求。

《城市地下道路通风工程设计指南》的主要内容来源于"十二五"国家科技支撑计划课题"城市地下道路建造与运营安全关键技术研究（2012BAI01B03）"的部分研究成果。研究团队根据城市地下道路特点，收集调研了国内外大量相关文献资料；对上海、长沙等地4条在运营的多点进出城市地下道路和直隧道进行了长达3年多的现场实测调研；同时还搭建了1:8缩尺模型试验台；以此为基础，开展了关于地下道路气流流动特性及控制方法的分析研究，重点研究和对比了各国汽车排放因子特点，初步给出了适用于多点进出系统性的城市地下道路通风设计标准，补充了多点进出系统、互通立交式系统城市地下道路通风设计的相关计算方法。

本指南在编制过程中，参照了国家或行业现行的相关标准规范，同时借鉴了美国的《公路隧道、桥梁和其他限制级高速公路标准》NFPA 502—2014，瑞士联邦公路局（ASTRA）的《公路隧道通风设计规范　系统选择、测量和配置》ASTRA 13001、《逃生隧道通风》ASTRA 13002，挪威公共道路管理局的《公路隧道手册》，日本道路协会的《道路隧道技术基准（换气篇）及解说》等标准文献。

本指南共分10个章节，第1章绪论（李雁等执笔）、第2章城市地下道路污染物通风控制主要设计条件（陈超、邓奕雯等执笔）、第3章城市地下道路需风量计算（陈超、李琼等执笔）、第4章隧道通风换气（陈超、胡秦镝等执笔）、第5章防烟与排烟系统设计（李俊梅等执笔）、第6章风机及其配套设施选型与设计（李雁等执笔）、第7章空气净化处理（李雁、常军等执笔）、第8章通风系统监测与节能运行控制（陈超、袁浩庭等执笔）、第9章工程实例（李雁、李磊、华高英、常军、郑晓娜、赵英杰等执笔）、第10章计算机辅助设计仿真模拟软件简介（李俊梅等执笔）。

本指南对于城市地下道路设计常用的标准、规范上已经说明得比较清楚的内容，只列出了需要参考的标准、规范名称，不作重复编写，对于容易疑惑的地方，进行多角度的分析、比较，并引用工程实例给予说明。另外，编入了国外对城市地下道路便捷的计算方法，提出计算机模拟仿真应用技术。与此同时工程应用与案例得到中国建筑科学研究院防火所有关同事的支持。

我们衷心希望，本指南不仅能在城市地下道路的通风工程设计领域发挥作用，还能对未来城市地下道路的建设以及管理养护等方面作出贡献。由于编写时间仓促，编者水平所限，书中难免有疏漏和不妥之处，恳请广大读者批评指正！

目　　录

1　绪　　论

1.1　编制背景与原则

1.1.1　背景

城市地下道路是城市地下空间开发与利用的重要组成部分，是城市经济高速发展、城市土地资源与城市建设矛盾迅速激化的产物。随着城市化进程的不断推进，为完善城市道路路网、缓解城区道路的交通拥堵，国内各城市地下道路建设正在不断发展。

在土地集约化使用的今天，随着人们对环境、美化和舒适要求的提高，地下快速道路（速度为 60 ~ 80km/h）开发已经成为国内外不少大城市的焦点。

1. 国外

美国波士顿的 bigdig 项目将中央干道交通转入地下，美化了地面环境（图 1-1）；悉尼的 Cross City 地下道路（图 1-2）穿越了 Hyde 公园和高楼密集区域，保护了地面的景观和慢行交通的环境；东京的中央环状线（图 1-3）和法国的 A86 环状线（图 1-4）由于拆迁和风景区保护，难以成环，目前都采用了地下道路方案。对于水系发达的城市，城市附近建造水底隧道，如有美国纽约市哈德逊河底的荷兰隧道和林肯隧道、宾夕法尼亚东河水底隧道、英法海峡隧道、日本新关门隧道和青函海底隧道等。哈德逊河底的荷兰隧道建造在 19 世纪 20 年代，恰逢此时，美国匹兹堡市的自由隧道（长度 1800m）发生交通堵塞，一氧化碳（CO）中毒导致乘客昏迷事故，它利用车行道上方

(a)　　　　　　　　　　　　　　　　　　(b)

图 1-1　波士顿中央干道

（a）高架桥拆除；（b）地下道路取代高架桥后环境变化

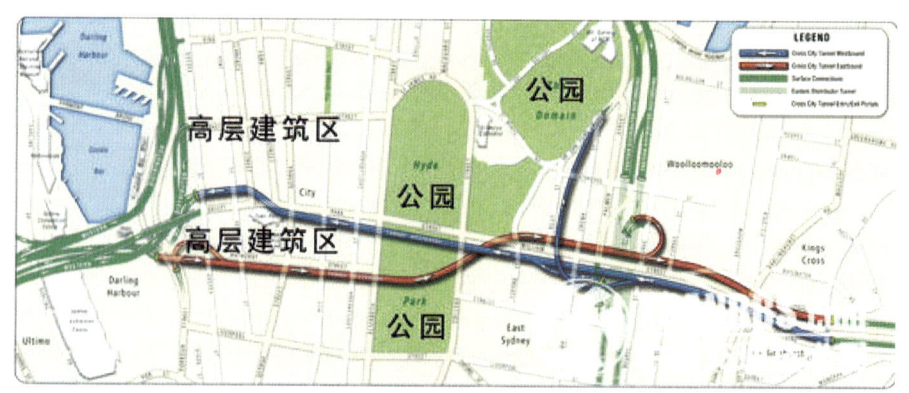

图 1-2 悉尼 Cross City 地下道路

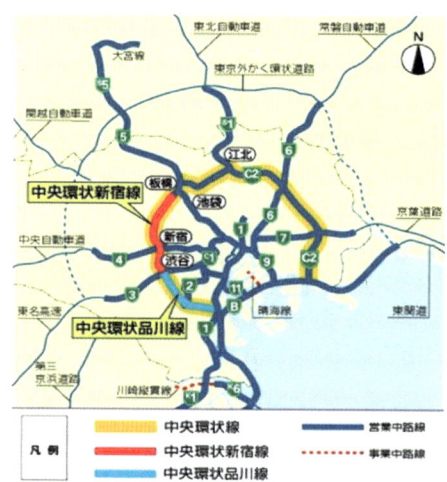

图 1-3 日本东京中央环状线

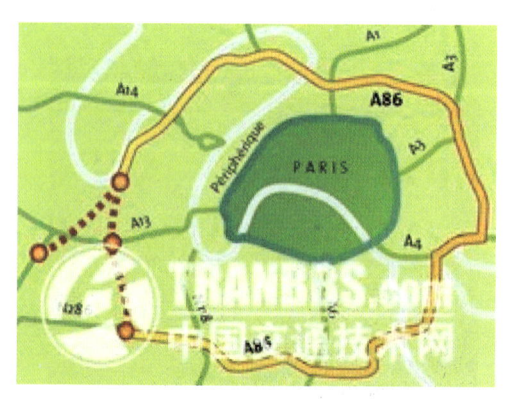

图 1-4 法国的 A86 环状线

和下方弓顶空间做风道，将气流从下部送入隧道上部排出形成全横向通风方式，通风换气量采用了当时美国地矿局推荐的一氧化碳浓度限值 $400cm^3/m^3$，是世界上第一座采用机械通风系统解决环境问题的行车隧道。

2. 国内

香港狮子山隧道是第一条由政府兴建的隧道，于 1967 年建成通车，大大缩短了新界地区与城市之间的行车距离。目前，香港特区有三条过海隧道。为解决路面交通拥堵及过江、过海等问题，上海、深圳、武汉、南京、长沙、青岛等城市已在建或建成多条城市地下道路。上海建成或在建的地下道路多达 16 条，其中 13 条为越江隧道（图1-5）；长沙建成了跨越湘江的营盘路隧道（图1-6）、年嘉湖隧道；南京的长江隧道、玄武湖隧道；厦门的万石山隧道（图1-7）、翔安海底隧道等。

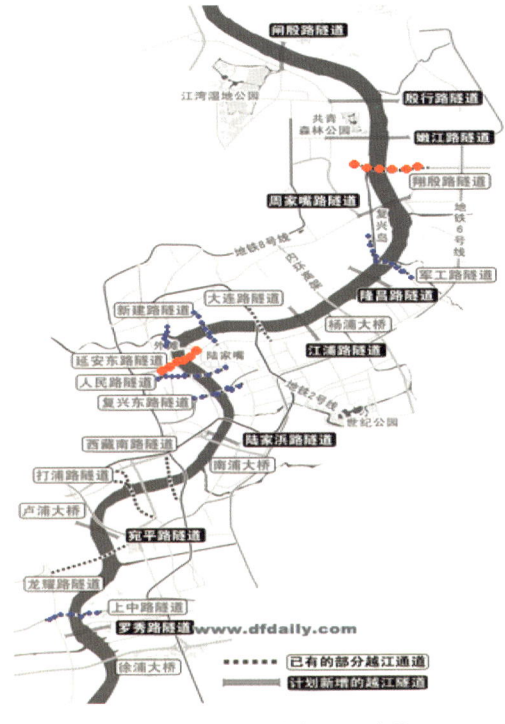

图1-5　上海的多条越江隧道

图1-6　长沙的营盘路湘江隧道

图1-7　厦门的万石山隧道

近几年，为缓解城市重要区域的地面交通拥堵问题，一种新型城市地下公共交通系统——城市地下交通联系隧道（简称为地下环隧）应运而生。即，在综合考虑环境、资源、成本效益等因素的基础上，将城市地下交通联系隧道作为专供机动车辆通行的、公共的、设有与地下开发空间和地面市政道路连接出入口的城市交通集散通道，以此作为城市地下空间开发的有机组成部分。例如，北京在一些重要地区以及建筑密集区已建设了多条地下环隧，分别为中关村科技园西区环隧、金融街环隧、奥林匹克公园环隧、CBD（中央商务区）核心区环隧、通州北环环隧、奥南环隧等（图1-8）；此外，广州、深圳、南京、武汉、长沙、杭州、宁波、青岛等大中城市也相继建成或正在建设城市地下道路，以缓解城区中心拥堵的地面交通状况。

城市地下道路由于地理位置、服务功能、交通特性以及结构特性等都与公路隧道有显著不同，使得其内部交通风力、污染物的扩散特性、火灾工况下烟气的蔓延特性都与一般的山岭公路隧道有较大的不同，相应的通风工程设计及其系统运行无法简单照搬公路隧道的相关标准与规范。

为此，本指南基于所承担的"十二五"国家科技支撑计划课题《城市地下道路建造与运营安全关键技术研究》（课题编号：2012BAJ01B03）的研究成果，针对车型、车速、机动车尾气排放物及其浓度等因素，对城市地下道路污染物扩散机理、模式能见度等的影响规律进行分析，研究控制污染物浓度的通风量和通风方式，研究污染物向地面

3

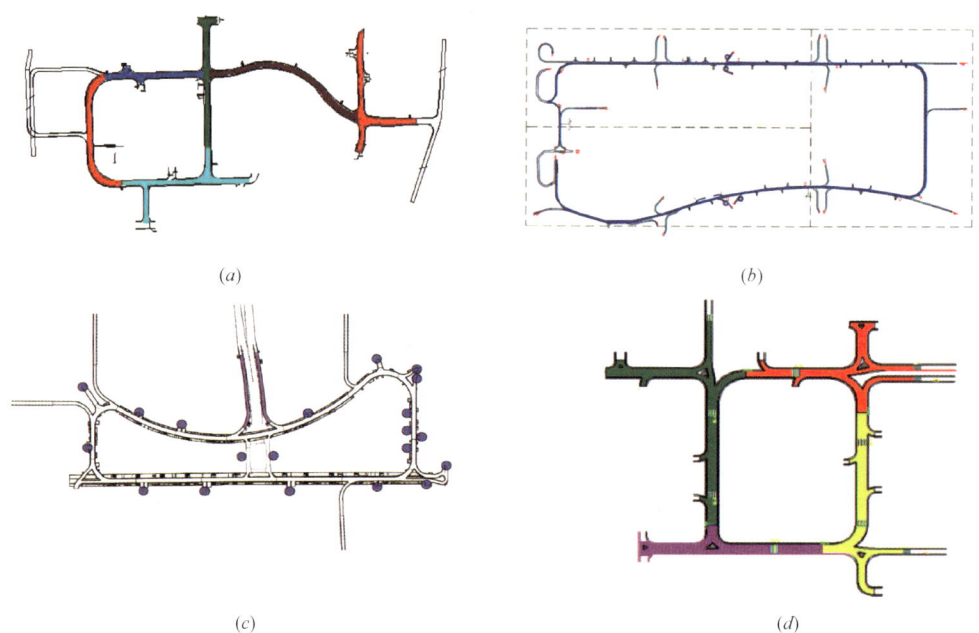

图 1-8 北京城市重点地区地下环形隧道

(a) 奥林匹克公园北区环形隧道；(b) 金融街地下环隧；

(c) 奥林匹克公园南区环形隧道；(d) 北京 CBD

排放的条件及其排放方式，包括排风竖井的设置方式等；基于安全行车条件，对城市地下道路环境热湿环境控制方式及标准研究，提出正常运营工况，适于城市地下道路污染物有效控制的通风排气系统设计方法及其系统优化节能运行策略；结合城市地下道路烟气流动特性及控制方法的分析研究，通过实体模型对温度场、速度场、烟气浓度场和能见度场的实测结果，获得烟气流动和分布规律以及不同烟气控制的方法的效果，提出火灾工况下适于城市地下道路火灾烟气控制的方法以及合理的通风气流组织方案；进一步结合实际工程案例，提出并形成《城市地下道路通风工程设计指南》。

1.1.2 城市地下道路的概念及分类

城市地下道路是指位于地表以下、以机动车通行为主或兼顾行人或非机动车通行的城市道路。人行、非机动车专用的地下通道，如过街通道等不作为城市地下道路范畴。

城市地下道路与城市隧道，在概念及内涵上具有一定差异，《道路工程术语标准》GBJ 124—1988 及其他文献中对隧道的定义和解释，都是从构造物角度来进行的，即为从地层内部或水底通过而修筑的建筑物，主要由洞身和洞门组成，在理解上，可类比于城市桥梁，也表示一种构造物。本指南采用了《城市地下道路工程设计规范》CJJ 221—2015 提出的概念，更多的是从交通功能及道路形式角度来定义。

城市地下道路是地面道路的延伸，是城市道路网的重要补充和完善。由于地下是一个空间，可以绕开障碍物，在需要交会的地方可以很方便地形成竖向立交，它完全消除红绿灯的指挥，确切地说是地面道路的提升。城市地下道路可以作为一个独立体系，也可以与其他地下道路相交，节点为全地下互通立交。城市地下道路也使得附近的居民区免遭道路交通带来的损害或者绕过对污染敏感的自然区域。

当前城市地下道路的类型越来越多，由之前常见的一般用于穿越江河、山岭等障碍物的隧道（通常为单点进出，作为整条道路的一个节点或重要组成部分），向着多点进出系统性的地下道路发展，如设置许多对地下匝道的多点进出的长距离地下道路（如深圳市前海听海路地下道路、上海的东西地下道路、上海外滩地下道路）、连接各地块地下车库的地下道路（如北京奥林匹克公园环形联系隧道、北京通州核心区环形联系隧道、武汉王家墩等地下环廊）等。

城市地下道路可按在道路网中的地位、交通功能以及服务功能等，分为不同的等级。国内外相关规范对地下道路按长度的分类都是根据封闭段长度进行计算，对于多点进出的地下道路应按其主线的封闭段长度计算。

城市地下道路按主线封闭段长度的分类，见表 1-1。

城市地下道路按长度分类　　　　　　　　　　　　　表 1-1

分类	特长距离地下道路	长距离地下道路	中等距离地下道路	短距离地下道路
长度 $L(m)$	$L > 3000$	$3000 \geqslant L > 1000$	$1000 \geqslant L > 500$	$L \leqslant 500$

城市地下道路从防火设计角度应综合考虑隧道内的交通组成、隧道用途、自然条件、长度等因素。单孔和双孔隧道应根据封闭段长度及交通情况分为一、二、三、四类，见表 1-2。

城市地下道路防火设计分类　　　　　　　　　　　　　表 1-2

用途	封闭段长度 $L(m)$			
	一类	二类	三类	四类
可通行危险化学品等机动车	$L > 1500$	$500 < L \leqslant 1500$	$L \leqslant 500$	—
仅限通行非危险化学品等机动车	$L > 3000$	$1500 < L \leqslant 3000$	$500 < L \leqslant 1500$	$L \leqslant 500$
仅限人行或通行非机动车	—	—	$L > 1500$	$L \leqslant 1500$

1.1.3　编制原则

（1）指南服务对象：设计人员、运营管理人员。

（2）与规范衔接上，是对现有规范条文的进一步诠释。

（3）根据理论分析与实测调查结果，对现有工程及规范标准等设计方法、计算方法提供支撑。

1.2　国内外研究现状

确保城市地下道路内良好的空气环境是行车安全的必要条件，然而隧道内外机动车排放有害气体的有效控制是一个多学科的问题，涉及内容广，难度大；除此之外，火灾安全也是城市地下道路安全运营需重点关注的方面之一。城市地下道路位于地下，环境相对封闭，且地处城市中心，不但要关注机动车排放的污染物对隧道内环境的影响，同时还要避免对洞口周围环境的影响；另外，火灾发生时，由于产烟量大、热量不容易散出，如不及时采取有效措施，将会对隧道内的车辆和人员造成极大的危害，20世纪90年代末发生在欧洲的三起著名的隧道火灾事故已为隧道的火灾安全敲响了警钟。

世界各国关于隧道环境污染物控制及火灾安全方面的研究已经开展多年，研究内容从最初的通风方式方面的研究，到20世纪中后期，美国、加拿大、日本、苏联、法国、瑞典、挪威等发达国家相继在隧道污染物排放和扩散模式、火灾烟气的扩散及有效控制、车辆的热释放率、防灾救援等方面开展的大量的相关研究。

20世纪90年代以来，随着我国城市建设的快速发展，隧道建设进入了一个大规模建设的高潮期，与之相关的设计与施工技术、通风技术、防灾技术等的研究工作也在积极推进。国内外相关研究主要集中在以下几个方面。

1. 隧道内污染物浓度控制标准

隧道内空气污染物主要来自机动车尾气排放物、行车过程中产生的防尘及洞外大气环境，汽车尾气排放物中对人体健康影响最大的是一氧化碳（CO）和二氧化氮（NO_2），洞内污染物浓度控制标准直接关系到隧道内行车环境安全性、舒适性、洞外空气环境达标，以及通风方式合理性和运营经济性等问题。关于一氧化碳（CO）浓度限值，1989年美国联邦公路局和美国环境保护局联合颁布了根据暴露时间对应一氧化碳（CO）浓度限值的修改导则，世界道路协会公路隧道营运技术委员会（PIARC）继2004年技术报告给出了CO浓度限值、烟雾浓度限值的建议值后，2011年技术报告又进一步提出了不同交通状况下最大一氧化碳（CO）设计工况值。关于二氧化氮（NO_2）浓度控制，PIARC在1999年和2004年的技术报告阐述了一些国家采用氮氧化物（NO_x）或二氧化氮（NO_2）作为洞内空气质量的判别值；法国、比利时、挪威等国分别规定了一定时间内的平均控制限制值和允许浓度值，并规定关闭隧道的NO_2浓度限值和时间要求。日本道路协会最新版的隧道通风技术标准提出了确保行车安全的一氧化碳（CO）和烟雾设计浓度值。我国现行《公路隧道通风设计细则》给出了适用于山岭隧道的洞内各种污染物限值要求。

关于空气质量标准，世界卫生组织（WHO）1987年首次提出了空气质量准则，并在1997年更新，2005年再次更新了该准则；欧盟1999年首次颁布了空气质量标准，2008年颁布欧盟空气质量标准指令（2008/50/EC）；美国环境保护局（EPA）在《清洁空气法案》1971年至1990年7次修订版本的基础上于1997年编制了美国环境空气质量标准，并于2006年进行了再次修订，沿用至今；中国的《环境空气质量标准》GB 3095—2012调整了颗粒物（粒径小于等于10μm）、二氧化氮（NO_2）、铅和苯并〔a〕芘等的浓度限值，增设了颗粒物（粒径小于等于2.5μm）浓度限值和臭氧8h平均浓度限值。

2. 机动车污染物的排放标准

机动车污染已成为城市空气污染的重要来源，是造成灰霾、光化学烟雾污染的重要原因，机动车污染防治的紧迫性日益凸显，全世界各国，特别是发达国家均已实施更为严格的机动车污染物排放法规。在美国，加利福尼亚州于1960年在联邦内部率先制定了机动车排放管理制度。为此，美国议会于 1965 年修订了空气净化法令，并通过将机动车排放管制的实施权限授予当时的卫生教育福利部（现在的 EPA），开始以 1968 年型车辆为对象实施联邦水平的机动车排放管制。从 1990 年颁布《新空气净化法令》以来逐阶段地实施推进管制的强化力度，是世界上控制机动车排放最严的国家。欧洲汽车排放由欧洲经济委员会（ECE）的排放法规和欧洲经济共同体（EEC，即现在的欧盟（EU））的排放指令加以控制。排放法规是 ECE 参与国根据协议自愿采用并相互认可的，排放指令则是要求 EU 参与国强制执行并相互认可的。ECE 法规一般均有 EU 指令相对应，它们在技术内容上相同，实施日期有差别。欧洲从 1992 年起开始实施欧Ⅰ排放标准（欧Ⅰ型认证排放限值），1996 年开始实施欧Ⅱ排放标准（欧Ⅱ型认证和生产一致性排放限值），2000 年、2005 年、2009 年和 2012 年先后开始实施欧Ⅲ、欧Ⅳ、欧Ⅴ和欧Ⅵ排放标准。中国在"十一五"期间，进一步完善了机动车（移动源）排放标准体系，逐步使我国的机动车排放标准体系与世界先进水平接轨。从 2000 年开始执行国Ⅰ机动车排放标准，2004 年、2007 年和 2011 年先后开始实施机动车国Ⅱ、国Ⅲ和国Ⅳ排放标准，2015 年推广机动车国Ⅴ排放标准。中国机动车排放标准与对应的欧洲机动车排放标准基本一致，只是每种标准的起始年代不同。例如，2000 年实施的国Ⅰ排放标准与欧Ⅰ排放标准对应。

据统计，中国自 2009 年起已连续数年成为世界机动车产销第一大国，环境保护部加强监管力度，每年发布机动车污染防治年报，公布全国机动车污染排放状况，全面实施机动车氮氧化物总量控制。随着汽车发动机技术的不断进步，机动车尾气控制处理技术的不断提高，机动车执行的排放标准也日趋严格，较 20 世纪 90 年代，机动车的单车污染物排放量已明显下降。然而，由于不同时期出厂的机动车执行的排放标准不同，直接影响了地下道路内机动车污染物排放量计算取值的时效性和科学性，同时也直接影响了城市地下道路建设项目环境影响评价过程所涉及重要基础数据的时效性和科学性。2009 年李晓玲等调查广州市轻型汽油车（不包括摩托车）执行国Ⅰ前、国Ⅰ、国Ⅱ和国Ⅲ排放标准的比例分别为 6.2%、29.9%、12.5% 和 51.3%。

3. 机动车污染物排放特征和排放因子的研究

排放因子反映了机动车的排放水平，是进行控制对策研究的基础和依据，它将影响车辆排放水平的各种主要因素量化。机动车的排放特性通常是指汽车在各种行驶状态下，尾气中污染物、燃料的蒸发及曲轴箱排放物的变化规律。机动车污染物排放量是指各类型车辆单位时间、单位行驶里程排放某污染物的量（$g/(km \cdot s)$ 或 $m^3/(km \cdot s)$），该值等于各车型交通流量与对应车型平均单车污染物排放因子乘积的求和。机动车单车污染物排放因子是指单辆机动车运行单位里程或单位时间所排放的污染物（g/km 或 g/h），它是计算道路车流污染物排放量、道路建设项目环境影响评价、道路通风设计、制定机动车污染物控制法规等的重要参考依据。国内外有关机动车尾气排放特性的研究主要是针对污染物排放模型和污染物排放因子的研究。国外目前比较常用的机动车排放模型大多是根据试验台架上对机动车污染物排放状况进行测定而积累的大量机动车排放特性的数据，以建立机动车单车污染物排放因子计算模型为基础而得到。也有通过实测隧道内车流排放污染物浓度分布的方法确定机动车流平均单车污染物排放因子，这种隧道污染物浓度实测法 20 世纪 90 年代初在国外广泛采用，主要测试对象为 NO_x、CO、VOC（或 HC）、PM 等污染物。较典型的如美国的 Fort McHenry 隧道和 Tuscarora 隧道、瑞士的 Gubrist 隧道、奥地利的 Plabustsch 隧道、瑞典的 Soderleds 隧道、法国的公路隧道、我国香港地区的 ShingMun 隧道。世界道路协会组织的 2012 年 PIARC 报告特别列举了轿车、轻型车和重型车在不同坡度和车速下执行不同排放标准的机动车平均单车污染物排放因子。

我国学者也应用污染物浓度实测法进行了关于气体污染物排放测试的研究。邓顺熙等于 1996 年对西安市北线城市隧道的 CO 和 NO_x 浓度进行了测试；宋文斌等 2005 年对西安市东二环某城市隧道测试了隧道内空气中 CO、NO_x 及 NO 的浓度分布状况；王伯光等 1999 年对广州珠江隧道的 CO、NO_x 和 PM10 浓度进行了测试。

目前，我国城市地下道路工程通风设计主要还是沿用发达国家或是公路隧道的相关数据。由于发达国家无论是机动车污染控制与排放水平、还是地下道路的运营管理水平与我国都有较大差异，另外公路隧道的结构特征和交通特征等都与城市地下道路有较大的差别，相关基础数据无法满足我国城市地下道路通风设计的要求。

4. 城市地下道路交通特征的研究

交通特征分析是交通工程学的一个基本部分，城市道路交通路网发展和路网结构，车辆高、低速运行时间比例等与公路不同，城市道路比较容易在运营开始后很快达到设计交通流量。交通特征会使发动机主要污染物排放特征发生变化，影响隧道污染物排放水平，有关城市地下道路交通特征的研究主要集中在隧道实测统计数据方面。1993 年 Johanness Staehelin 等对瑞士 Gubrist 隧道（坡度 1.3%）的交通状况进行了测试统计研究；L. Gidhagen 等对瑞典 Söderleds 隧道（坡度 0.1%~1.0%）的交通状况开展了测试统计研究；2008 年胡伟等对南京市富贵山隧道的交通流量和车型比例进行了实测调查；王伯光等对广州市珠江隧道的交通流量和车型比例进行了实测调查分析。2012 年李琼等通过对我国典型城市机动车保有量、车型比例、交通流量、车速等交通特征参数的调研，分析得出不同城市交通特征对地下道路污染物排放因子的影响。

5. 需风量的研究

目前，隧道通风的需风量计算主要依据两种污染物浓度指标——CO 浓度指标和 VI（烟雾）浓度指标。2008 年的日本道路协会的《道路隧道技术基准（换气篇）》和 2012 年的 PIARC 报告以公路隧道为对象，提出了相关的通风设计标准，其中包括 CO 和 VI 等污染物的需风量计算方法。

目前，我国城市地下道路环境控制与通风工程设计主要参考《公路隧道通风设计细则》，规范中关于 CO 和 VI 等污染物的需风量计算方法和参考数据也主要参考 PIARC 的年报。《公路隧道通风设计细则》虽首次提出了公路隧道需要控制的污染物除了 CO 和 VI 以外还需关注 NO_x，但并没有给出 NO_x 的需风量计算方法。

Nadel 结合纵向通风方式对美国波士顿 Central Artery 隧道内的空气质量进行了数值分析，获得了达到环境控制标准所需的通风量。

国内同济大学的张旭团队对现有公路隧道通风设计规范关于需风量的规定进行了多方面探讨，包括 CO 和 VI 需风量计算方法，及其车密度系数、温度、压力等参数的修正问题等。

6. 污染物浓度分布特性的研究

Ohashi 等采用一维污染物扩散方程并结合数值求解的方法对日本 KAN-ETSU 公路隧道（长 10.885km）内污染物浓度的纵向分布进行了研究，该研究为 KAN-ETSU 隧道的通风设计和采用静电除法技术控制烟雾浓度与污染提供了依据。

Bellasio 采用一维扩散求数值解的方法，对意大利一座 1km 长的公路隧道内污染物浓度随时间变化的规律进行了分析；并结合隧道外部环境条件的变化对隧道内污染物浓度的影响进行了研究。

Shinichi 等采用 Taylor-Galerkin 方法对日本的 Ninomiya 和 Hitachi 公路隧道口处空气质量进行了数值分析；并通过示踪剂 SF6 扩散试验，讨论了以数值方法分析隧道洞口空气污染分布状况运行的精度。

Oettl 于 2002 年采用拉格朗日变量法提出了一个用于计算公路隧道洞口污染物浓度分布的经验方法，该方法使用方便，但未考虑隧道口的地形、大气稳定度等环境因素对洞口外污染物分布的影响。

AxelBring 等以 Neutral Model Format（NMF）为模型编制了计算机程序，利用该程序可分析隧道内压力、风速、污染物浓度沿隧道的分布状况。

Stacey 等建立了关于超长公路隧道的空气流动模型和污染物扩散模型，并应用数值模拟方法求解。

国内关于隧道污染物扩散方面的研究仍处于探索阶段，范厚彬等根据质量守恒理论，分别推导出了污染物移流扩散方程和污染物紊流扩散方程、风流流动方程、边界条件及初始条件构成的污染物、空气二元混合气体的对流—扩散的数学力学方程。

邓顺熙建立了一维隧道空气质量方程，针对不同通风方式解析隧道污染物扩散浓度分布，但该求解模型未考虑机动车行进方向的紊流扩散作用。

胡宇峰等研究了隧道内空气流动及污染物扩散的问题，在对隧道内通风竖井进行简化的基础上，建立了隧道内空气总的运动方程，采用有限差分方法进行数值求解。

金栋林利用龙格—库塔法进行数值求解分岔与合流隧道内气流流动及污染情况。

童艳、施明恒等针对利用竖井自然通风的隧道，结合理论与试验研究结果，建立了全长隧道气流与污染物分布的数学模型，采用数值方法求解。

苏文辉等针对长沙市南湖湘江多匝道隧道通风设计方案，采用隧道洞口污染模式（TOP 模式）对湘江隧道各种工况下、洞内气流平均分配条件下的空气污染情况进行计算分析，并没有分析多匝道隧道内污染物浓度分布规律。

李琼等通过实测的方法初步获得了分岔隧道主隧道污染物沿程扩散规律及合流匝道与分流匝道对主隧道需风量的贡献作用。

7. 实测调查研究

Chi-Ji Lin 等实测研究了地下隧道受风井影响的活塞风引起的通风效果，在冬季和夏季工况现场实测了台北一个典型地铁车站风井内的气体流动。发现风井内气流的最大风速达到 2m/s，平均在 0.7～1.1m/s 之间。并且定义了指标 η_{PE} 来评价由活塞风效应引起的隧道通风效率，这个指标可以用来分析不同风井长度和横截面积的活塞效率。实测结果表明，只是在某些特性的风井长度和实际工况下活塞风效应才是有效的。

8. 仿真模拟研究

Katolieky 和 Jicha 采用 Eulerian-Lagrangian 的准稳态模型计算了交通风力对隧道运营通风的影响，其中采用了 Eulerian 模型对隧道内连续项—空气进行计算，对离散的运动车辆则采用了 Lagrangian 模型。计算结果显示，隧道内风速主要与交通流密度、车速和隧道长度相关，但风速将随着交通流密度的增大逐渐趋于稳定，车速的增加将使隧道内风速明显增大。

Ming-TsunKe 等结合 SES 软件和 CFD 软件 PHOENICS 对不同运行工况对地铁环境的影响进行了模拟研究，结果显示通风井的横截面积对通风量的影响要大于通风井的长度对通风量的影响。

Stacey 等建立了关于超长公路隧道的空气流动模型，并应用数值模拟方法求解。

韩国学者 J. Y. Kim 等建立列车隧道模型试验台并应用 CFX 软件对隧道交通风进行数值模拟研究，通过试验数据对模拟数据的验证，确定了模拟设置的合理性，并对列车运行全过程中隧道不同位置活塞风速及压力的大小及变化规律进行了系统的研究。

Yang Wei-chao 等基于非定常可压缩三维 N-S 方程和标准 k-ε 湍流模型，运用有限体积法来模拟列车行驶过程，分析了屏蔽门 PSD（Platform Screen Doo）的压力变化特性，与此同时研究了与 PSD 压力变化相关的影响因素：列车速度，阻塞比，横截面积以及隧道通风系统的运行情况，结果表明有必要考虑列车行驶时受隧道排风影响的压力变化，还有两个活塞风井之间的压力波，这些都会影响 PSD 的压力波动，尤其是前者。

Alexander 和 Walter 运用 CFD 软件模拟了隧道内的通风，分析了不同通风方式对隧道内环境污染物峰值的影响。

王丽慧等通过理论建模，引入活塞风井分流比重和吸风比重的重要参数，得到活塞风井风速与车速呈线性正比例关系，并分析了影响活塞风井速度场的主要因素；由现场实测和数值模拟分析得到分流活塞风井和分流迂回风道的最大风速均分别大于吸风风井和吸风风道。通过数值模拟得到活塞风井横截面积变化对区间和车站各单元速度场影响明显，改变活塞风井横截面积是调节活塞风对车站环控影响效果的重要手段。

同济大学的沈翔对地铁隧道的活塞风建立了数学模型，得到活塞风的速度压力方程，利用计算机程序模拟地铁活塞风的速度场分布和压力场，最后测试地铁活塞风的真实情况，验证模拟计算的结果。

西南交大的王峰、王明年、邓园也结合正在建设的实际工程项目，采用 CFD 动网格技术对曲线隧道内行车间距及车速对活塞效应的影响进行分析，结果发现曲线隧道内活塞效应强于直线隧道，断面风速分布极不对称；并且，行车间距和车速的增加有利于增强汽车产生的活塞效应。

9. 模型试验研究方面

H. J. Gerhardt、O. Kruger 通过模型试验和数值模拟相结合的方法分析了受室外风和列车运动影响的车站内的空气流动状况，通过机械吹风来代替由列车运动产生的活塞风，分析得出车站的舒适性同时受室外风和列车运动影响，并提出通过改变通风口的大小和时间来调节进入车站的风量。

10

Miroslav Sambolek 以 Sv. Rok 隧道为原型，搭建了 1:25 的模型试验台，在运动学相似条件下进行了纵向通风气流流动阻力试验。

Calizaya F. 对隧道通风摩擦因素进行了模型试验，分析了通风孔横截面、粗糙高度、气流流动方向以及断面积对隧道内空气流动的影响，通过试验得出，摩擦因素不仅取决于粗糙表面的尺寸、形状，还受流动方向的影响。

克罗地亚的 Miroslav Sambolek 利用模型试验结合实地测量的方式验证了试验自模区的存在及其临界雷诺数，并研究了在自然通风情况下，仅仅依靠进出口压差形成进风量时，不同车速的模型汽车所产生的交通风速。

我国台湾的 T. Y. Chen 等利用模型试验的方法研究了在不同的车间距、车速、车型以及单双向交通时在车辆两侧及车辆上方产生的活塞风的大小及变化规律。

10. 关于火灾烟气控制方法的研究

由于隧道火灾的危害性及其特殊性，隧道火灾的防治问题一直是火灾科学研究的难点和热点。城市地下道路是交通隧道的一种，其火灾具有一般隧道火灾的共性，对于其火灾安全研究也需要建立在已有的交通隧道防火研究的基础上，根据其特殊性进行深化和发展。

国外关于隧道火灾烟气控制的研究开展得相对较早。在隧道数量众多且发生过多次重大火灾的欧洲，对隧道火灾的研究尤为重视。在试验研究方面，最早的隧道火灾试验可以追溯到 1965 年在瑞士 Ofenegg 隧道进行的火灾试验，该试验研究了不同通风模式下隧道火灾的发展和烟气的流动；1992 年欧洲多国合作开展的 EUREKA 计划将欧洲隧道火灾的全尺寸试验研究推向了高潮，主要试验内容包括不同类型车辆的热释放率以及隧道结构和通风工况对燃烧特性的影响，隧道内最高温度的分布，不同通风模式对烟气流动的影响，火灾中有毒气体的分布以及火灾中逃生、救援的可能性。几乎与 EURE-KA 计划同时，美国马萨诸塞州高速公路局和联邦公路管理局在弗吉尼亚的 Memorial 隧道内进行了大规模的全尺寸火灾通风试验，即 MTFVTP（Memorial Tunnel Fire Ventilation Test Program）。项目的主要目标是研究不同通风系统的烟气控制效果，试验涉及的火灾规模从 10MW 到 100MW。除欧洲和美国外，亚洲的日本也通过一系列全尺寸的隧道火灾试验，对通风对火灾行为的影响、不同通风系统的烟气控制效果以及喷淋系统在隧道火灾中灭火的有效性进行了研究。这些全尺寸试验的结果对隧道的防火设计、安全运行及火灾救援提供了有价值的参考，同时也为理论分析、模型试验和数值模拟研究得出的相关结论的验证提供了有价值的基础数据。除了全尺寸试验研究外，在火灾热释放率的测定及评估方面，瑞典国家试验研究院的 Ingason 等提出了试验中估算大型货车热释放率的方法，英国的 Carvel、日本的 Kurioka 等对纵向风速及隧道结构对车辆热释放率和火灾特性的影响进行了研究。隧道火灾烟气控制的关键在于临界风速，临界风速涉及很多因素，如火灾规模、隧道的坡度及断面几何形状等，各种因素影响下的临界风速的确定一直是各国学者、研究机构研究的重点内容之一，其中代表性的研究工作包括 Heselden、Kennedy、Oka 和 Atkinson、Wu 和 Bakar 等，他们的模型在一些标准、规范和设计手册中被广泛推荐使用。Vauquelin 等人则对半横向排烟的排烟特性及影响因素进行了小尺寸的试验研究。

国内相关的研究主要集中在不同类型的隧道：特长公路隧道、水底隧道、城市地下道路等的通风技术和火灾防治救援上。西南交通大学的杨其新、王明年研究团队以秦岭终南山公路隧道为依托，就特长隧道内烟气的蔓延特性以及防灾救援策略进行了研究，为我国特长公路隧道以火灾防救为主导的隧道综合防灾救援研究开启了先河。此外，长安大学的夏永旭等也对长大隧道内的通风进行了大量的研究。利用理论计算分析的方法对纵向和半横向、纵向和全横向组合的混合通风方式在特长公路隧道中应用的可能性进行了研究，并根据长大公路隧道火灾产生的原因和特点，提出了长大公路隧道的防火救灾对策。中南大学防灾科学与安全技术研究所和浙江交通规划研究院以括苍山隧道、仓岭隧道等华东地区的特长公路隧道工程为依托，通过比例模型试验、数值模拟分析等手段对带独立排烟道的竖井送排式纵向通风模式在长大公路隧道中的应用的有效性和应用效果进行了研究。此外，重庆交通科研设计院、南京工业大学、北京工业大学、中国矿业大学等的一些学者和研究机构也对公路隧道火灾时烟气的蔓延及优化控制进行了研究。

在对山岭长大隧道火灾研究的同时，随着武汉长江隧道、南京长江隧道、上海长江隧道、厦门翔安海底隧道、胶州湾海底隧道等各类跨江、跨海隧道的相继建成并投入使用，针对水底隧道结构和火灾特点的通风及火灾救援研究也逐步展开。考虑到水底隧道的特殊结构及结构防灾要求高等特点，借鉴国外在隧道防排烟方面的设计经验，当前水底隧道在通风方案上多为正常运营采用纵向通风，火灾时采用排烟道半横向集中排烟的通风模式，相关的研究工作也围绕此展开，研究的重点在于如何提高半横向集中排烟的排烟效率。同济大学、武汉大学的研究团队等分别以上海长江隧道及武汉长江隧道工程为依托，利用模型试验和数值模拟等方法分析了诱导风速、排烟风口形状、风口间距对半横向排烟烟气控制效果的影响。

与长大隧道和水底隧道的火灾研究相比，城市地下道路由于出现的时间较晚，且出现的规模和影响层次远不及前者，因此，对其火灾安全研究投入不足，对其内部火灾及烟气蔓延的特殊性缺乏认识，主要通过性能化方法来解决其防火设计问题，但性能化设计一般只针对个案，通用性不足。

在隧道火灾和烟气蔓延的基础研究方面，中国科技大学火灾科学国家重点实验室做了大量的研究工作，胡隆华等通过理论分析结合一系列全尺寸试验研究结果建立了隧道火灾烟气层温度纵向分布规律预测模型、隧道火灾燃烧速率以及最高温升速率与纵向风速的关系模型、隧道火灾烟气逆流距离及临界纵向抑制风速的预测模型、纵向风对隧道火灾烟气竖向分层特性的影响等，这些基础研究可为隧道的烟气控制系统的设计和优化运行及结构抗火、烟气探测系统的设计提供理论依据。此外，国内其他一些学者和机构也在临界风速的确定，烟气温度沿隧道的分布等方面做了一定的基础研究工作。

11. 关于隧道通风控制技术的研究

隧道的通风控制技术是一个从手动控制到半自动控制再到自动控制的转变过程，由于高速公路隧道内交通流的特殊性——大滞后不确定，传统的自动控制方式不能根据外界条件的变化迅速地作出反应来修改控制规则，所以使得隧道通风达不到最佳效果，不能达到节能的目的。而自动控制方式可以根据隧道内 CO、烟雾浓度、车流、风速等检测设备的检测结果对风机的启停进行相对实时的控制，最早是在公路隧道应用的。因此，目前，常用的隧道通风控制方式为自动控制方式，主要有反馈式、前馈式控制以及基于计算机的智能控制方式等。

1）国外

国外高速公路隧道建设起步早、技术成熟，因此，相应的隧道运营技术也比较先进。从20世纪60年代开始，国外一些隧道建设比较成熟的国家，如美国、日本等就已经开始进行隧道控制系统的研究。在开始阶段，由于受当时科技水平的限制，公路隧道控制系统的研究及应用一度处于一种低层次的水平，比如现场控制或简单的近距离遥控，现在大家熟知的英吉利海峡隧道工程在当时就因为通风控制方面的原因被延迟了近一个世纪。后来，随着计算机、通信以及控制等技术的发展，隧道监控系统的研究也随之发展起来。

20世纪70年代，德国的隧道通风控制技术发展迅速，其新易北河隧道在当时采用的方法是：利用隧道的设计交通流量计算当天的需风量，然后确定风机的初始开启台数，同时，通过隧道内检测仪器输出的CO、烟雾浓度、风速等数据来进行通风量的调节，改变风机开启数量。

20世纪80年代，英国的两座隧道的通风采用了一种自动控制方式，其主要思路是根据检测设备给出的污染物浓度的实测数据将风机开启数目划分为三个等级，第一级为约50%的风机工作，第二级为隧道风机全部工作，第三级为特殊情况下的报警信号。

20世纪90年代，日本在隧道通风控制技术上的研究已经达到比较高的水平，日本道路公司研究出了多输入的隧道通风反馈控制系统，采用模糊控制实现对通风系统的控制；接着，日本日立公司根据模糊理论的相关算法，结合当时的信息技术，研究出基于专家系统的通风控制策略，其将模糊控制与非线性编程结合，首先通过分析隧道内交通流变化特性确定风机运行模式，然后对隧道内的CO、烟雾浓度、风速变化通过模糊控制方式得到具体的风机开启数目。

21世纪以来欧美等国家也对现代通风控制方式作了很多研究。Lukase Ferkl等人为保证隧道满足空气质量的标准，在动态模式下进行模拟控制，来指导风机的启停。Stjepan Bogdan等人基于实测提出了射流风机数量的预测模型，并应用模糊控制的方法控制隧道内污染物的浓度水平。Yunhua Li等人为了使得公路隧道通风系统控制的效率更高，提出了灰色预测的模糊控制的方法对风机启停进行控制。

近年来，国外一些专家深入研究了隧道通风控制的程序化实现，日本专家针对关越隧道编制了一套程序进行通风控制系统的模拟，并且验证了系统的实用及可靠性，并为其他国家所借鉴。其他比较有代表性的程序软件还有英国的Alan Vardy现的隧道纵向及半横向通风方式模拟软件等。

2）国内

从20世纪90年代开始，国家有关部门对隧道的通风控制技术的研究加大了资金投入力度，在结合国外相关通风控制经验的基础上开展了诸多研究，并取得了一系列研究成果，大大推进了我国公路隧道通风控制技术的发展。

1994年，兰州铁道学院相关专家以中梁山隧道等为基础，进行了长大隧道的纵向通风模型模拟试验研究。1996年，我国台湾的研究人员在结合日本隧道控制技术的基础上，将车流量加入到隧道通风控制的影响因素内，提出了对车流及污染物浓度的预测算法，并将其作为前馈控制系统的输入，改进了当时原有的模糊控制系统，并取得了良好的控制性能及节能效果。

2007年，秦岭终南山隧道建成通车，隧道采用了基于模糊控制的前馈式通风控制方法对风机启停进行控制，在保证行车安全的同时，有效地节约了30%左右的耗电量，为我国长大高速公路的通风控制系统提供了有力支持。重庆交通科研设计院的韩直等在"公路隧道通风照明技术的参数设计及标准"、"公路隧道节能与安全"、"公路隧道供配电节能技术"、"公路隧道新型节能产品应用"等方面开展了大量相关研究。长安大学的郑继亭采用将神经网络控制和模糊控制相结合的方法，得出了风机的启停策略。长安大学的严蕾同时应用小波神经网络与模糊控制原理，对公路隧道进行通风控制，得出了风机的启停策略。张立广等人依据CO浓度和烟雾浓度之间具有相互的独立性，提出了建立两个独立的模糊控制器，并采用最大运行台数控制原则得出射流风机的运行台数。

12. 关于空气净化处理技术的开发研究

隧道空气净化技术是解决隧道周边环境矛盾、提高隧道内外空气质量的有效方法。目前，国内外通用的隧道净化技术主要以颗粒物和NO_2为治理目标，包括以静电除尘为代表的除尘技术，以活性炭吸收、吸附为代表的脱硝技术。此外，土壤法、生物过滤法、光催化法也在起步阶段，还没有广泛应用。

1.3 设计目的与任务

1.3.1 设计目的

车辆在地下道路中行驶所产生的污染物会给隧道内、外的空气环境带来污染，通风设计应提出不同交通状态、不同运营工况下的通风设施运行策略。

隧道通风设备的运行遵循以下基本防护的目的：

正常交通情况，监测和控制行驶空间内空气中污染物的浓度变化，为隧道内车辆及人员提供安全的行驶环境；

交通阻塞情况，减少和降低因事故而产生的有害物质浓度扩散，向行驶空间供入充足的新鲜空气，为隧道内车辆及人员提供尚可接受的环境；

火灾情况下，在行驶空间内和逃生路线上控制烟气蔓延和扩散，降低火场周围的热量，并为滞留在隧道内的车辆及人员疏散提供必要的新鲜空气；

视工程周围环境条件确定如何有效控制污染物，减少对城市区域空气环境的影响。

1.3.2 设计任务

1. 正常交通情况

为保障行驶空间内空气质量良好，提供清洁通风稀释机动车尾气混合物，因此确定碳氧化物（一氧化碳CO气体）和氮氧化物（二氧化氮NO_2气体）气体的允许浓度，确定机动车污染物基准排放强度，按照新鲜空气的需求量，给出通风系统规模及分期实施的设计方案。

除标准每小时交通状况外，根据事故出现的概率综合考虑发生交通中断和交通阻塞的交通状况。

2. 火灾情况

如果在隧道内发生汽车引起的火灾，应保证发生火灾后可及时消除隧道内的烟雾，保障隧道内人员安全逃生及消防人员的防灾救援；

如果事故没有发生汽车引起的火灾，应保证借助通风设计使隧道使用人员尽可能快地远离有毒物质。

3. 通风工程总体规划

城市地下道路必须考虑工程选址区域周边污染空气环境对隧道内行驶空间空气环境的影响，作为背景浓度对通风能力进行核算，与此同时，当地下道路穿越依法设立的各级各类自然、文化保护区以及对建设项目的某类污染因子或生态影响因子特别敏感区域（如：人口密集区、自然保护区等），其洞口和通风塔集中排出污染空气会造成影响，需通过技术论证采取相应措施避免或者减小对周边环境产生不利影响，如高空排放、增设空气净化装置等。

4. 通风方式选择和气流组织

通风方式选择应综合考虑整个路线的环境或制约条件（如洞口和风井口等），以及小净距隧道左右相邻洞口污染空气相互影响。

沿隧道行驶空间纵断方向的设计风速应控制在一定的限度内，不得影响到可能因故障等原因离开车辆人员或保养作业员的安全。设计风速超出上限值时，必须考虑改变换气方式或采取分割换气区间等措施降低车道内风速。

5. 通风设备选用

通风系统可根据工程项目规划、近远期预测交通量一次性设计，在保证安全的前提下分期实施。

通风设备推荐按照隧道开通后十年的预计污染水平所需的处理能力来设计。

日常正常情况下的运营通风设备与防灾设备尽可能兼用，并按最不利工况进行配置，并统筹考虑正常工况、特殊工况不仅包括交通阻滞工况、火灾工况，还包括运营养护检修等不同工况下的运行通风需求。

通风设备应节能高效，符合国家现行能效指标要求。

6. 通风运行策略

为了能完全控制隧道内的气体浓度，应在隧道中间和两端安装测量设备，在单向隧道内，不需要在入口安装测量设备，在多点进出隧道内，测量设备应放置在污染物气体浓度可能发生最大值的位置。

CO 的测量范围最小为 $0 \sim 300 cm^3/m^3$，NO_2 的最小范围为 $0 \sim 25 cm^3/m^3$。隧道通风设备运行方案与交通量大小、交通状态（正常交通、阻滞交通、火灾、养护维修等）密切相关，一天中的不同时间段、一年中的不同月份或季节等的交通量及交通状态存在差异。隧道通风控制系统设计应为运营管理提供依据。

1.4 设计基本步骤

1.4.1 一般原则

通风工程设计是城市地下道路工程设计的主要子项工程，它不仅是隧道主体结构（隧道断面形状等）的决定因素，还与基本规划（路线平面选择等）、防灾救援、运营管理等密切相关，作为整体规划的一环，在早期阶段必须进行周密的规划。

通风工程设计，从狭义上讲，要通过探讨机械通风设备及主体工程，力求以最经济的方式达到目的；从广义上讲，要通过探讨通风运营管理模式对不同交通方式的重大影响、防灾救援与通风方案的关系、对周边环境（空气质量、噪声）等产生的影响，继而将出现的问题进行相互协调，从整体上选择最合理的通风方案。

当道路根据交通量的变化情况实施分段建设时，通风工程设计应根据隧道所在路段交通量增长、机动车有害气体基准排放量变化、各分期阶段深度洞内通风标准和洞外环境空气质量标准变化、土建工程及通风设施分期实施难易程度等因素综合考虑。尤其是当隧道的整体翻修工程极其困难时，建议充分考虑未来通风设施的规模。

分期安装的设施应满足防灾通风需求。

通风工程设计应包含通风控制部分，通风控制应考虑在地下道路交通安全的前提下，对隧道内部及各口部空气中的有害气体浓度、风速等环境参数进行实时监测，通过控制通风设备的运行数量及时间，达到节能目的。

1.4.2 设计基本步骤

通风工程设计包括调查、方案设计、设备选用、安装调试等步骤，如图1-9所示，各步骤之间相互关联，必要时将某步骤的分析研讨结果反馈到之前的分析之中重新验证。

通风方案的合理性、经济性、环保性是隧道路线方案选定的重要因素。

1. 隧道路线的选择

探讨隧道路线时，在满足交通规划需求的前提下，一般会考虑路线的便利条件，如地形、地上物、地质等，特别是口部和风井设置位置周边环境条件。但是当隧道过长或出现地下两条道路相互交会时，通风规模、通风方式等通风方案都是路线选

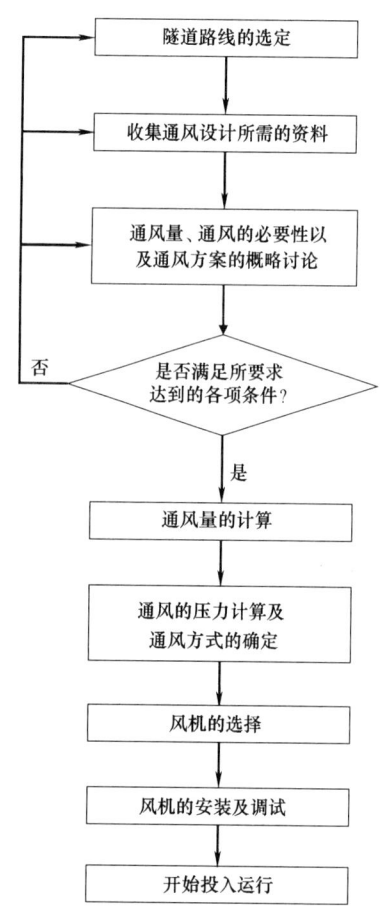

图1-9 通风工程各阶段流程图

择过程中的重要事项。此时，比较各个设计方案并对通风工程进行简要探讨，将探讨结果作为路线选择时的决定性因素。

2. 通风工程设计中必要资料的收集

决定路线后，若要实施详细的通风设计首先需收集必要的资料，主要包括以下内容：相关交通资料、气象资料、环境资料，相关地形、地上物、地质资料，相关法律资料。

3. 通风量及通风方式的简要探讨

基于已收集到的资料估算出大致通风风量，然后探讨设置通风换气设施的必要性（自然通风或机械通风）。

当判断结果是需要机械通风时，进一步考虑设立通风井等的位置、对周边环境的影响、防灾等情况并对通风方式（纵流、半横流、横流）进行探讨，从经济角度、施工角度、维护管理的角度出发判断该通风方式是否能满足各条件的要求。

若不能满足条件，可再次探讨通风换气方式，或追溯到路线选择进程并重新审视城市地下道路延长、纵坡、平面线形、洞口位置等情况，与道路设计共同协商。

4. 通风量的计算

根据前项的探讨结果制定出隧道设计方案，依照该计划进行详细的通风计算，估算出所需通风量。

5. 通风的压力计算及换气方式的确定

估算出自然通风力及交通通风力等，特别要关注道路出现多点进出和成环状后气流的分布（分流、合流），采用网络通风设计方法，确定所需通风量及可满足各条件的通风方式，然后设计出详细的通风系统。

6. 通风机的设计

基于前项的探讨结果，确定送风机、排风机、射流风机、空气净化处理装置等的规格及配置。预留设备安装、检修空间条件，提供通风设施安装场所、风道结构的设计条件等；实施以上设计时，应考虑控制方式，并兼顾运转、监视、控制设备等的设计方案。

7. 通风机的生产、施工安装

编制技术规格书和深化施工安装设计，以满足设计规格的通风机、风道等的生产及施工安装。

8. 调试与运行

关于"各设备是否已确定具备所需功能，与其他诸设备之间的联动功能等是否正常"等问题，虽已在设施安装完成阶段进行过检查及调整，但是当开始使用后请再次确认，必要时请再次进行调整。此外，因交通量逐年变化，最好根据交通量的变化情况切实探讨出最合适的控制方法。

1.4.3 工程各设计阶段工作内容

设计要领

首先决定必须遵守的条件

① 决定入口浓度和去除率
　　⇒（1）依据预测的交通量（车辆）计算发生浓度
　　⇒（2）决定目标排放浓度（PM、NO₂）
　　（比对环境基准浓度和向隧道外的排放浓度）
② 决定风量
③ 决定建筑、电气、给水排水和环境排放、噪声条件
④ 环境、消防等相关政府机构的要求

初步设计

① 整体系统的设计⇒设备构成
② 依据设计条件设计设备的容量
配电盘、换气风机、消声器、挡板、污水处理装置、泵、罐体、测量设备、监视设备
③ 概略的设备配置计划图
　　⇒压损计算⇒决定风机规格（风量、全压、输入功率）
　　⇒决定其他设备的规格
④ 确保设备的移入、移除通路
⑤ 设计维护、检修、设备更新所需要的空间
　　⇒反映到配置图
⑥ 确认是否有对其他设备产生影响，是否有设备的重复配置
⑦ 汇总为最终的设备配置图

初步规格要求

① 制作设备构成表、规格一览表
② 整理归总设备配置图
③ 制作详细规格书方案
④ 计算概算价格

初步设计完成
施工图设计

① 根据设备配置制作管道图、布线图（包含支撑、桥架）
② 设备安装详图
③ 统计设备材料数量表（设备数量、材料数量）
④ 确认和其他设备的接口

施工图设计完成

1.4.4 设计注意事项

1. 对周边环境的影响

关于通风设计方案对隧道周边环境的影响，需考虑隧道洞口及通风换气塔所排放气体的扩散、通风机产生的噪声及振动、通风换气塔的景观等。确定要考虑环保因素时，需要在设计阶段充分与环境评价单位密切配合，对通风设计方案和设施设置进行探讨。

2. 隧道结构特点分析

1) 纵坡

纵坡是对所需通风量产生重大影响的重要因素之一。当上坡的坡度越陡时，所需通风量剧增。

从通风的角度考虑，最理想的状态是纵坡取最小值。通常情况下，即使有不利条件时该值最好也应低于3%。尤其是通风量大的大型隧道，该值最好应低于2%。因此，在确定纵坡时，不仅应考虑隧道部分，对于隧道的前后部分也应进行充分探讨，努力将纵坡控制在最小值。当隧道前方是陡坡时，即使隧道内部处于平坦状态，也会因车辆在隧道内加速而导致气体排放量增加，给隧道内通风换气、消除有害气体带来困难。

与平面线形等方案设计配合情况相同，一旦发生由于坡度带来通风量剧增，在隧道规划的初期阶段，即选择隧道路线时应预估出通风量数值并将结果向相关人员反馈。

2) 结构线形

结构线形多变（或互通立交、或多点进出、或成环）是对所需通风量产生重大影响的重要因素之一。这种结构线形改变了风流流动特性、污染物扩散特性，所需通风量剧增，但当结构线形为多点进出时，所需通风量会有所减少。

城市地下道路在地下形成互通立交结构，相邻隧道内污染空气随交通风流发生窜流等情况，若未考虑污染物的背景浓度会造成通风量减少，通风能力不足，带来安全隐患；在地下形成成环或环套环结构，多弯道会使风流流动发生变化，给隧道内通风换气、消除有害气体带来困难。

3. 防灾的考虑

通风、防排烟措施通过控制烟气产物及烟气运动改善环境，并降低火场温度以及热烟气和热分解产物的浓度，改善视线。但是，机械通风会通过不同途径对不同类型和规模的火灾产生影响，在某些情况下反而会加剧火势发展和蔓延。因此，隧道内的通风排烟系统设计，要针对不同隧道环境确定合适的通风排烟方式和排烟量。

隧道的用途及交通组成决定了火灾的可能规模及其增长过程和延续时间，根据隧道的环境条件和长度，应综合考虑消防救援和人员的逃生难易程度等因素，合理确定隧道的通风与排烟设计方案并进行评估。

4. 重新评估通风设施

因交通量会产生变化，当原设计配置的通风设施无法满足当前要求时，即使隧道已交付使用，也必须根据交通量等因素对通风设施进行重新评估。

5. 洞内污染物浓度控制标准

受洞内行车安全及洞外控制空气大气环境指标的严格要求，身为通风对象的隧道几乎每天都在发生交通拥堵、或带人行道时，通风标准限值需进一步重视人员的舒适感和人体健康、安全。

1.5 通风方式

通风方式分为自然通风和机械通风两大类。

1. 自然通风

自然通风系统是指在没有机械通风机情况下，实现隧道内外空气交换。交通压力作用（交通通风力）、温度差异的压力作用（热压）、隧道洞口之间气候影响的压力差（风和气压压力）是导致自然通风状态下隧道内空气纵向流动的作用力。

2. 机械通风

机械通风是指借助通风机作用使空气沿着预定方向流动，实现隧道内外空气交换。按空气流动方向划分，通风方式分为纵向通风、横向通风和半横向通风三种。纵向通风风流沿隧道轴线方向（纵向）流动；横向通风风流沿垂直于隧道轴线的方向（横向）流动；半横向通风风流在行车空间既作横向流动、又作纵向流动。

通风机的工作方式有送风式和排风式两种：送风式将新鲜空气经风机送入隧道；排风式则将隧道内的污染空气经风机排放于大气；也有在同一隧道既采用排风又采用送风的混合通风方式。常用的机械通风方式如表1-3所示。

机械通风方式的分类 表1-3

纵向通风方式	半横向通风方式	全横向通风方式	组合通风方式
1）全射流 2）集中送入式 3）集中排出式 4）通风井分段送、排式 5）空气净化处理式	1）送风式 2）排风式 3）多点分散送或排风式 4）平导压入式	1）顶送顶排式 2）底送顶排式 3）顶送底排式 4）侧送侧排式	1）全射流+集中排出式 2）全射流+重点排烟组合式 3）分段送、排式+重点排烟组合式 4）纵向+半横向组合式

1.5.1 常用的几种机械通风方式

1. 采用射流式通风机的纵向通风系统

采用射流式通风机使空气按纵向通过隧道，射流式通风机通常设置在行驶空间内。如果是单洞单向交通隧道，则通风系统的流动方向大多是按照驾驶方向进行的；如果是单洞双向交通隧道，射流式通风机可利用交通风力、洞口之间的温度差和气候压力差自然产生的风力，交替通风换气。该方式可适用于单洞单向交通隧道或单洞双向交通隧道（图1-10）。

2. 采用集中排风+射流式通风机的纵向通风系统

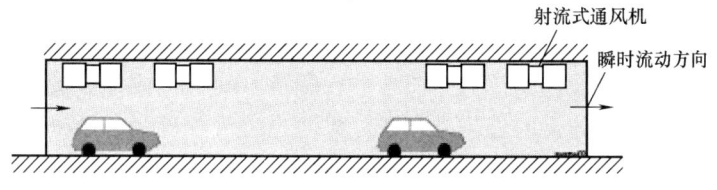

图 1-10 采用射流式通风机纵向通风

在单洞单向交通的隧道中，驶出洞口前通过竖井集中排出隧道内的污染物，降低有害物质对洞口周围空气环境的影响，必要时可考虑加设空气净化等污染防护通风设备、射流式通风机使空气纵向流动（图 1-11）。

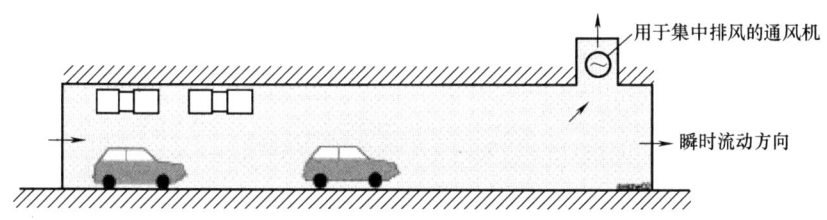

图 1-11 采用集中排风 + 射流式通风机纵向通风

3. 采用集中排风 + 射流式通风机的半横向通风系统

如图 1-12 所示，通风系统可利用中心通风机通过排气道集中抽气排风，排风道大多设置在顶部夹层上，其中安装可调控的电动排风风口。射流式通风机可以控制行驶空间内空气的流动。通风系统也可不启动集中抽气排风装置，仅采用射流式通风机使空气按纵向通风方式流动。通常，射流式通风机尽可能安装在隧道洞口附近。

如果在单洞双向交通隧道中，可以用隧道可调控的电动排风风口有针对性地通过一个或多个通风口将纵向通风划分为两个部分。

如果在单洞单向交通隧道中，可以在驶出的隧道洞口前逐点抽气排风，以降低驶出隧道洞口有害物质对周围空气环境的贡献量。

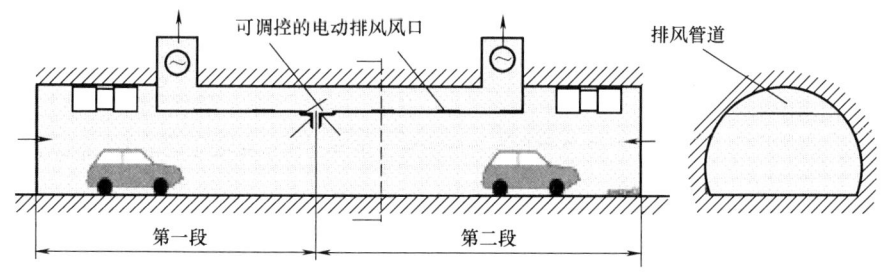

图 1-12 只排风不送风的通风系统

4. 采用集中排风 + 集中送风的横向通风系统

如图 1-13 所示，通风系统设有一个送风管道和一个排风管道，并在排风管道设置可调控的电动排风风口。

利用该系统，可实现自然纵向通风（不使用机械通风设备，充分利用交通风力）、采用射流式通风机纵向通风支持自然流动、在隧道中间排风或部分横向通风、横向通风等通风方式。其中，部分横向通风是指送风机通过送风管道及各送风口在整个隧道内分别向行驶空间送风，同时关闭排风风口的一种通风方式；横向通风是指在整个隧道内通过部分打开的排风风口将废气分别由行驶空间排出的一种通风方式。

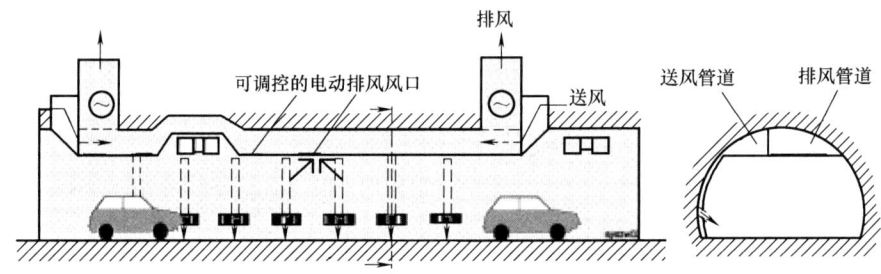

图 1-13　排风和送风同时进行的通风系统

5. 组合通风方式

也可根据隧道的具体情况，将上述通风系统有机结合起来应用。

最近，全射流通风方式在城市地下道路中应用的实例非常普遍的，该方法是在全纵向射流通风换气方式的基础上，将上升压力作为辅助手段的通风方式。

表 1-4 重点介绍了应用于单洞单向交通隧道的几种通风方式及其特点。

单洞单向交通隧道的几种主要通风方式比较　　　　　　　　　　表 1-4

通风方式		纵 向 式			
基本特征		通风风流沿隧道纵向流动			
代表形式		全射流式	洞口集中送入式	通风井排出式	通风井排送式
形式特征		由射流风机群升压	由喷流送风升压	洞口两端进风、中部集中排风	由喷流送风升压
通风系统略图					
隧道内压					
隧道风速					
浓度分布					
一般特征	非火灾工况的适用长度	5000m 以内	3000m 左右	5000m 左右	不受限制
	交通风利用	很好	很好	部分较好	很好
	噪声	较大	洞口噪声较大	噪声较小	噪声较小
	火灾处理	排烟不便	排烟不便	排烟较方便	排烟较方便

通风方式		纵 向 式			
一般特征	工程造价	低	一般	一般	一般
	管理与维护	不便	方便	方便	方便
	分期实施	易	不易	不易	不易
	技术难度	不难	一般	一般	稍难
	运营费	低	一般	一般	一般
	洞口环保	不利	不利	有利	一般

通风方式		半横向式		全横向式
基本特征		由隧道通风道送风或排风,由洞口沿隧道纵向排风或抽风		分别设有送排风道,通风风流在隧道内作横向流动
代表形式		送风半横向式	排风半横向式	
形式特征		由送风道送风	由排风道排风	
通风系统略图				
隧道内压				
隧道风速				
浓度分布				
一般特征	适用长度	3000~5000m	3000m 左右	不受限制
	交通风利用	较好	不好	不好
	洞内环境	噪声小	噪声小	噪声小
	火灾处理	排烟方便	排烟方便	能有效排烟
	工程造价	较高	较高	高
	管理与维护	一般	一般	一般
	分期实施	难	难	难
	技术难度	稍难	稍难	难
	运营费	较高	较高	高
	洞口环保	一般	有利	有利

1.5.2 通风方式选择

通风方式的选择受交通条件,尤其是交通方式(单洞单向交通隧道、单洞双向交通隧道)的影响。单洞单向交通隧道可利用机动车产生的交通通风力,而单洞双向交通隧道则不能。

《公路隧道通风设计细则》提出了设置机械通风条件的初步判断方法：

（1）单洞双向交通隧道，当符合式（1-1）的条件时，可设置机械通风。

$$L \times N \geqslant 6 \times 10^5 \quad\quad\quad (1\text{-}1)$$

式中　L——隧道长度（m）；

　　　N——设计小时交通量（veh/h）。

（2）单洞单向交通隧道，当符合式（1-2）的条件时，可设置机械通风。

$$L \times N \geqslant 2 \times 10^6 \quad\quad\quad (1\text{-}2)$$

长度 $L > 1000$m 的高速公路和一级公路隧道、长度 $L > 2000$m 的二、三、四级公路隧道应设置火灾机械防烟与排烟系统。

《建筑设计防火规范》（GB 50016—2014）城市交通隧道章节中规定隧道内机械排烟系统的设置要求：通行机动车的一、二、三类隧道应设置排烟设施。

隧道内机械排烟系统的设置应符合下列规定：

（1）长度大于 3000m 的隧道，宜采用纵向分段排烟方式或重点排烟方式；

（2）长度不大于 3000m 的单洞单向交通隧道，宜采用纵向排烟方式；

（3）单洞双向交通隧道，宜采用重点排烟方式。

1.6　标准规范的应用

城市隧道目前没有针对性规范，可以参考以下相关国内规范（仅列出相关性比较大的一部分）进行通风设计：

（1）《公路隧道通风设计细则》JTG/T D70/2-02—2014；

（2）《公路隧道设计规范　第二册　交通工程与附属设施》JTG D70/2—2014；

（3）《城市地下道路工程设计规范》CJJ 221—2015；

（4）《建筑设计防火规范》GB 50016—2014；

（5）《工业建筑供暖通风与方气调节设计规范》GB 50019—2015；

（6）《民用建筑供暖通风与空气调节设计规范》GB 50736—2012；

（7）《声环境质量标准》GB 3096—2008；

（8）《环境空气质量标准》GB 3095—2012；

（9）《轻型汽车污染物排放限值及测量方法（中国第六阶段）》GB 18352.6—2016；

（10）《城市车辆用柴油发动机排气污染物排放限值及测量方法（WHTC 工况法）》HJ 689—2014；

（11）《重型车用汽油发动机与汽车排气污染物排放限值及测量方法（中国Ⅲ、Ⅳ阶）》GB 14762—2008；

（12）《车用压燃式、气体燃料点燃式发动机与汽车排气污染物排放限值及测量方法（中国Ⅲ、Ⅳ、Ⅴ阶段）》GB 17691—2005；

（13）《点燃式发动机汽车排气污染物排放限值及测量方法（双怠速法及简易工况法）》GB 18285—2005；

（14）《车用压燃式发动机和压燃式发动机汽车排气烟度排放限值及测量方法》GB 3847—2005；

（15）《轻型汽车污染物排放限值及测量方法》（中国第五阶段）GB 18352.5—2013；

（16）《消防排烟风机耐高温试验方法》GA 211—2009；

（17）《通风与空调工程施工质量验收规范》GB 50243—2002；

（18）《公路工程质量检验评定标准（机电工程）》JTG F80/2—2004。

2 城市地下道路污染物通风控制主要设计条件

为保障行驶空间内空气质量良好，提供清洁通风稀释机动车尾气混合物，确定碳氧化物（一氧化碳 CO 气体）和氮氧化物（二氧化氮 NO_2 气体）气体的允许浓度、室外环境条件、交通特征、机动车排放因子等设计条件，是城市地下道路污染物通风控制设计环节的重要内容之一。本章重点从污染物种类及影响、国内外相关设计标准、机动车排放标准、设计资料调查、隧道内交通特征、机动车排放因子等几方面进行讨论。

2.1 污染物种类及影响

机动车排放尾气中含有大量对人体健康有害的成分，例如一氧化碳（CO）、碳氢化合物（HC）、氮氧化物（NO_x）和颗粒物（PM）等；另外，颗粒物的烟雾还会影响行车的安全视距。

1. 一氧化碳（CO）

一氧化碳（CO）一直是国内外隧道通风标准的指标污染物。由于一氧化碳（CO）是无色、无臭、无味的气体，故易被忽略而致中毒。

从毒理学角度来看，由于一氧化碳（CO）是一种血液性的神经毒物，可随空气被人体吸入体内，经肺泡进入血液循环，与血液中带氧的血红蛋白（Hb）、肌肉中的红蛋白以及细胞呼吸酶等形成可逆性结合（图 2-1）。一氧化碳（CO）与血红蛋白的亲和力比氧与血红蛋白的亲和力大 200～300 倍，因此当一氧化碳（CO）进入人体后，就会把血液中氧合血红蛋白（HbO）中的氧排挤出去，形成碳氧血红蛋白（Hb-CO），其离解速度只是氧合血红蛋白的 1/3600，不易离解，从而使毒作用加剧。这妨碍了血红蛋白携带氧的功能，加重组织缺氧，进而引起心、脑等敏感器官缺氧反应。一氧化碳（CO）

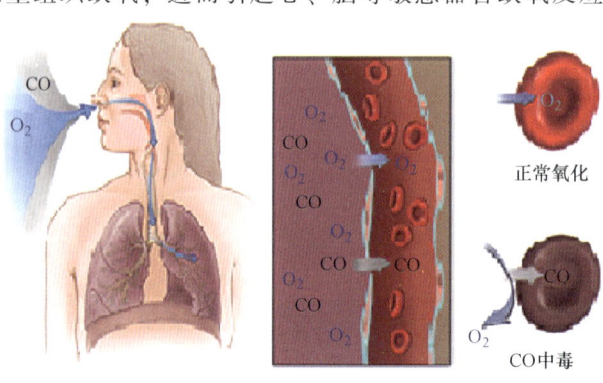

(1) O_2 和 CO 被吸入　　　　(2) O_2 和 CO 进入血液

图 2-1　一氧化碳（CO）对人体的危害

浓度对人体的危害见表2-1。吸入高浓度一氧化碳（CO）时，还可与组织内的细胞色素、细胞色素氧化酶等结合，直接抑制组织细胞的呼吸作用，其中以大脑皮质和苍白球等受到的影响最为严重。一氧化碳（CO）还可加重心血管病患者的症状。当吸入一氧化碳（CO）使血液中的Hb-CO含量增加时，心肌通过缺氧反射使冠状血管扩张、血流量增加，而心肌梗死患者由于受损的冠状循环难以起代偿作用，加之血液中Hb-CO对HbO中氧的释放有抑制作用，导致心肌缺氧加重。

一氧化碳（CO）对人体的危害　　　　　　　　　　　　　表2-1

CO（cm³/m³）	CO（%）	中毒程度	对人的危害
100	0.01	慢性中毒	长期接触（每天数小时）使人头痛、乏力
			记忆力减退、失眠
160	0.016		数小时后轻度喘息、心跳
400	0.04	轻度中毒	1小时后头痛、头晕、疲倦、恶心
600	0.06	中度中毒	1小时后心悸、呼吸困难甚至昏厥
800	0.08		0.5~1小时后呼吸困难、昏迷
1000	0.1	重度中毒	出现昏迷、阵发性抽搐
4000	0.4		很快昏迷、抽搐，抢救不及时会死亡
10000	1.0		短时间就失去知觉，几分钟可死亡

2. 氮氧化物（NO_x）

氮氧化物（NO_x）是机动车排放尾气的另一主要污染物。氮氧化物（NO_x）气体的毒性作用决定于气体的混合物中各种氮氧化物的含量。在汽车发动机中主要生成的是一氧化氮（NO）（隧道内80%~90%是NO），其是无色气体，高浓度一氧化氮（NO）会造成中枢神经系统轻度障碍。一氧化氮（NO）在大气中氧化生成二氧化氮（NO_2）（隧道洞口外NO_2占80%以上），NO_2对眼、鼻、呼吸道以及肺部都有强烈刺激。氮氧化物中二氧化氮（NO_2）的毒性比一氧化氮（NO）高4~5倍。二氧化氮（NO_2）主要损害呼吸道。吸入气体初期仅有轻微的眼及上呼吸道刺激症状，如咽部不适、干咳等；常经数小时至十几小时或更长时间潜伏期后发生迟发性肺水肿、成人呼吸窘迫综合征，出现胸闷、呼吸窘迫、咳嗽、咳泡沫痰、紫绀等，可并发气胸及纵隔气肿，肺水肿消退后两周左右叫出现迟发性阻塞性细支气管炎；长期吸入低浓度的二氧化氮（NO_2）可引起神经衰弱综合征及慢性呼吸道炎症，个别病例出现肺纤维化，也可引起牙齿酸蚀症。不同浓度二氧化氮（NO_2）对人体的影响见表2-2。

二氧化氮（NO_2）对人体的影响　　　　　　　　　　　　表2-2

NO_2 浓度		主要症状
mg/m³	cm³/m³	
10	5	闻到强烈的臭味
20~51	10~25	对耳、鼻、喉有刺激
103	50	1min时引起呼吸不畅
164	80	3~5min时引起胸疼
>411	>200	瞬时暴露时，有生命危险或死亡

3. 烟尘和 PM

由于载重汽车大多使用柴油发动机,在很多情况下对于城市地下道路正常运营工况能见度已成为通风设计的控制因素。另外,随着排放标准越来越严格,单车排放的各种污染物也在逐年减少,但轮胎、制动及道路路面摩擦损耗而产生的排放颗粒物和扬尘已成为影响能见度的重要因素。颗粒物(PM_{10} 和 $PM_{2.5}$)主要来源于柴油车的排放,而对于汽油车比例高达 90% 以上的城市地下道路,其主要来源为机动车在行驶中引起的二次扬尘。

2.2 国内外相关设计标准

1. 一般规定

(1) 城市地下道路通风设计标准应满足隧道内行车安全、卫生、舒适的要求。

(2) 城市地下道路通风设计行车安全标准以稀释洞内交通流排放的烟雾为主,必要时可考虑洞内交通流带来的粉尘污染。

(3) 城市地下道路通风设计卫生标准应以稀释洞内交通流排放的一氧化碳(CO)为主,必要时可考虑稀释二氧化氮(NO_2)。

(4) 城市地下道路通风设计非正常运营工况下应以稀释洞内机动车尾气带来的异味为主。

2. 各种污染物允许浓度

1) 一氧化碳(CO)

一氧化碳(CO)是机动车排放的主要污染物之一。各国相关规范、标准均对隧道内 CO 的浓度提出了控制要求。如表 2-3 所示,国内外相关标准对于隧道内 CO 的浓度限值的要求基本为:正常工况下 $100cm^3/m^3$ 左右,阻塞工况下 $150cm^3/m^3$ 左右。根据 PIARC 的 2012 年报告,CO 浓度控制限值按 $56mg/m^3$($70cm^3/m^3$)取值。

国内外公路隧道一氧化碳(CO)浓度限值 表 2-3

规范、标准	CO(cm^3/m^3)	
	正常工况	阻塞工况
PIARC 的 2012 年报告	70	100
澳大利亚地方卫生局责任与评估标准	200	≤87,15min;≤50,30min
日本《道路隧道技术基准(换气篇)》(2001 年)	100~150	150~200
日本《道路隧道技术基准(换气篇)》(2008 年)	100	150~200
《公路隧道通风设计细则》JTG\T D70\2—02—2014	100,>3000m	150,20min
《道路隧道设计规范》DG/TJ 08—2033—2008	150	200
《城市地下道路工程设计规范》CJJ 221—2015	150	200

2) 氮氧化物(NO_x)

氮氧化物(NO_x)是机动车排放尾气的另一主要污染物。氮氧化物(NO_x)对人的呼吸系统有较强的刺激作用，较长时间接触可导致喉痛、支气管炎和肺部疾病等。《公路隧道通风设计细则》已经对氮氧化物 NO_x 浓度限值提出了要求，即 20min 内二氧化氮（NO_2）应不大于 $1cm^3/m^3$；另外，我国《环境空气质量标准》GB 3095—2012 提出了大气环境中 NO_x 的浓度限值要求，即日平均值不大于 $80\mu g/m^3$、小时均值不大于 $200\mu g/m^3$。表 2-4 为其他国家相关规范或标准对氮氧化物（NO_x）浓度限值的规定。

国内外隧道二氧化氮（NO_2）浓度限值   表 2-4

来　源	NO_2 浓度限值（cm^3/m^3）	备　注
PIARC 的 2012 年报告	1.0	非行人隧道
WHO	0.4	15min 内
比利时	0.5	20min 内
瑞典	0.2	60min 内
《公路隧道通风设计细则》	1.0	非行人隧道 20min 内

关于一氧化氮（NO）、二氧化氮（NO_2）及氮氧化物（NO_x），Soltic P. 等学者认为隧道内氮氧化合物（NO_x）中 85%～95% 为一氧化氮（NO），5%～15% 为二氧化氮（NO_2）；Ma C. M. 等学者的实测结果为，隧道内和接近隧道出口处一氧化氮（NO）占氮氧化物（NO_x）的 96%～99%，在隧道外，由于氮氧化物（NO_x）与氧气的化学反应，大气环境中氮氧化物（NO_x）的 80% 成分是二氧化氮（NO_2）；我国《环境空气质量标准》GB 3095—2012 给出大气环境中污染物二氧化氮（NO_2）限制值是氮氧化物（NO_x）限制值的 80%。

综上所述，如果认为隧道内机动车排放的污染物氮氧化物（NO_x）中一氧化氮（NO）占 80%，隧道洞外氮氧化物 NO_x 中的 80% 转化成 NO_2，则氮氧化物（NO_x）限制值取值可按 $5cm^3/m^3$ 换算。

WHO2005 年对空气质量的规定，NO_2 阈值为年平均浓度 $0.4mg/m^3$ 和 1h 平均浓度 $0.2mg/m^3$；美国空气质量标准规定，NO_x 24h 浓度的算术平均值不得超过 $0.1mg/m^3$（$0.053cm^3/m^3$）；瑞士与欧盟采用 $0.05mg/m^3$ 作为年平均限值；PIARC 的 2012 年报告建议短时间内 NO_2 浓度在隧道内的平均值不超过 $2mg/m^3$（$1cm^3/m^3$）；法国（CETU 组织）推荐采用的 NO_2 浓度值是基于在该浓度值下，短时间内不会影响患有哮喘病等敏感人群的健康来制定的，推荐的上限为 $0.4cm^3/m^3$（$0.76mg/m^3$），时间为 15min；挪威《公路隧道规范》规定，隧道中氮氧化物的允许浓度值分别为：$NO_2 = 1.5cm^3/m^3$（$2.87mg/m^3$），$NO_x = 15cm^3/m^3$，$NO = 13.5cm^3/m^3$，其前提条件为，NO_x 由 NO 和 NO_2 组成，NO_2 的比例占 10%，并规定 NO_2 浓度超过 $0.75cm^3/m^3$ 的时间达到 15min 时应该关闭隧道；我国《室内空气质量标准》GB/T 18883—2002 中规定，室内 NO_2 的 1h 平均浓度不能超过 $0.24mg/m^3$（$0.13cm^3/m^3$）（表 2-5）。

一氧化氮（NO）、二氧化氮（NO₂）及氮氧化物（NOₓ）排放标准　　表 2-5

污染物	浓度限值（cm^3/m^3）	浓度限值（mg/m^3）	使用场合
NO	4	4.9	实测污染物
NO_2	1	1.88	限值标准目标污染物或需风量计算污染物
NO_x	5	6.95	需风量计算污染物

注：浓度换算在 25℃条件下进行。当隧道内温度超过 25℃时，需要进行温度修正。

3）烟雾浓度和颗粒物（PM）

烟尘允许浓度是运营时期，而不是设计时的允许浓度，可以用它反算通风条件下可通行的车辆数，便于管理交通（表 2-6、表 2-7）。

烟尘允许浓度　　表 2-6

规范、标准	VI（$10^{-3}m^{-1}$）
PIARC 的 2012 年报告	正常 5；阻塞 7～9
澳大利亚地方卫生局责任与评估标准	—
日本《道路隧道技术基准（换气篇）》（2001 年）	正常 7；阻塞 9
日本《道路隧道技术基准（换气篇）》（2008 年）	正常 7；阻塞 9
《公路隧道通风设计细则》JTG\T D70\2—02—2014	正常 5～9；阻塞 12
《城市地下道路工程设计规范》CJJ 221—2015	—
《道路隧道设计规范》DG/T J08—2033—2008	—

国内城市地下道路一氧化碳（CO）设计浓度值　　表 2-7

隧道名称	地区	长度（m）	通风方式	一氧化碳（CO）设计浓度值
珠江隧道	广州	850	全射流	100
梧桐山隧道	深圳	2134	半横向/全射流	100
大连路隧道	上海	675	射流＋竖井排风	125
玄武湖隧道	南京	2265	射流＋竖井排风	125
小鱼山隧道	青岛	635	全射流	100
胶州湾海底隧道	青岛	7788	射流＋竖井送排式	100
长江隧道	武汉	3295	射流风机＋集中排风＋重点半横向排烟	100
军工路隧道	上海	2411	射流风机＋洞口集中排风	125
翔安海底隧道	厦门	6050	射流＋竖井送排式	200
营盘路湘江隧道	长沙	2709	射流＋竖井送排式	100
劳动西路湘江隧道	长沙	3263	全射流纵向式	150
港珠澳隧道	珠海	5990	射流风机＋集中排风＋重点排烟	70

3. 背景浓度

被吸入城市地下道路的外界空气，其一氧化碳（CO）、二氧化氮（NO₂）和烟尘

（particles with diameters，简称 PM）都有一定的背景浓度，一般山岭公路隧道通常情况下该背景值都较低，因此可不考虑。但是由于城市地下道路位于城市中心区，路面交通排放污染物容易和地下道路内排放污染物叠加作用，所以城市地下道路污染物背景值应该根据大气环境状况确定，将环境值校核（如 CO 大约为 $1 \sim 5cm^3/m^3$）。对上海市延安东路隧道、翔殷路隧道及长沙市营盘路隧道背景浓度的实测结果发现，CO 浓度大约为 $0.5 \sim 2cm^3/m^3$，NO 浓度大约为 $0.1 \sim 0.2cm^3/m^3$。

4. 城市地下道路空气中异味稀释应符合的规定

（1）地下道路内空间不间断换气次数宜为 3 ~ 5 次/h；

（2）当采用纵向通风时，地下道路内换气风速应不低于 2.5m/s。

城市地下道路需风量计算除了需考虑稀释 CO、NO_x、VI 烟雾的安全卫生标准，火灾工况的安全标准，还需要满足换气频率的非正常工况标准。非正常工况标准是指在突发状况下通风设备能提供足够的新鲜风来稀释空气中的异味，异味原因是机动车燃料燃烧不充分，大量燃油未经燃烧就排出或者泄漏。机动车尾气中包含一氧化碳、碳氢化合物和氧化氮三种气体，如果机动车三元催化器出现故障，会导致汽车尾气产生异味。

2.3 机动车排放标准

为了抑制机动车排放有害气体的产生，促使机动车生产厂家改进产品以降低有害气体的产生源头，欧洲和美国等世界发达国家早在 20 世纪六七十年代就对机动车尾气排放建立了相应的法规制度，通过严格的法规推动了机动车排放控制技术的进步，而随着汽车排放控制技术的不断提高，又使更高标准的制定成为可能。目前，机动车生产厂家主要通过更好的催化转化器的活性层、二次空气喷射以及带有冷却装置的排气再循环系统等技术的应用，控制和减少汽车排放污染物到规定数值以下的标准。

我国，新生产机动车环保达标车型核准制度从 2000 年开始全面实施，欧洲标准是我国主要借鉴的机动车排放标准。从前欧洲标准（pre EU 1）到欧Ⅵ（EU 5）标准，污染物排放因子有了大幅下降，前欧洲标准的一氧化碳（CO）、氮氧化物（NO_x）污染物排放因子为欧Ⅵ标准的 30 倍左右。目前，国产新车都会标明发动机废气排放达到的欧洲标准。我国对轻型汽车排放污染控制法规在全国范围内的执行时间如下：

第 1 阶段：2000 年 1 月 1 日开始执行国Ⅰ标准；

第 2 阶段：2004 年 7 月 1 日开始执行国Ⅲ标准；

第 3 阶段：2007 年 7 月 1 日开始执行国Ⅲ标准；

第 4 阶段：2010 年 7 月 1 日开始执行国Ⅳ标准；

第 5 阶段：2013 年 2 月 1 日逐步开始执行国Ⅴ标准。

我国的国Ⅴ排放标准相当于欧Ⅴ标准（EU 5），欧洲从 2009 年 9 月 1 日起正式实施的欧Ⅴ标准（EU 5）。自 2013 年 2 月 1 日起，北京在全国率先开始执行国Ⅴ机动车排放标准；2014 年 4 月 30 日起，上海开始实施国Ⅴ机动车排放标准，同时停止办理国Ⅳ标准车辆的注册登记；2015 年 1 月 1 日起，北京开始实施国Ⅴ标准第 2 阶段排放标准。为配合国Ⅴ排放标准的实施，北京还进一步提高油品质量，与国Ⅴ标准相适应。

欧洲从 1992 年开始实施欧 I 标准（EU 1），与先进国家相比，我国关于机动车尾气排放法规的实施较晚，各阶段排放标准的实施年份通常比欧洲晚 5~10 年左右，表 2-8 所示为我国主要城市及地区执行各级排放标准的起始年份。

中国主要城市各级排放标准起始年份　　　　　　　　　　　表 2-8

年份 地区	1992年	1996年	1998年	2000年	2002年	2004年	2005年	2007年	2008年	2009年	2010年	2012年	2013年	2015年	2016年	2017年
欧洲	EU 1	EU 2		EU 3			EU 4			EU 5				EU 6		
中国					国 I		国 II	国 III		国 IV			国 V		国 VI	
北京				国 I		国 II		国	国 IV		国 V				国 VI	
上海					国 I		国 II	国 III			国 IV			国 V	国 VI	
珠三角					国 I		国 II	国 III			国 IV			国 V	国 VI	

2.4　设计资料调查

城市地下道路的通风设计应对其所在区域的气象和环境条件进行调查，并收集隧道洞口和通风塔选址周边区域的环境评价要求等技术资料。

2.4.1　设计气象参数调查

城市地下道路通风设计气象调查应包括下列内容：

（1）城市地下道路自然通风力、洞口或通风塔的气流扩散与新风进入条件等。

（2）城市地下道路两洞口间及洞口与通风井地面风塔之间的气压、风向、风速、温度、湿度等，其中气温、风速、降雨、积雪应调查其极端值并根据需要作实地观测。表 2-9 所示为我国几个主要城市的气象条件。

我国主要城市气象条件　　　　　　　　　　　表 2-9

城市	大气压力（hPa）		风向		平均风速（m/s）		极端温度（℃）		年平均温度（℃）
	冬季	夏季	冬季	夏季	冬季	夏季	最高	最低	
北京	1025.7	999.87	NNW	SE	2.6	2.1	41.9	−18.3	12.3
哈尔滨	1004.2	987.7	SW	SSW	3.2	3.2	36.7	−37.7	4.2
吉林	1001.9	984.8	WSW	SSE	2.6	2.6	35.7	−40.3	4.8
沈阳	1020.8	1000.9	NNE	SW	2.6	2.6	36.1	−29.4	8.4
天津	1029.6	1002.9	NNW	S	2.4	2.2	40.5	−17.8	12.7
石家庄	1017.2	995.8	NNE	S	1.8	1.7	41.5	−19.3	13.4
呼和浩特	901.2	889.6	NNM	SW	4.2	1.8	38.5	−30.5	6.7
太原	933.5	919.8	N	N	2.0	1.8	37.4	−22.7	10.0
济南	1019.1	997.9	E	SW	3.7	2.8	40.5	−14.9	14.7
郑州	1013.3	992.3	NW	S	2.7	2.2	42.3	−17.9	14.3

城市	大气压力(hPa)		风向		平均风速(m/s)		极端温度(℃)		年平均温度(℃)
	冬季	夏季	冬季	夏季	冬季	夏季	最高	最低	
南京	1025.5	1004.3	NEN	SSE	2.4	2.6	39.7	-13.1	15.5
合肥	1022.3	1001.2	E	ESE	2.7	2.9	39.1	-13.5	15.8
上海	1026.5	1005.7	N	S	2.6	3.1	39.6	-7.7	16.1
杭州	1021.1	1000.9	N	SW	2.3	2.4	39.9	-8.6	16.5
南昌	1019.5	999.5	NE	NE	1.9	2.1	40.4	-9.6	17.4
武汉	1023.3	1002.1	ENE	NE	1.8	2.0	39.3	-18.1	16.6
长沙	1018.3	995.6	NNW	S	2.3	2.6	40.6	-10.3	17.0
福州	1012.9	996.6	NNW	SSE	2.4	3.0	39.9	-1.7	19.8
广州	1019.0	1004.0	SSE	NNE	1.7	1.7	38.1	0.0	22.0
深圳	1016.6	1002.4	ENE	ESE	2.8	2.2	38.7	1.7	22.6
南宁	1011.0	995.5	E	S	1.2	1.5	39.0	-1.9	21.8
海口	1016.4	1002.8	ENE	S	2.5	2.3	38.7	4.9	24.1
贵阳	897.4	887.8	ENE	SSW	2.1	2.1	35.1	-7.3	15.3
昆明	811.9	808.2	WSW	WSW	2.2	1.8	30.4	-7.8	14.9
重庆	980.6	963.8	NNE	ENE	1.1	1.5	40.2	-1.8	17.7
成都	963.7	948	NE	NNE	0.9	1.2	36.7	-5.9	16.3
西安	979.1	959.8	ENE	ENE	1.4	1.9	41.8	-12.8	13.7
兰州	851.5	843.2	E	ESE	0.5	1.2	39.8	-19.7	9.8
西宁	774.7	772.9	SSE	SSE	1.3	1.5	36.5	-24.9	6.1
银川	896.1	883.9	NNE	SSW	1.8	2.1	38.7	-27.7	9.0
乌鲁木齐	924.6	911.2	SSW	NNW	1.6	3.0	42.1	-32.8	7.0
拉萨	650.6	652.9	ESE	SE	2.0	1.8	29.9	-16.5	8.0

（3）因洞内机动车尾气热量排放、隧道壁体传热等带来的洞内外温差而导致的气压差的相关因素。

（4）当采用城市地下道路洞口直接排放洞内污染空气时，为避免其对环境造成影响，或污染空气回流进入相邻隧道进口，必要时宜调查洞口附近的局部风速、风向、垂直方向的温度分布、阳光照射量等，并根据洞口地形、地物确定合适的测量方法。

（5）对于寒冻、多雾、积雪、潮湿、高温等地区的城市地下道路，宜调查相关气象因素，避免因洞口或地表进风塔空气吸入而导致洞内相关事故或不良影响，或避免这些气象因素可能对城市地下道路通风系统带来的不良影响。

2.4.2 设计环境调查

城市地下道路通风设计环境调查应包括下列内容：

（1）城市地下道路洞口或通风塔周围是否存在敏感地物，洞口或风塔的排放是否带来环境的破坏，通风机运行噪声对环境的影响，以及所在环境的空气背景浓度等内容；

（2）应根据不同目的，对城市地下道路地形、地物、地质等通风设计所需的基础项目进行精确调查；应特别加强对通风井位和地下风机房的地质勘察，以及地表通风塔所在区域的地形、地物调查。

城市地下道路洞口或通风井口有环境保护要求时，有害气体排放应符合环境保护的有关规定。

城市地下道路穿越环境敏感区，地下道路内有害气体排放可能影响附近的空气质量，则其有害气体浓度和扩散范围应符合当地的环境保护规定，必要时采取如下相应的处治措施：

（1）洞内污染空气集中高空排放；

（2）通过加大洞内通风量来降低洞内排出有害气体浓度；

（3）有害气体的净化处理，如采用静电吸尘装置、土壤净化装置等。

《环境空气质量标准》GB 3095—2012 中规定了环境功能区分类和质量要求：

（1）环境空气功能区分为两类：一类区为自然保护区、风景名胜区和其他需要特殊保护的区域；二类区为居住区、商业交通居民混合区、文化区、工业区和农村地区。

（2）一类区适用一级浓度限值，二类区适用二级浓度限值。一、二类环境空气功能区质量要求见表 2-10 和表 2-11。

环境空气污染物基本项目浓度限值 表 2-10

序号	污染物项目	平均时间	浓度限值		单位
			一级	二级	
1	二氧化硫（SO_2）	年平均	20	60	μg/m³
		24 小时平均	50	150	
		1 小时平均	150	500	
2	二氧化氮（NO_2）	年平均	40	40	
		24 小时平均	80	80	
		1 小时平均	200	200	
3	一氧化碳（CO）	24 小时平均	4	4	
		1 小时平均	10	10	
4	臭氧（O_3）	日最大 8 小时平均	100	160	
		1 小时平均	160	200	
5	颗粒物（粒径小于等于 10μm）	年平均	40	70	
		24 小时平均	50	150	
6	颗粒物（粒径小于等于 2.5μm）	年平均	15	35	
		24 小时平均	35	75	

序号	污染物项目	平均时间	浓度限值		单位
			一级	二级	
1	总悬浮颗粒物(TSP)	年平均	80	200	$\mu g/m^3$
		24 小时平均	120	300	
2	氮氧化物(NO$_x$)	年平均	50	50	
		24 小时平均	100	100	
		1 小时平均	250	250	
3	铅(Pb)	年平均	0.5	0.5	
		季平均	1	1	
4	苯并[a]芘(BaP)	年平均	0.001	0.001	
		24 小时平均	0.0025	0.0025	

《环境空气质量标准》GB 3095—2012 规定 2016 年 1 月 1 日起在全国实施。此版标准与以往的相比,变化主要在两个方面:一是增加了 O_3 和 $PM_{2.5}$ 两项污染物控制标准;二是提高了 PM_{10}、NO_2 等污染物的限值要求。与之相应的,对于自动监测系统的运转要求也提高了。由于新版标准规定的项目多、数据多,非专业人员难懂难记,所以同时还规定了专门用于向公众发布的空气质量评价方法——空气质量指数(AQI),以此判断空气质量等级。

2.5 交 通 特 征

2.5.1 预测交通量

交通量是城市地下道路通风设计最为重要的基础数据之一。通风设计采用的设计小时交通量应根据地下道路所在路段项目可行性研究报告提出的设计(预测)年平均日交通量进行换算。当设计小时交通量大于地下道路所在路段的最大服务交通量时,宜采用最大服务交通量换算的设计小时交通量。

2.5.2 设计小时交通量

通风设计采用的设计小时交通量应根据城市地下道路所在路段项目可行性报告提出的设计(预测)年平均日交通量进行换算,根据《公路工程技术标准》JTG B01—2014中规定的"各汽车代表车型与车辆折算系数",结合各工程的具体交通组成,将标准小客车交通量换算成混合车型设计高峰小时交通量,换算的步骤如下:

第一步,将项目可行性研究报告提出的各设计(预测)年平均日交通量(AADT, pcu/d)换算成标准小客车设计高峰小时交通量(pcu/h),换算公式为:AADT×设计小时交通量系数×方向分布系数=标准小客车设计高峰小时交通量。

当项目可行性研究报告没有明确提出设计小时交通量系数时,依据工程可行性研究报告，城市地下道路可取 9% ～12%；当项目可行性研究报告没有明确提出单向交通城市地下道路的方向分布系数时，对于单向交通城市地下道路可取 55%、双向交通城市地下道路行车上坡较长方向的方向分布系数可取 60%。

第二步，根据项目可行性研究报告提出的交通组成百分比，分别计算出各车型对应的标准小客车设计高峰小时交通量。

第三步，按《公路工程技术标准》JTG B01—2014 中规定的各汽车代表车型与车辆折算系数，将各车型的标准小客车高峰交通量（pcu/h）换算成绝对车型设计高峰小时交通量（veh/h），表 2-12 所示为《公路工程技术标准》JTG B01—2014 中列出的各汽车代表车型与车辆折算系数。

各汽车代表车型与车辆折算系数　　　　　　　　　　　　表 2-12

汽车代表车型	车辆折算系数	说　　明
小客车	1.0	不多于 19 座的客车和载质量不大于 2t 的货车
中型车	1.5	大于 19 座的客车和载质量大于 2t 且不大于 7t 的货车
大型车	2.0	载质量大于 7t 且不大于 14t 的货车
拖挂车	3.0	载质量大于 14t 的货车

2.5.3　设计行车速度

1. 设计行车速度

《城市地下道路工程设计规范》CJJ 221—2015 中对设计行车速度作了如下规定：

（1）城市地下道路宜与两端衔接的地面道路采用相同的设计速度，条件困难时，可降低一个等级，并应符合表 2-13 的规定。

各级城市地下道路的设计速度　　　　　　　　　　　　表 2-13

道路等级	快速路			主干路			次干路			支路		
设计速度（km/h）	100	80	60	60	50	40	50	40	30	40	30	20

注：除短距离地下道路外，设计速度不应大于 80km/h。

（2）地下车库联络道的设计速度应为 20km/h。

（3）城市地下道路匝道的设计速度宜为主线的 0.4～0.7 倍。

（4）城市地下道路的线性标准应根据实际运行速度的要求，与相邻路段运行速度协调。

表 2-14 所示为对我国部分在运营城市地下道路设计速度值的调研结果。

国内部分城市地下道路状况　　　　　　　　　　　　表 2-14

隧道名称	长度（m）	竣工时间（年）	设计车速（km/h）
上海延安东路隧道	2200	1988，1996	70
上海翔殷路隧道	2600	2005	80
上海长江隧道	8950	2009	80

隧道名称	长度(m)	竣工时间(年)	设计车速(km/h)
上海人民路隧道	3097	2010	40
上海外滩隧道	3300	2010	40
上海龙耀路隧道	4040	2010	50,40(匝道)
上海军工路隧道	2411	2011	80
上海长江西路隧道	2770	2011	60,35(匝道)
南京市玄武湖隧道	2660	2003	60
南京长江隧道	3474	2010	80
苏州独墅湖隧道	3460	2007	60
南昌青山湖隧道	1965	2009	30
武汉长江隧道	3304(东线)	2008	50
武汉东湖隧道	7018	2015	60
长沙营盘路湘江隧道	3001	2011	50
长沙劳动西路湘江隧道	3263	2011	50
深圳梧桐山隧道	2134	1987	60
青岛胶州湾海底隧道	7788	2011	80
厦门翔安海底隧道	6050	2010	80

2. 实际运行工况平均行车速度

《公路隧道通风设计细则》是以各级公路山岭隧道为主要对象进行编制的。对于长度小于1000m的隧道可不考虑交通阻滞；对于长度大于1000m的隧道，阻滞段宜按每车道长度为1000m计算。可将以下行驶情况视为交通阻滞：

（1）高速公路隧道内各车道平均行车速度不大于30km/h。

（2）一级公路隧道内各车道平均行车速度不大于20km/h。

（3）二级、三级、四级公路隧道内各车道平均行车速度不大于10km/h。

但是城市地下道路相对山岭公路隧道来说便于管理，山岭公路隧道阻塞1km计算要求不合理，城市地下道路可能全线阻塞。《道路交通阻塞度及评价方法》GA 115—1995中规定城市道路路段阻塞度评价指标：车辆在车行道上受阻排队长度超过1000m为阻塞；排队长度超过1500m的为严重阻塞。公路路段阻塞度评价指标：车辆在车行道上受阻排队长度超过2000m的为阻塞；排队长度超过3000m的为严重阻塞。并且，路段阻塞测定方法规范中也有规定，所以对于城市地下道路的阻塞长度也应具体测定。

我国实际运行隧道的平均车速调研结果如表2-15所示。

不同城市实际地下道路和山岭公路隧道交通状况　　　　　　　　表 2-15

隧道名称	实测交通流量 M		平均速度 v(km/h)
	平均值(辆/h)	高峰值(辆/h)	
新岭隧道(通向上海、杭州)	2500～3000(阻塞工况)	2500～3000(阻塞工况)	10
南京市富贵山隧道	1030	1255	60.1
广州市珠江隧道	1041	1928	46

与山岭公路隧道交通流量不同，一般城市地下道路的交通流量 N（辆/h）大，城市地下道路从运营开始，很快就能达到其设计交通流量。不同城市由于机动车保有量和道路状况的不同，交通流量区别较大。在车速60km/h时，理论推荐通行能力为2050辆/h。城市地下道路实际交通流量一般在开始运营时就能达到设计通行能力。城市地下车道内实际行车速度通常较慢。

根据上海和长沙城市地下道路交通特征的实测结果，可以得到交通流量与车速成二次方关系（图2-2a），该结果与一般公路隧道的规律类似（《公路隧道照明设计规范》JTG/T D70/2-01—2014，且与格林息尔治速度—密度线性模型计算结果（图2-2b）吻合）。所不同的是，实测隧道每条车道最大交通流量约为1500pcu/(车道·h)、对应的平均车速约为35km/h，该结果明显低于PIARC2012给出的公路隧道的1800pcu/(车道·h)（对应的平均车速为60km/h）的结果。

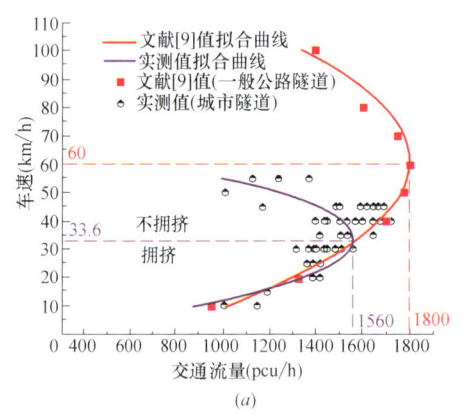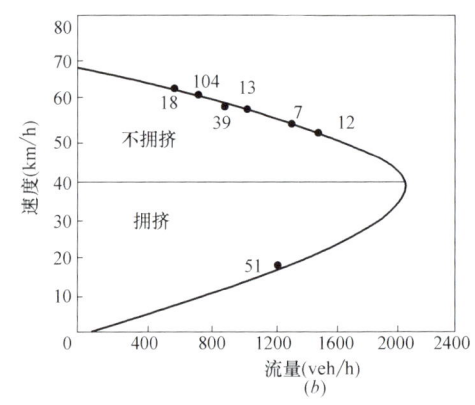

图 2-2　交通流量与车速的关系

(a) 实测结果；(b) 格林息尔治速度-密度线性模型计算结果

不同国家和国际组织对交通阻滞的定义有所不同。日本道路协会《道路隧道技术标准（通风换气篇）及其解说》（2001年10月）提出拥堵时的行车速度基本不到20km/h。PIARC的2004年报告提出，在通风设计中用阻塞交通速度10km/h和停滞段定义设计工况。为了避免长隧道通风设计过量，通过交通控制系统避免全隧道的交通停滞是可行的，PIARC的2012年报告给出了相应的交通量，见表2-16。

平均高峰交通密度 表 2-16

项目		平均高峰交通密度(pcu/km)与每一车道的交通流(pcu/h)							
		郊区隧道				城区隧道			
交通状态	车速 v (km/h)	单向交通		双向交通		单向交通		双向交通	
		pcu/km	pcu/h	pcu/km	pcu/h	pcu/km	pcu/h	pcu/km	pcu/h
正常	60	30	1800	23	1400	33	2000	25	1500
阻塞	10	70	700~850	60	600	100	1000	85	850
停滞	0	150	—	150	—	165	—	165	—

北京工业大学于 2012 ~ 2015 年对上海市延安东路隧道、翔殷路隧道和长沙市营盘路隧道高峰期间的交通特征进行了实测。上述三条隧道因受交通流量、最大限速及隧道出口附近交通信号灯等因素的影响，早晚高峰时段平均车速均较低，平均车速在 25 ~ 50km/h 范围内，如表 2-17 所示。

城市地下道路平均车速实测结果　　　　表 2-17

隧　　　道		车流量(辆/h)(早高峰)	车流量(辆/h)(晚高峰)	平均车速(km/h)(早高峰)	平均车速(km/h)(晚高峰)
延安东路隧道	北线(2012 年夏季)	—	2456	—	23.3
	北线(2012 年秋季)	—	2537	—	23.3
	南线(2012 年夏季)	2947		28	—
	南线(2012 年秋季)	2923		37.3	—
翔殷路隧道	北线(2012 年夏季)	—	2909		39.3
	北线(2012 年秋季)	—	2716		48.4
	南线(2012 年夏季)	2816		46.8	—
	南线(2012 年秋季)	2661		35.2	—
营盘路隧道(主线)	北线(2013 年夏季)	—	2115		30
	南线(2013 年夏季)	2435		30	—
	北线(2014 年夏季)	—	2113		56
	南线(2014 年夏季)	2214		55	—

2.5.4　交通组成

1. 车型比例、车型分类

据 2015 年《中国机动车污染物防治年报》报道，2014 年我国全国机动车保有量达到 2.46 亿辆，其中汽车占 58.8%，约为 1.45 亿辆。其中，汽车保有量，按车型分类，客车占 85.3%，货车占 14.7%；按燃料类型分类，汽油车占 84.7%，柴油车占 14.1%，燃气车占 1.2%；按照排放标准分类，国Ⅰ前标准的汽车占 3.8%，国Ⅰ标准的汽车占 10.6%，国Ⅱ标准的汽车占 10.4%，国Ⅲ标准的汽车占 52.5%，国Ⅳ及以上标准的汽车占 22.7%。以上数据是针对全国汽车而言的，对于城市交通，客车、汽油车所占比例更大。表 2-18 所示为 2010 年我国主要城市机动车车型比例调查结果。

不同城市机动车车型比例（2010 年）　　　　表 2-18

城市	小客车(%)	中大客车(%)	小货车(%)	中大货车(%)	摩托车(%)	其他
北京	87.2	3.2	2.6	1.5	5.5	0
上海	36.0	11.2	7.7	7.7	41.7	0.4
武汉	62.4	62.4	14.1	14.1	23.5	0
广州	49.3	6.4	13.2	23.2	7.7	0
珠三角	73.7	6.9	14	3.9	0	1.5

2. 按照燃料类型划分机动车组成

按照燃料类型，汽车可以分为汽油车、柴油车和燃气车。其中，汽油车包括小型载客汽车、轿车和摩托车；柴油车包括中大型载客汽车和载货汽车。调查结果表明，城市地下道路以汽油车和柴油车为主。表 2-19 所示为我国主要城市按照燃料类型划分的机动车比例。除北京、广州以外，其他城市汽油车、柴油车总比例变化不大，与全国平均水平相当。

不同城市按照燃料类型划分的机动车比例 　　　　　　　　　表 2-19

城市	汽油车（%）	柴油车（%）	燃气车（%）	数　据　来　源
北京	92.3	7.0	0.7	《北京交通发展年报》(2011 年)
上海	79.5	20.3	0.2	《上海市第四次全市性综合交通调查》(2010 年)
武汉	81.6	18.4	—	《武汉市交通发展年报》(2011 年)
南京	79.6	20.4	—	《南京日报》(2011 年 12 月 23 日)
广州	68.3	29	2.7	《2010 年广州市城市交通运行报告》
珠三角	81.3	18.3	0.4	机动车排污中心培训资料(2009 年)
全国平均	80.9	17.4	1.7	《中国机动车污染防治年报》(2011 年)

3. 按照排放标准划分机动车组成

我国机动车排放标准与欧洲机动车排放标准基本一致，只是每种标准起始年代不同。自 2000 年以来，通过 10 年的时间我国实现了从国 I 标准到国Ⅳ标准的升级。不同排放标准的车型比例对污染物排放量的影响较大。2009 年广州市国 I 前、国 I 、国 Ⅱ和国Ⅲ排放控制水平的轻型汽油车（不包括摩托车）比例分别为 6.2%、29.9%、12.5% 和 51.3%。随着排放标准的严格执行，机动车污染物排放量呈大幅度削减趋势。

4. 城市地下道路车型比例

表 2-20 所示为近年上海市延安东路越江隧道、翔殷路越江隧道及长沙市营盘路湘江隧道汽油车比例实测调查结果。受城市地下道路内禁止大型货车进入的限制，城市地下道路内汽油车的车型比例高达 90%，且主要是小型客车，少量为中（大）型客车及轻（中）型货车。该比例可基本代表我国典型城市地下道路车型比例。

实测城市地下道路汽油车比例 　　　　　　　　　表 2-20

隧道	测试时期	汽油车比例
延安东路越江隧道	北线（2012 年夏季）	94.8%
	北线（2012 年秋季）	91.6%
	南线（2012 年夏季）	94.8%
	南线（2012 年秋季）	95.0%
翔殷路越江隧道	北线（2012 年夏季）	92.4%
	北线（2012 年秋季）	91.5%
	南线（2012 年夏季）	91.4%
	南线（2012 年秋季）	91.6%
营盘路湘江隧道（主线）	北线（2013 年夏季）	96.3%
	南线（2013 年夏季）	98.4%

2.6 机动车排放因子

机动车污染物排放强度是指各类型车辆单位时间、单位行驶里程排放某污染物的量（g/(km·s) 或 m³/(km·s)），其值等于各车型交通流量与对应车型平均单车污染物排放因子乘积的求和，其中机动车单车污染物排放因子是指单辆机动车运行单位里程或单位时间所排放的污染物（g/(km·辆) 或 g/(h·辆)），它是计算道路车流污染物排放量、城市地下道路通风系统设计需风量以及相关机动车污染物控制法规制定的重要参考依据。

2.6.1 排放因子确定方法

关于机动车污染物排放因子的确定方法，目前比较常用的有台架测试、车载排放测试、遥感测试和隧道测试。

（1）台架测试法：采用国家标准工况测试规程，用常见车种、车型的在用车在底盘测功机上模拟汽车行驶工况（加速、减速、匀速和怠速），进行排放测试而得到各车型的平均排放因子。其中，轻型车的测试规程等同于欧洲的十五工况法，重型汽油发动机的测试规程等同于美国的九工况法。机动车排放模型大多是根据试验台架上对机动车污染物排放状况进行测定而积累的大量机动车排放特性的数据，以建立机动车单车污染物排放因子计算模型为基础而得到，如由美国国家环境保护局开发的 MOBILE 系列模型和 MOVES 等。需要注意的是，用台架测试法对我国在用车的单车污染物排放因子模拟试验发现，各种车辆的排放因子试验结果离散性很大。

（2）实际工况测试法：通过实测隧道内车流排放污染物浓度分布的方法确定机动车流平均单车污染物排放因子，隧道实测法自 20 世纪 90 年代初开始在国外广泛采用，主要测试对象为氮氧化物（NO_x）、一氧化碳（CO）、挥发性有机物（VOC）、碳氢化合物（HC）、烟尘（PM）等污染物。隧道实测法一般分为两种，一是根据在隧道进、出口两端内部的同侧采集 2 个测点数据推算排放因子，二是当机动车流变化不大时，可考虑在同一时间段内采集隧道内任意 2 点之间的数据推算分段排放因子。隧道实测方法通过分析隧道实际交通状况条件下车流污染物排放强度推算得到的机动车的综合排放因子，更能客观地反映隧道内机动车的综合排放水平及其排放特性。这种方法在确定排放因子时主要有以下几个步骤：首先是行车调查，即车辆在选定的道路上按照常规方式随该道路上的车流行驶，在行驶过程中每隔 5 秒钟测定一次速度，最后得到车流在该道路上的行驶速度；其次是对工况进行解析，即对上一步骤得到的一系列速度值进行处理，选出能够代表该路段行驶工况的数据，进而得到实际行驶工况图；然后将实际行驶工况曲线输入到底盘测功机的计算机控制系统中，使得道路实际运行工况在试验室再现。虽然这种方法也是在底盘测功机上完成测试，但与台架测试法的不同之处在于运行的工况曲线不一样，前者采用实际的行驶工况曲线，后者采用的是欧洲的 ECE15 工况曲线；并且实际工况测试法的工况数远比台架测试法的多。实际行驶工况法比较贴合实际情况，所以在城市交通与机动车排放污染的控制研究方面应用比较广泛。一些学者应用隧道实测方法先后对瑞士、瑞典和美国的隧道，以及中国的七道梁高海拔公路隧道、龙泉山隧道等隧道内一氧化碳（CO）、氮氧化物（NO_x）等污染物浓度水平进行了实测，进而推算得出了相应条件下的机动车污染物综合排放因子。

（3）隧道测试法：该方法是在营运的交通隧道内通过检测过往隧道的机动车排入隧道内的污染物浓度，以及隧道内的风速等环境因素，应用大气扩散方程从而得出单车平均污染物排放因子。隧道测试法是在实际营运的交通隧道中得出的机动车污染物排放因子，在很大程度上代表机动车车流在真实道路上、真实行驶状态下的整体污染物排放水平。因此，20 世纪 80 年代以来，这种方法被国内外广泛采用。近年来，以遥感遥测技术进行排放因子的监测，在美国、日本等发达国家被广泛采用。这种方法是在道路边上架设遥感测试仪器，通过不分光红外分析法（NDIR）和分光或不分光紫外线分析法等技术，在线监测动态的尾气管排放污染物的浓度，在此基础上求出该道路上的机动车排放因子。

（4）遥感遥测法：是分析实际道路机动车排放状况和筛选高排放车辆的有效手段。不过目前遥感遥测仅能用在单车道道路和隧道内，对于机动车在多车道道路上的排放情况还不能作出准确测定。而且这种方法只能测试车辆在某一瞬时的排放，不能测试实际运行工况下的排放变化量。不过采用先进技术监测机动车排放状况是进行机动车排放规律研究的必然趋势。

2.6.2 排放因子取值

北京机动车排放管理中心公布了不同排放标准下的一氧化碳（CO）、氮氧化物（NO_x）排放因子，如表 2-21、表 2-22 所示。

一氧化碳（CO）排放因子 [g/（km·辆）]   表 2-21

执行标准	机动车											
	轻型汽车				中型汽车				重型车			
	汽油车			柴油车	汽油车	柴油车	公交车		汽油车	柴油车	公交车	
	微型车	轿车	出租车				汽油	柴油			汽油	柴油
国 I 标准前	10.5	20.1	34	1.5	53	2	53	2	106	5	106	5
国 I 标准	1.4	2.1	2.5	0.9	5.3	1.8	5.3	1.8	106	4.4	106	4.4
国 II 标准	0.9	1.5	2.0	0.6	2.2	1.7	2.2	1.7	9.5	4.0	9.5	4.0
国 III 标准	0.3	0.5	0.6	0.4	1.1	1.2	1.1	1.2	4.8	2.8	4.8	2.8
国 IV 标准	0.12	0.2	0.26	0.31	0.92	0.87	0.92	0.87	3.96	2	3.96	2

执行标准	机动车											
	轻型汽车				中型汽车				重型车			
	汽油车			柴油车	汽油车	柴油车	公交车		汽油车	柴油车	公交车	
	微型车	轿车	出租车				汽油	柴油			汽油	柴油
国I标准前	1	1.1	1.8	1.5	6	4	6	4	21	10	21	10
国I标准	0.4	0.5	0.6	1.1	6	3.5	6	3.5	21	8.8	21	8.8
国II标准	0.2	0.2	0.3	0.8	0.3	3.1	0.3	3.1	1.3	7.7	1.3	7.7
国III标准	0.1	0.1	0.2	0.6	0.2	2.2	0.2	2.2	0.7	5.4	0.7	5.4
国IV标准	0.05	0.05	0.08	0.29	0.12	1.55	0.12	1.55	0.54	3.8	0.54	3.8

我国《公路隧道通风设计细则》也给出了基准排放因子的逐年计算方法，即以2000年机动车污染物排放因子为基准，以每年2%的递减率逐年递减的方法进行计算。例如，根据《公路隧道通风设计细则》，正常交通和阻滞交通情况下，2000年的一氧化碳（CO）污染物基准排放量分别取 $0.007m^3/(veh·km)$ 和 $0.015m^3/(veh·km)$（NO_2 的基准排放因子仍未给出）。利用该方法计算得到的一氧化碳（CO）逐年排放因子见附录三。

PIARC的2012年报告针对小客车和重货车给出了2010年不同排放标准、不同坡度、不同车速下的机动车一氧化碳（CO）、氮氧化物（NO_x）基准排放因子（见附录一）。该排放因子主要来自联合调查的欧洲排放水平。并且，该报告针对三个特殊国家，包括澳大利亚、阿尔及利亚和中国，给出了可代表该国排放水平的基准排放因子，中国的相关参数见附录二。

图2-3为欧I～IV标准与前欧洲标准关于CO排放因子的比较结果。较前欧洲标准，欧I～IV标准的CO排放因子有了大幅度的降低，汽油车CO排放因子范围在4～63g/h，平均为34.2g/h；柴油车CO排放因子范围在8.5～117.8g/h，平均为37.0g/h。

北京工业大学根据隧道实测法，于2012～2015年对在运营中的上海市延安东路隧道、翔殷路隧道及长沙市营盘路隧道内的一氧化碳、一氧化氮浓度及隧道内的交通特征、气象参数进行了现场实测。将实测污染物浓度、对应时间各段的交通流量和平均风速代入相关公式，可计算得到实际隧道车流综合平均污染物一氧化碳（CO）、氮氧化物（NO_x）排放因子，如表2-23所示。其结果与PIARC的2012年报告关于中国地区的研究结果相近。

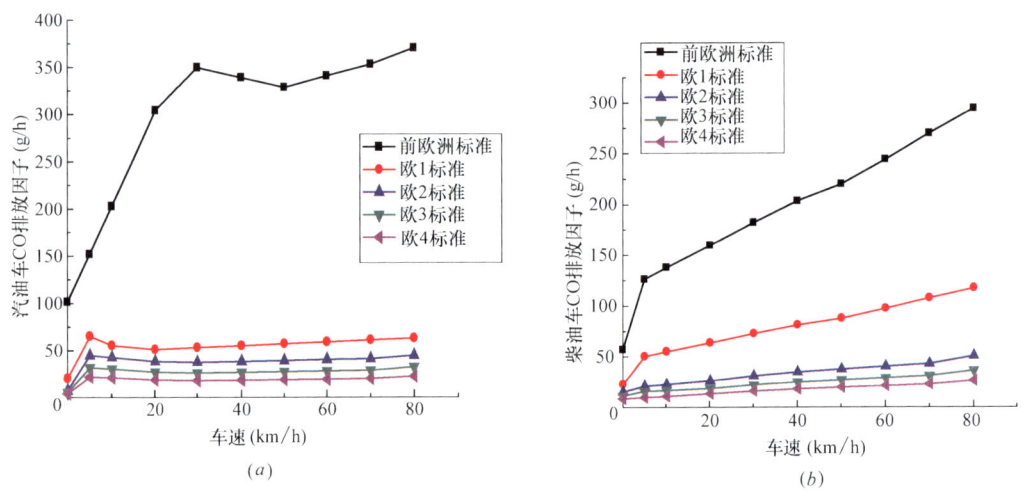

图 2-3　车速对一氧化碳（CO）排放因子的影响
(a) 汽油车；(b) 柴油车

表2-23结果表明，随着中国机动车排放标准的日趋严格，中国机动车排放量较2000年已有较大程度的下降，与欧美等发达国家的差距逐渐减小。

实测三条隧道机动车流综合平均一氧化碳（CO）、氮氧化物（NO_x）排放因子　　　　表 2-23

隧道名称		距离(m)(坡度)	测试时间	CO EFs	NO_x
上海延安东路隧道	南线	0～1100(—3%)	2012 年夏季	1.266 ± 0.889	—
			2012 年秋季	1.362 ± 0.822	—
		1100～2208(3%)	2012 年夏季	2.916 ± 1.827	—
			2012 年秋季	2.446 ± 1.152	—
	北线	0～1100(—3%)	2012 年夏季	2.726 ± 1.724	—
			2012 年秋季	2.051 ± 1.794	—
		1100～1885(2.4%)	2012 年夏季	3.974 ± 2.189	—
			2012 年秋季	3.353 ± 2.155	—
上海翔殷路隧道	南线	0～1400(—2.9%)	2012 年夏季	1.207 ± 0.738	—
		1400～2600(3.4%)	2012 年夏季	2.893 ± 1.733	—
	北线	0～1200(—3.4%)	2012 年夏季	1.440 ± 0.823	—
		1200～2600(2.9%)	2012 年夏季	3.117 ± 1.404	—

隧道名称		距离(m)(坡度)	测试时间	CO EFs	NO$_x$
长沙营盘路隧道	南线	0~600(—5.92%)	2013 年夏季	0.754±0.561	0.121±0.022
		600~1600(—0.35%)	2013 年夏季	1.719±1.419	0.227±0.089
		1600~2200(3.85%)	2013 年夏季	2.052±1.832	0.414±0.228
		2200~2500(5.85%)	2013 年夏季	5.588±3.956	0.705±0.114
	北线	0~300(—5.85%)	2013 年夏季	1.918±1.816	0.295±0.262
		300~900(—3.85%)	2013 年夏季	2.843±2.744	0.362±0.193
		900~1900(0.35%)	2013 年夏季	4.797±3.065	0.318±0.247
		1900~2500(5.92%)	2013 年夏季	6.050±5.940	0.818±0.755
	南线	0~600(—5.92%)	2014 年夏季	0.319	0.212
		600~1600(—0.35%)	2014 年夏季	1.720±1.439	0.134±0.121
		1600~2200(3.85%)	2014 年夏季	4.480±3.760	0.566±0.298
		2200~2500(5.85%)	2014 年夏季		
	北线	0~300(—5.85%)	2014 年夏季	1.283±1.109	0.088±0.021
		300~900(—3.85%)	2014 年夏季	1.494±0.660	0.135±0.056
		900~1900(0.35%)	2014 年夏季	2.429±1.059	0.630±0.031
		1900~2500(5.92%)	2014 年夏季		

2.7 小　结

（1）一般城市地下道路的交通流量大，城市地下道路从运营开始，很快就能达到其设计交通流量，早晚高峰时段平均车速均较低，平均车速为 25~50km/h 范围内。

（2）城市地下道路内禁止大型货车的进入，汽油车比例很高，达到 90% 以上，主要通过车辆为汽油小型客车，其他为少量的中型、大型客车及轻型、中型货车。

（3）我国车流综合平均一氧化碳（CO）、氮氧化物（NO$_x$）排放因子与 PIARC 的 2012 年报告中关于中国地区的研究结果比较相近，排放因子可以根据 2.3 节介绍的实测法获得，或者参考 PIARC 的 2012 年报告给出的 2007 年中国轻型汽油车排放因子取值（见附录二）。

3 城市地下道路需风量计算

隧道通风换气的目的是确保隧道使用者的安全、舒适性，同时也是为了确保隧道内各类业务管理者的环境。机动车排放尾气中虽有多种对人体有害的物质，例如一氧化碳（CO）、氮氧化合物（NO$_x$）、碳氢化合物（HC）等，但如果有足够的通风换气量，就有可能将污染物控制在安全范围内。因此，通风系统设计的重要任务之一，是计算稀释对人体健康危害物质所需要的通风换气量，也即需风量。

以往的隧道设计规范或标准，重点是以稀释一氧化碳（CO）所需的换气量作为隧道需风量的设计依据；对于有柴油车通过的隧道，由于柴油车排放尾气中含有的黑烟，将影响隧道内的视距，因此还同时计算稀释烟雾所需的换气量，以两者的大值作为隧道需风量的设计依据。

近些年，随着机动车排放标准的日趋严格，油品环保性能的日益提高，加之城市地下道路通行机动车车型比主要是汽油车，隧道内一氧化碳（CO）的危害程度在减小，但氮氧化合物（NO$_x$）的危害程度在增大。

本章将在第 2 章关于城市地下道路交通特征、机动车污染物排放因子等污染物通风控制主要设计条件介绍内容的基础上，重点介绍城市地下道路污染物浓度通风控制的需风量计算方法。

3.1 机动车污染物基准排放量

机动车污染物排放量是通风换气需风量计算的关键参数之一，机动车污染物排放量由排放强度决定。机动车污染物排放强度是指各类型车辆单位时间、单位行驶里程排放某污染物的量（g/(km·s) 或 m³/(km·s)）。机动车排放尾气中的有害成分量与发动机种类、大小、车辆行驶状态、车况与路况等因素都密切相关，是一个动态变化量。《公路隧道通风设计细则》和 PIARC 的 2012 年报告分别给出了一氧化碳（CO）、氮氧化物（NO$_x$）和烟雾排放量计算方法。

3.1.1 一氧化碳（CO）排放量

1. 《公路隧道通风设计细则》计算方法

《公路隧道通风设计细则》给出的一氧化碳（CO）排放量和烟雾排放量计算公式主要依据山岭公路隧道特点和影响因素，其中一氧化碳（CO）排放量计算公式如式（3-1）所示。

$$Q_{CO} = \frac{1}{3.6 \times 10^6} \cdot q_{CO} \cdot f_a \cdot f_d \cdot f_h \cdot f_{iv} \cdot L \cdot \sum_{m=1}^{n} (N_m \cdot f_m) \quad (3\text{-}1)$$

式中 Q_{CO}——隧道 CO 排放量（m³/s）；

q_{CO}——设计目标年份的 CO 基准排放量（$m^3/(veh \cdot km)$）；

N_m——机动车设计交通量（veh/h）；

f_a——车况系数（表3-1）；

f_d——车密度系数（表3-2）；

f_h——海拔高度系数（图3-1）；

f_{iv}——车辆纵坡—车速系数（表3-3）；

f_m——车型系数（表3-4）；

n——车型类别数。

考虑一氧化碳（CO）的车况系数 f_a 表3-1

公路等级	f_a
高速、一级公路	1.0
二级及二级以下公路	1.1~1.2

车密度系数 f_d 表3-2

工况车速（km/h）	70	60	50	40	30	20	10
f_d	0.5	1	1.2	1.5	2	3	6

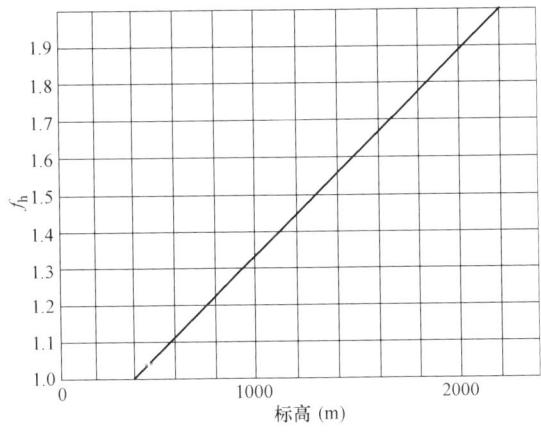

图3-1 考虑一氧化碳（CO）的海拔高度系数 f_h

注：当取值超出图示范围时，可作直线延伸。

考虑一氧化碳（CO）的纵坡—车速系数 f_{iv} 表3-3

设计速度 v_t（km/h）	隧道行车方向纵坡 i（%）								
	—4	—3	—2	—1	0	1	2	3	4
70	1.0	1.0	1.0	1.0	1.0	1.0	1.0	1.2	1.2
60	1.0	1.0	1.0	1.0	1.0	1.0	1.0	1.0	1.2
50	1.0	1.0	1.0	1.0	1.0	1.0	1.0	1.0	1.0
40	1.0	1.0	1.0	1.0	1.0	1.0	1.0	1.0	1.0
30	0.8	0.8	0.8	0.8	1.0	1.0	1.0	1.0	1.0
20	0.8	0.8	0.8	0.8	0.8	1.0	1.0	1.0	1.0
10	0.8	0.8	0.8	0.8	0.8	0.8	0.8	0.8	0.8

其中，一氧化碳（CO）基准排放量（m³/（veh·km））按照2000年0.007m³/（veh·km）（阻滞工况0.015m³/（veh·km）的标准，以每年2%的递减率求得；车况系数、车密度系数、海拔高度系数、车型系数、纵坡—车速系数，分别取1.1、1.5或1.6（车速为40km/h时为1.5、车速为10km/h时为6）、0.8、1和1。

考虑一氧化碳（CO）的车型系数 f_m 表 3-4

车型	柴油车	汽油车			
		小客车	旅行车—轻型货车	中型货车	大型客车—拖挂车
f_m	1.0	1.0	2.5	5.0	7.0

2. PIARC 的 2012 年报告计算方法

考虑车辆更新和机动车排放标准的严格执行，CO 修正后的排放量如下：

$$Q_{CO} = q_{CO}(v, i) \cdot f_h \cdot f_t \cdot f_e \quad (3-2)$$

式中 $q_{CO}(v, i)$——单车基准排放因子（g/（h·veh））；

        f_h——海拔因子；

        f_t——时间因子；

        f_e——其他技术标准相关因子。

各修正因子取值参考 PIARC 的 2012 年报告（见附录一和附录二）。

3.1.2 氮氧化物（NO$_x$）排放量

PIARC 的 2012 年报告给出了关于氮氧化物（NO$_x$）排放量的计算方法。考虑车辆更新和机动车排放标准的严格执行，NO$_x$ 修正后的排放量如下：

$$Q_{NO_x} = q_{NO_x}(v, i) \cdot f_h \cdot f_t \cdot f_e \quad (3-3)$$

式中 Q_{NO_x}——NO$_x$ 排放量（g/（h·veh））；

    $q_{NO_x}(v, i)$——单车基准排放因子（g/（h·veh））。

各修正因子取值参考 PIARC 的 2012 年报告（见附录一和附录二）。

3.1.3 烟尘排放量

《公路隧道通风设计细则》给出的一氧化碳（CO）排放量和烟雾排放量计算公式主要依据山岭公路隧道特点和影响因素，其中烟尘排放量计算公式见式（3-4）。

$$Q_{VI} = \frac{1}{36 \times 10^6} \cdot q_{VI} \cdot f_{a(VI)} \cdot f_d \cdot f_{h(VI)} \cdot f_{iv(VI)} \cdot L \cdot \sum_{m=1}^{n_D} (N_m \cdot f_{m(VI)}) \quad (3-4)$$

式中 Q_{VI}——隧道烟尘排放量（m²/s）；

    q_{VI}——设计目标年份的烟尘基准排放量（m³/（veh·km））；

    N_m——机动车设计交通量（辆/h）；

    $f_{a(VI)}$——考虑烟尘的车况系数（表 3-5）；

    $f_{h(VI)}$——考虑烟尘的海拔高度系数（图 3-2）；

    $f_{iv(VI)}$——考虑烟尘的车辆纵坡—车速系数（表 3-6）；

    $f_{m(VI)}$——考虑烟尘的车型系数（表 3-7）；

n_D——柴油车车辆类别数。

考虑烟尘的车况系数 $f_{a(VI)}$ 表 3-5

公路等级	$f_{a(VI)}$
高速、一级公路	1.0
二级及二级以下公路	1.2 ~ 1.5

考虑烟尘的纵坡—车速系数 $f_{iv(VI)}$ 表 3-6

设计速度 v_t /（km/h）	隧道行车方向纵坡 i（%）								
	—4	—3	—2	—1	0	1	2	3	4
70	0.30	0.40	0.55	0.80	1.10	1.80	3.10	3.9	—
60	0.30	0.40	0.55	0.75	1.00	1.45	2.20	2.95	3.7
50	0.30	0.40	0.55	0.75	1.00	1.45	2.20	2.95	3.7
40	0.30	0.40	0.55	0.70	0.85	1.10	1.45	2.20	2.95
30	0.30	0.40	0.50	0.60	0.72	0.90	1.10	1.45	2.00
10 ~ 20	0.30	0.36	0.40	0.50	0.60	0.72	0.85	1.03	1.25

考虑烟尘的柴油车车型系数 $f_{m(VI)}$ 表 3-7

车型	小客车、轻型货车	中型货车	重型货车、大型客车	拖挂车、集装箱车
$f_{m(VI)}$	0.4	1.0	1.5	3

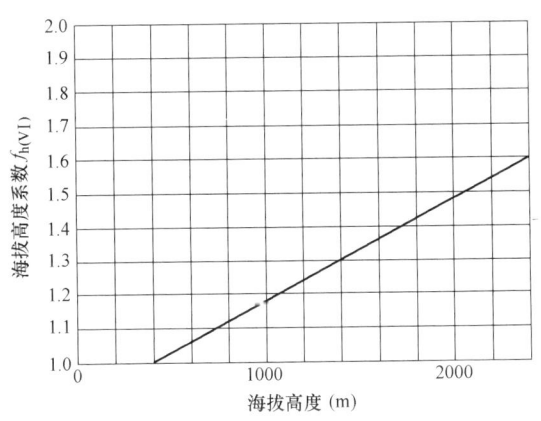

图 3-2   考虑烟尘的海拔高度系数 $f_{h(VI)}$

注：当取值超出图示时，可作直线延伸。

3.1.4   关于机动车污染物基准排放量取值

  式（3-1）~式（3-4）中的机动车污染物基准排放量，也即 2.6 节介绍的机动车排放因子。《公路隧道通风设计细则》关于污染物基准排放量取值，是以我国 2000 年的机动车污染物排放量作为起点，以每年 2% 的递减率计算至设计目标年份作为计算原则的。即正常交通和阻滞交通情况下，2000 年的一氧化碳（CO）污染物基准排放量为 $0.007m^3/(veh \cdot km)$ 或 $0.015m^3/(veh \cdot km)$ （见附录三）。

  机动车污染物基准排放量与执行的机动车排放标准、发动机环保特性、油品质量、路况等直接关联。随着我国机动车排放标准的日趋严厉、燃油品质的不断提高、机动车技术的不断进步，以及燃品环保性能的不断提高，加之城市地下道路良好的路况，机动车排放污染物一氧化碳（CO）水平已呈显著下降趋势。

图 3-3 所示为北京工业大学研究团队 2013～2015 年关于上海市延安东路越江隧道、上海市翔殷路越江隧道及长沙市营盘路湘江隧道沿机动车行驶方向一氧化碳（CO）浓度分布状况进行的现场实测调研结果。由实测结果可以看出：早、晚高峰期城市地下道路内一氧化碳（CO）浓度沿机动车行车方向虽呈逐渐增大趋势，但在通风系统不开启的情况下，三条隧道内 CO 最大浓度均为 $30\text{cm}^3/\text{m}^3$ 左右，已明显低于各国公路隧道规范或标准规定的一氧化碳（CO）浓度 $100\text{cm}^3/\text{m}^3$ 的限值标准。

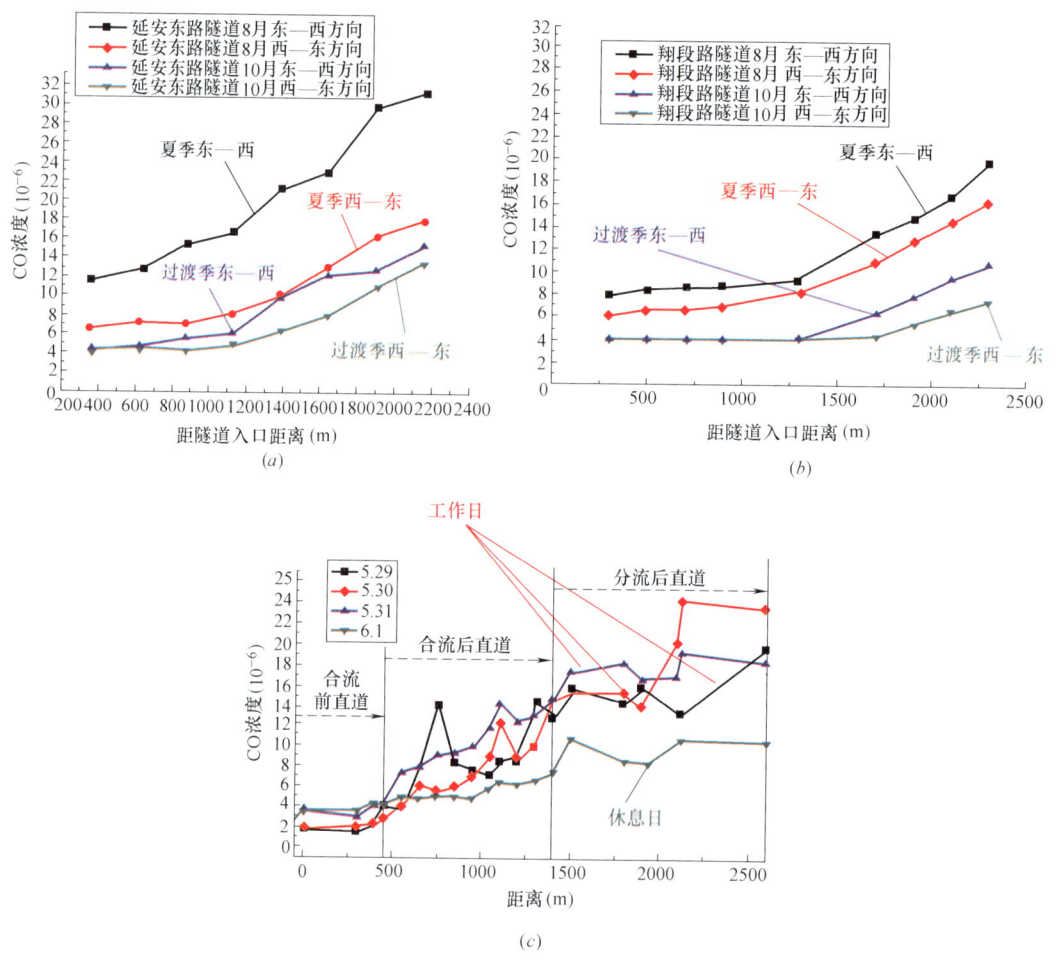

图 3-3　沿机动车行驶方向一氧化碳（CO）浓度分布实测结果
（a）上海延安东路越江隧道；（b）上海翔殷路越江隧道；（c）长沙市营盘路湘江隧道

图 3-4 所示为根据《公路隧道通风设计细则》关于一氧化碳（CO）基准排放量 q_{CO} 取值方法、PIARC 的 2012 年报告关于中国地区机动车排放污染物 CO 平均排放因子研究结果与上述实测结果的比较。图示结果表明，PIARC 的 2012 年报告较为客观地反映了我国机动车的排放特征现状，可以作为我国城市地下道路通风工程设计的参考依据。

图 3-5 所示为北京工业大学研究团队 2013～2015
年关于长沙市营盘路湘江隧道沿机动车行驶方向一氧
化氮（NO）浓度分布状况的实测结果。由图可见，地
下道路内的一氧化氮（NO）浓度分布规律类似于一氧
化碳（CO）的，沿机动车行车方向逐渐增加，最大值
在出口处出现，为 2×10^{-6} 左右。若按照地下道路内
一氧化氮（NO）占氮氧化物（NO_x）的比例为 80% 进
行换算，实测地下道路内的二氧化氮（NO_2）最大浓

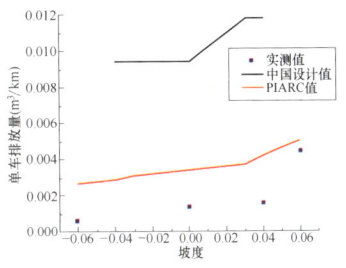

图 3-4　一氧化碳（CO）基准排放量
设计值与实测值比较

度约为 $0.5cm^3/m^3$，该值虽然没有超过我国《公路隧
道通风设计细则》2014 给出的 $1cm^3/m^3$ 的限值，但已超过了法国、比利时等国家给出
的 $0.4～0.5cm^3/m^3$ 的二氧化氮（NO_2）浓度限值要求。显然，已不能忽略机动车排放
污染物氮氧化物（NO_x）对城市地下道路环境污染的影响。

通常，隧道内颗粒物（PM_{10} 和 $PM_{2.5}$）主要来源于柴油车的排放，而对于汽油车比
例高达 90% 以上的城市地下道路，其主要来源为机动车在行驶中引起的二次扬尘，图
3-6 所示为长沙市营盘路湘江隧道沿机动车行驶方向细颗粒物（$PM_{2.5}$）浓度分布状况

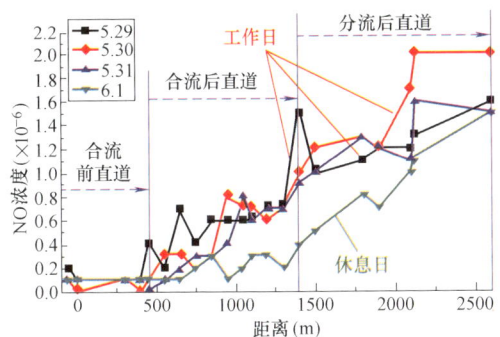

图 3-5　长沙市营盘路湘江隧道沿机动车行驶方向氮氧化物（NO_x）浓度分布实测结果

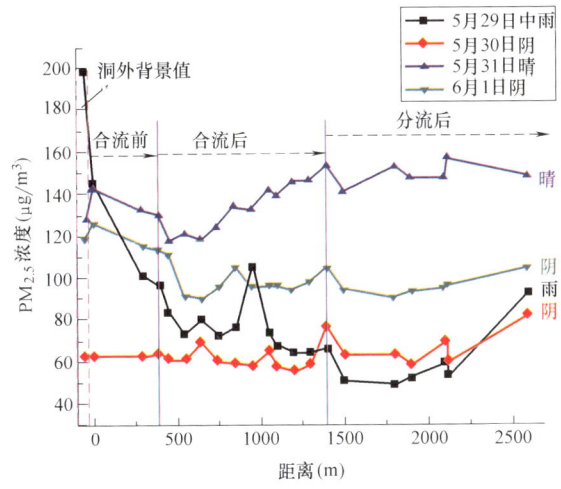

图 3-6　长沙市营盘路湘江隧道沿机动车行驶方向 $PM_{2.5}$ 浓度分布状况

实测结果。图示结果表明，城市地下道路内细颗粒物（$PM_{2.5}$）浓度分布规律不同于前述的一氧化碳（CO）、氮氧化物（NO_x）分布特性，其主要受隧道外背景浓度水平以及气象参数的影响。因此，可以不将其作为城市地下道路污染物的主要控制对象。

3.1.5 关于排放量计算系数及其取值

（1）关于车型系数 f_m。山岭公路隧道通风设计仅用车型系数 f_m 反映交通组成的区别，但对于交通系统复杂、交通流量大，行车堵塞概率也大，并还有明显的交通高峰和低谷期的城市地下道路，还需要增加相关因素的影响。

（2）车况系数 f_a。考虑到城市地下道路一般为一级道路，且位于经济发达地区，车况系数 f_a 的取值可考虑为 1。

3.2　需　风　量

当已知机动车基准排放量，根据《公路隧道通风设计细则》可以计算一氧化碳（CO）需风量和烟尘需风量。需要指出的是，目前《公路隧道通风设计细则》尚未将氮氧化物（NO_x）作为控制对象，本指南介绍了 PIARC 的 2012 年报告关于氮氧化物（NO_x）排放因子和排放量的研究结果，借此可计算氮氧化物（NO_x）的需风量。

另外，隧道需风量计算除了需考虑以安全卫生标准和火灾工况安全标准为控制目标所需的稀释一氧化碳（CO）、氮氧化物（NO_x）、烟雾（VI）的需风量，还需要满足换气频率的非正常工况标准。

3.2.1 稀释一氧化碳（CO）需风量

1. 国内相关标准

《公路隧道通风设计细则》给出的一氧化碳（CO）需风量计算公式如下：

$$Q_{req(CO)} = \frac{Q_{CO}}{\delta} \times \frac{P_0}{P} \times \frac{T_0}{T} \times 10^6 \tag{3-5}$$

式中　$Q_{req(CO)}$——隧道稀释 CO 的需风量（m^3/s）；

　　　Q_{CO}——机动车一氧化碳（CO）排放量（取值方法见 3.1.1 节）（m^3/s）；

　　　P_0——标准大气压（取 101.325kN/m^2）kN/m^2；

　　　P——当地设计气压（kN/m^2）；

　　　T_0——标准气温（取 273K）（K）；

　　　T——隧道夏季的设计气温（K）；

　　　δ——CO 允许浓度（取值方法见 2.2 节）（$m^3/(veh \cdot km)$）。

正常交通时，一氧化碳（CO）基准排放量 q_{CO} 按照 $0.007m^3/(veh \cdot km)$ 取值；交通阻滞时，车辆按怠速考虑，一氧化碳（CO）基准排放量 q_{CO} 按照 $0.015m^3/(veh \cdot km)$ 取值，同时阻滞段计算长度不大于 1000m。

需要指出的是，根据 3.2.4 节的分析结果，对于城市地下道路通风工程设计，上述

CO 基准排放量 q_{CO} 取值原则偏保守，建议参照 PIARC 的 2012 年报告的相关分析结果。另外，公式（3-5）考虑了隧道内温度对污染物需风量的影响。以往的城市道路隧道通风设计中一般都不考虑温度因素的影响。至今为止，尚未有公路隧道温度标准、散热量计算以及适用公路隧道降温措施的规范、标准可循。现仅有上海市隧道工程轨道交通设计研究院的蒋卫艇等根据长江隧道通风设计对长大公路隧道内空气温度给出标准。该标准只考虑保证汽车空调能正常运作时的温度不大于 45℃。

北京工业大学研究团队根据项目组对上海延安东路隧道、上海翔殷路隧道及长沙营盘路隧道温度和相对湿度的实测数据的分析，得到：

（1）隧道内温度沿行车方向不断升高，直隧道最大温升为 11.7℃，分岔隧道由于匝道作用及交通流量比上海直隧道略少，主隧道温升较小（3～5℃）。正常工况运行时，隧道内温升累积一般不超过 40℃。

（2）行车速度越慢，温度平均值越高。以延安东路隧道为例，当东—西方向行车速度为 10～20km/h 时，隧道内平均温度为 38.8℃，而当东—西方向行车速度为 20～40km/h 和 40km/h 以上时，隧道内平均温度分别为 36.7℃和 34℃。

（3）阻塞工况温度超标时，污染物浓度也随之超出限值，控制污染物浓度需要开启机械通风机，同时交通通风力起到降温目的，可以保证人员及行车安全。开启风机运行时，主隧道温升为 2.98℃，不开启风机运行时主隧道温度升高 7.42℃。开启风机进行机械通风能够有效地降低隧道内的空气温度。同样可以看到，相对湿度也是相同变化的，开启风机时沿程相对湿度明显低于不开风机，机械通风能够带走空气的热湿量。

（4）机动车显热和潜热总的排放量即焓值的增加使得隧道出口处相对湿度明显减小；另外，城市地下道路内一般采用装饰材料贴在隧道壁面上，这样能较好地阻止隧道土壤中的含湿量向隧道内散发。因此，相对湿度对隧道内能见度的影响不是很突出。

2. 国外相关标准

依据 PIARC 的 2012 年报告方法（式（3-7））计算一氧化碳（CO）排放量，近期工况（2020 年）可选取代表年份为 2007 年的中国地区综合排放因子，远期工况（2040 年）应考虑机动车执行的排放标准情况。我国从 2011 年机动车开始执行国Ⅳ标准（相当于欧Ⅳ标准），按照机动车淘汰年限 10～15 年的要求推算，到远期（2040 年）我国排放因子可按全部车辆执行欧Ⅳ标准考虑。

3.2.2 稀释氮氧化物（NO_x）需风量

发达国家已将 NO_x 作为城市地下道路通风设计的控制对象，通过通风换气方法降低隧道内 NO_x 浓度。根据 PIARC 的 2012 年报告推荐，综合我国大气环境质量标准，以及 2.2 节的排放标准，取 NO_x 基准排放值的 20% 作为稀释 NO_2 所需风量计算。计算公式如式（3-6）～式（3-8）所示。

$$Q_{req(NO_x)} = n_{veh} \cdot Q_{NO_x} \cdot \frac{1}{C_{adm} - C_{amb}} = \frac{N \cdot L}{V_t} \cdot Q_{NO_x} \cdot \frac{1}{C_{adm} - C_{amb}} \tag{3-6}$$

$$Q_{NO_x} = [q_{ex}(v, i) \cdot f_h \cdot f_t \cdot f_e + q_{ne}(v)] \tag{3-7}$$

$$Q_{req(NO_2)} = 0.2 \times Q_{req(NO_x)} \tag{3-8}$$

式中 $Q_{\mathrm{req(NO_x)}}$——隧道稀释 NO_x 的需风量（m^3/s）；

$\quad\quad Q_{\mathrm{NO_x}}$——$NO_x$ 的基准排放量（取值方法见 3.1.2 节）（$g/(h\cdot veh)$）；

$\quad\quad N$——交通流量（veh/h）；

$\quad\quad L$——隧道长度（m）；

$\quad\quad V_t$——机动车车速（m/s）；

$\quad\quad n_{\mathrm{veh}}$——隧道内车辆数（$veh$）；

$\quad q_{\mathrm{ex}}(v,i)$——轻型汽油车随平均车速和道路坡度变化的基本排放因子（取值方法见附录一和附录二）（$(g/(h\cdot veh)$ 或 $m^2/(h\cdot veh)$）；

$\quad\quad q_{\mathrm{ne}}(v)$——非排放颗粒因子（取值方法见附录一和附录二）（$m^2/(h\cdot veh)$）；

$\quad\quad C_{\mathrm{adm}}$——$NO_x$ 允许浓度（g/m^3）；

$\quad\quad C_{\mathrm{amb}}$——$NO_x$ 背景浓度（g/m^3）；

$\quad Q_{\mathrm{req(NO_2)}}$——隧道稀释 NO_2 需风量（m^3/s）。

其中，海拔因子 f_h、时间因子 f_t、其他相关因子 f_e 等可参考第 3.1.2 节的取值方法。

3.2.3 稀释烟尘需风量

稀释烟尘的需风量计算公式如下：

$$Q_{\mathrm{req(VI)}} = \frac{Q_{\mathrm{VI}}}{K} \tag{3-9}$$

式中 $Q_{\mathrm{req(VI)}}$——隧道全长稀释烟雾的需风量（m^3/s）；

$\quad\quad Q_{\mathrm{VI}}$——隧道烟尘排放量（取值方法见 3.1.3 节）（m^2/s）；

$\quad\quad K$——烟尘允许浓度（m^{-1}）（表 3-8）。

烟雾设计浓度 K　　　　　　　　　　　　　　　　　　　　　表 3-8

计算行车速度（km/s）	100	80	60	40
$K(m^{-1})$	0.0065	0.0070	0.0075	0.0090

注：K 即为消光系数 b_{ext}，能见度与消光系数 b_{ext} 一一对应，因此用消光系数 b_{ext} 代表能见度水平。

实测调研结果表明，目前国内在运营的城市地下道路基于运营安全考虑，对大型货车、油罐车等柴油车的通行是有限制的。因此，对于城市地下道路来说，则机动车在行驶中产生的交通二次扬尘污染是细颗粒物的主要来源，属于非废气排放（PIARC 的 2012 年报告），而这类污染源是可以通过运营管理和道路维护保养等措施控制的。

3.2.4 隧道换气需风量

隧道需风量计算除了需考虑稀释 CO、NO_x、VI 的安全卫生标准、火灾工况的安全标准，还需要考虑满足换气频率的非正常工况标准。非正常工况标准是指在突发状况下通风设备能提供足够的新鲜风来稀释空气中的异味，通常为机动车燃料燃烧不充分，大量燃油未经燃烧就排出或者泄漏时产生的异味。机动车尾气中包含一氧化碳、碳氢化合物和氧化氮三种气体，如果机动车三元催化器出现故障，会导致汽车尾气产生异味。

另一方面，目前城市地下道路内的仪表已越来越多，但隧道内的废热、废湿将对仪器的精度产生影响。所以，城市地下道路通风换气的另一目的是排除废热和废湿，以确保隧道内仪表的正常工作。从通风经济性角度考虑，应避免换气次数过高致使通风系统配置过大或运行能耗过大。PIARC 的 2004 年报告对最小换气频率给出了规定："为了保证隧道通风设备在突发状况下能提供足够的新鲜风，一些国家推荐采用最小 3 次/h 换气频率或者 1.5m/s 纵向通风风速。" PIARC 的 2012 年报告进一步明确通风系统应该能够应对突发事件的需求。例如，当有高排放重型货车时，推荐采用最小 4 次/h 换气频率或者 1.0 ~ 1.5m/s 纵向通风风速。

《公路隧道通风设计细则》中关于隧道的通风换气需风量标准属于舒适性标准，以稀释隧道内交通流带来的异味为控制原则。具体的规定如下。

1. 按换气频率计算 $Q_{\text{req}(换)}$

$$Q_{\text{req}(换)} = \frac{A_{\text{r}} \cdot L \cdot n_{\text{s}}}{3600} \tag{3-10}$$

式中　$Q_{\text{req}(换)}$——隧道全长稀释空气中异味的需风量，该换气需风量仅与隧道长度有关、与交通量无关（m^3/s）；

　　　A_{r}——隧道净空断面积（m^2）；

　　　n_{s}——隧道全长空间不间断换气频率，最小换气频率不应低于每小时 3 次（次/h）。

2. 采用纵向通风的隧道，也可按式（3-11）计算 $Q_{\text{req}(换)}$

$$Q_{\text{req}(换)} = v_{\text{h}} \times A_{\text{r}} \tag{3-11}$$

式中　v_{h}——隧道换气风速（可取值 1.5m/s）（m/s）。

3.3　多点进出城市地下道路需风量计算

3.3.1　基本计算方法

目前相关标准或规范关于隧道需风量的计算方法多是针对单点进出的单洞单向直隧道的（3.2 节），但近些年，带有分岔结构（分流匝道、合流匝道）的多点进出城市地下道路工程越来越多。对于多点进出城市地下道路（图 3-7），受分流匝道机动车不断

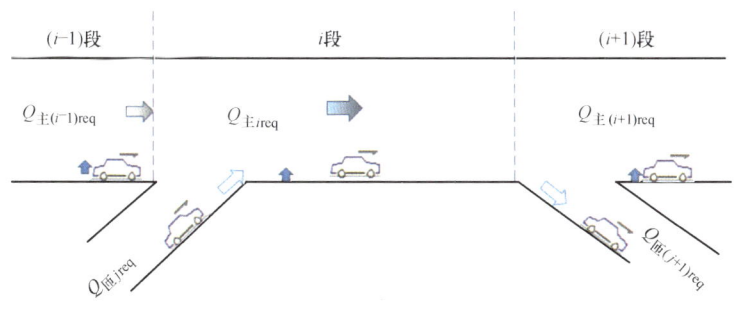

图 3-7　多点进出城市地下道路示意图

分流驶出或合流岔道机动车不断驶入的影响，沿主隧道机动车排放污染物的输运与扩散规律较单点进出的直隧道要更为复杂和多变。因此，关于多点进出城市地下道路需风量的计算方法不能简单地沿用直隧道的。

本指南结合现场调研、缩尺寸模型试验结果，综合考虑交通流量与交通风速的变化特点、匝道携入空气量和排出污染物质等因素的影响，给出多点进出城市地下道路稀释污染物需风量的建议方法。其基本计算思路，多点进出城市地下道路主隧道需风量可考虑为主隧道各直段需风量与各分（合）流匝道需风量算术和（式（3-12））。

$$Q_{\text{req}} = \sum_{i=1}^{n} Q_{\pm i\text{req}} + \sum_{j=1}^{n} Q_{\text{匝}j\text{req}} \tag{3-12}$$

式中 $Q_{\pm i\text{req}}$——i 段主隧道直隧道段需风量（m^3/s）；

       $Q_{\text{匝}j\text{req}}$——第 j 段匝道段需风量（m^3/s）；

       $Q_{\pm(i-1)\text{req}}$——$i-1$ 段主隧道直隧道段需风量（m^3/s）；

       $Q_{\pm(j+1)\text{req}}$——$i+1$ 段主隧道直隧道段需风量（m^3/s）；

       $Q_{\text{匝}(j+1)\text{req}}$——第 $j+1$ 段匝道段需风量（m^3/s）。

根据式（3-12），考虑到各隧道段需风量与对应隧道段的长度、交通流量、平均车速、交通风速、污染物排放量及其控制标准等因素相关，原则上主隧道直隧道段稀释污染物的需风量可参照 3.2 节的方法分段计算，但分、合流匝道段的需风量计算需要进行特别讨论和研究。

3.3.2 匝道段需风量影响因素分析

1. 匝道结构的影响

为了把握多点进出城市地下道路匝道对主隧道污染物扩散特性的影响规律，北京工业大学研究团队以长沙市营盘路湘江隧道为原型搭建了 1∶8 缩尺模型试验台（图3-8），

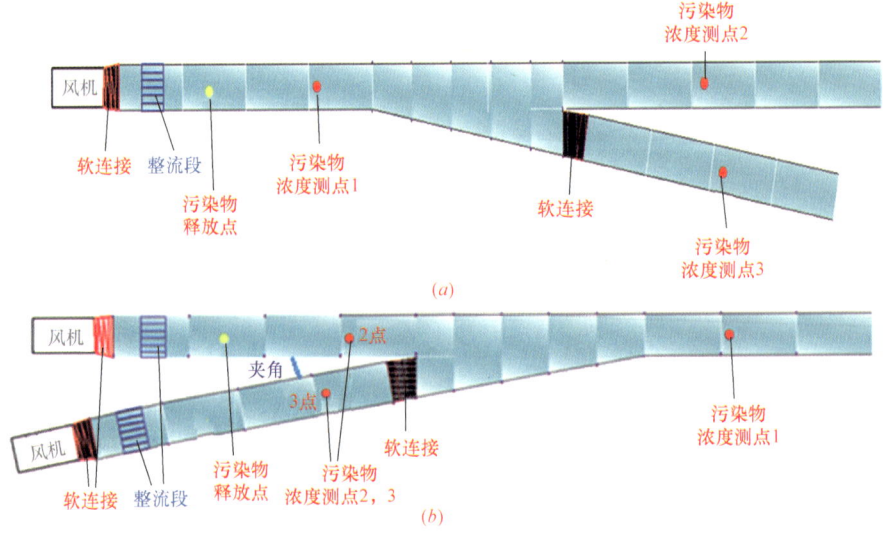

图3-8   1∶8 缩尺模型试验台示意图

(a) 分流段；(b) 合流段

并进行了相关试验研究。

模型试验按分流和合流工况进行，将干冰作为示踪气体，按不同工况分别比较分流匝道及合流匝道随主隧道风速（视为交通风速）变化、匝道与主隧道水平夹角变化（0°、10°、20°），研究分流匝道及合流匝道对污染物扩散特性的影响规律。

图 3-9 所示分流匝道段缩尺模型试验结果表明，当主隧道平均风速分别为 1.67m/s 和 2.64m/s 时，随着风速增大，流入分流匝道（1~3 段）的 CO_2 质量流

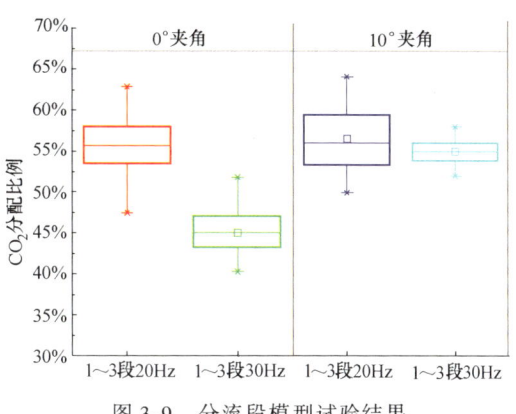

图 3-9　分流段模型试验结果

量减小；随着分流匝道与主隧道水平夹角的增大，流入分流匝道（1~3 段）的 CO_2 质量流量比例增大，平均值约为 45.2% ~ 55.7%，分流匝道对上游主隧道污染物分流作用明显，不可忽略。

图 3-10 所示合流匝道段模型试验结果表明，仅在主隧道合流前释放示踪气体的情况下，由于合流匝道交通风流的稀释作用，随着主隧道交通风速的增大，合流匝道后主隧道污染物质量流量并没有线性增加；并且受匝道夹角越大，相应产生的交通风速越小因素的影响，较小夹角（10°）合流匝道合流后的 CO_2 浓度衰减变化率（62.4%）明显大于较大夹角（20°）合流匝道的（47.6%）。由此也说明，合流匝道对上游主隧道污染物浓度水平的降低也是可以起到积极作用的。

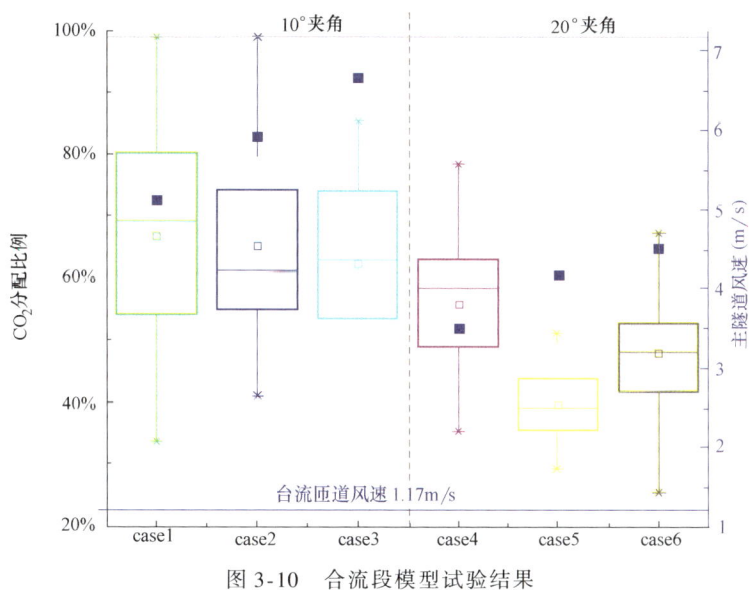

图 3-10　合流段模型试验结果

2. 交通风量的影响

图 3-11 所示的计算结果表明，当机动车流速度为 30km/h 时，除了主隧道交通通

57

风量可提供 66.5% 的需风量之外，通过合流匝道还带入了 63m³/s 的通风换气量，相当于增加了 20.9% 的隧道总需风量，对稀释主隧道污染物浓度水平产生了积极贡献作用；同理，分流匝道可产生 49.5 m³/s 的交通风量，相当于增加了 16.7% 的隧道总需风量，有效地从主隧道内带出了污染物。

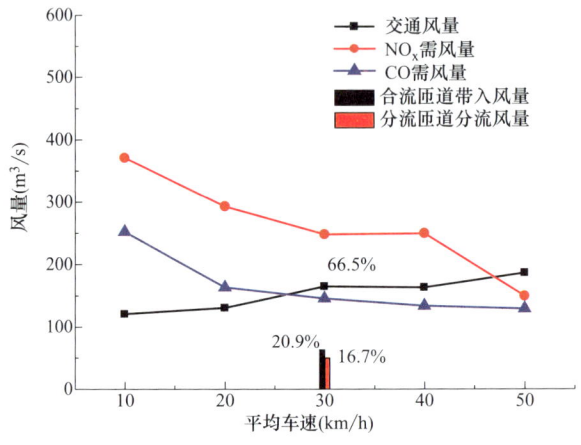

图 3-11　长沙隧道交通风量对需风量的影响

3.4　计 算 示 例

3.4.1　直隧道

1. 计算参数选取

上海某城市地下道路（下文简称上海隧道 A）地处上海市中心，总长度为 2.2km，其东侧对接黄浦江东岸的办公、商业核心区，西侧对接黄浦江西岸的居住区，因此形成了较为明显的"潮汐流"交通特征：早高峰期间由西向东的南线内交通量大且车行缓慢，晚高峰期间由东向西的北线拥堵状况较为严重（图 3-12、表 3-9、表 3-10）。

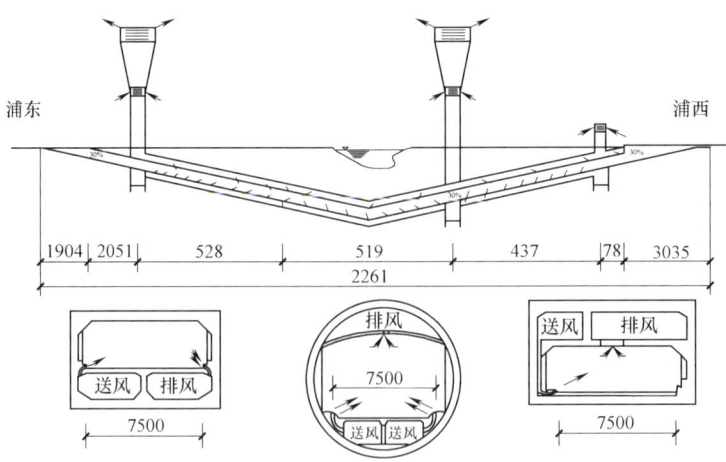

图 3-12　上海隧道东向西方向为全横向通风示意图

58

设计年份	1997 年	2000 年	2020 年
日平均混合车流量（辆/日）	18559	23298	38577
日平均标准车流量（pcu/日）	23040	27039	42319
高峰小时交通量（辆/h）	1869	2080	2260
高峰小时标准车流量（pcu/h）	2318	2400	2400
铰接式公交汽车	5.2%	3.6%	3%
铰接式公交电车	2%	1.2%	1%
公交机动车（单节）	0.8%	0.6%	0.4%
轿车	66.5%	78.9%	95.6%
货车	25.5%	15.7%	—

交通特征实测结果　　　　　表 3-10

车流量 N：辆/h

平均车速 v_t：km/h

	隧道	汽油车比例	N/v_t（早高峰）	N/v_t（晚高峰）
实测	北线（夏）	94.8%	—	2456/23.3
	北线（秋）	91.6%	—	2537/23.3
	南线（夏）	94.8%	2947/28	—
	南线（秋）	95.0%	2923/37.3	—

注："—"表示无实测数据。

一氧化碳（CO）排放量取值 $1.719 \times 30 = 51.54 \text{g}/(\text{h} \cdot \text{辆})$，一氧化氮（NO）排放量取值 $0.226 \times 30 = 6.78 \text{g}/(\text{h} \cdot \text{辆})$。$C_{adm}$ 为污染物浓度限值，一氧化碳（CO）的限值为 70×10^{-6}，即 $56 \text{mg}/\text{m}^3$；一氧化氮（NO）转化成二氧化氮（NO_2）的环境限值为 $0.096 \text{mg}/\text{m}^3$，但是 PIARC 的 2012 年报告要求 20min 氮氧化物（NO_x）的浓度为 1×10^{-6}，90% 一氧化氮的（NO）浓度 0.9×10^{-6}，即 $0.67 \text{mg}/\text{m}^3$（表 3-11）。

实测污染物排放量　　　　　表 3-11

坡度	《公路隧道通风设计细则》	实测推算结果平均值					
		上海隧道 A				上海隧道 B	
		夏季		秋季		夏季	
		南线	北线	南线	北线	南线	北线
−6%	—	—	—	—	—	—	
−4%	0.0096	—	—	—	—	—	
−3%	0.0096	0.0010	0.0022	0.0010	0.0016	0.0010	0.0012
0%	0.0096	—	—	—	—	—	
3%	0.012	0.0023	0.0032	0.0020	0.0027	0.0023	0.0025
4%	0.012	—	—	—	—	—	
6%	—	—	—	—	—	—	

2. 需风量计算结果

1）一氧化碳（CO）需风量

将根据对上海延安东路隧道实测数据推算得到的一氧化碳（CO）排放因子分别代入相关公式，所得稀释一氧化碳（CO）需风量为 47.2m³/s，该值为简单按《公路隧道通风设计细则》给定一氧化碳（CO）排放因子推算方法计算的需风量 133.9m³/s 的 35%。

2）氮氧化物（NOₓ）需风量

图 3-13 所示计算结果表明，交通阻滞工况时（10km/h）控制污染物浓度的需风量最大，其中稀释氮氧化物（NOₓ）的需风量约为一氧化碳（CO）的 2.1 倍，不过此时的交通风量相当于提供了 11.9% 的需风量；机动车流速度大于 40km/h（正常工况）时，形成的交通风量基本能够满足运营工况时稀释污染物浓度的需风量要求。

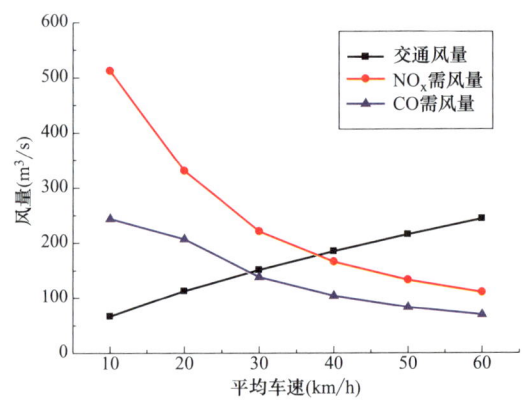

图 3-13　上海隧道交通风量对需风量的影响

3）换气需风量

采用纵向通风的隧道，也可按式（3-13）计算 $Q_{\text{req（换）}}$：

$$Q_{\text{req（换）}} = v_{\text{h}} \times A_{\text{r}} \qquad (3\text{-}13)$$

式中　v_{h}——隧道换气风速，取值 1.5 m/s。

延安东路隧道断面积为 54m²，稀释污染物需风量计算结果如表 3-12 所示。

直隧道稀释污染物需风量计算结果　　　　　　　　　　　　　　　　表 3-12

CO 需风量（m³/s）			NOₓ 需风量（m³/s）	换气需风量（m³/s）
限值 150cm³/m³	限值 70cm³/m³	实测排放量	PIARC 的 2012 年报告	《公路隧道通风设计细则》
271	133.9	47.2	212	81

3.4.2　多点进出城市地下道路

1. 计算参数选取

以深圳某城市地下道路的北向南方向为主要研究对象（以下简称深圳隧道），该隧道分段编号如图 3-14 所示。本报告选取 2040 年的预测交通量进行计算，分别计算设计工况（主道车速 50km/h，匝道 20 km/h）、阻塞工况（主道车速 10km/h，阻塞长度不超过 1km；匝道车速 20km/h）及预测工况下隧道各段交通风速及 CO、NO_2 浓度沿程分布状况，表 3-13 所示为 2040 年预测交通量及不同工况下隧道段的车速。对于阻塞工况，主线各个隧道段均设置一个堵点（车速为 10km/h，长度 1km）。

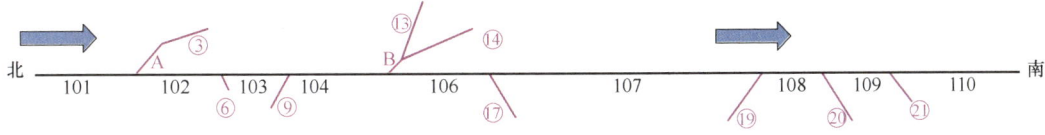

图 3- 14   深圳隧道分段信号

不同计算工况交通特征（选取 2040 年预测交通量）　　　　　　表 3-13

编号	断面形式	车流量	车速		
			设计工况	阻塞工况	预测工况
		辆/h	km/h	km/h	km/h
101	4 车道	4212	50	10	10
102	4 车道	2453	50	10	40
103	3 车道	2091	50	10	40
104	3 车道	2901	50	10	10
106	3 车道	2693	50	10	10
107	3 车道	1939	50	10	40
108	3 车道	2181	50	10	40
109	2 车道	1557	50	10	40
110	2 车道	855	50	10	40

2. 需风量计算结果

1）正常工况

（1）一氧化碳（CO）需风量

根据 3.3 节确定稀释一氧化碳（CO）需风量，首先需要确定各隧道段污染物排放量。表 3-14 所示的一氧化碳（CO）排放量为根据 PIARC 的 2012 年报告的综合排放因子方法计算而得。

预测工况主线隧道一氧化碳（CO）排放量与需风量　　　　　　表 3-14

主线编号	计算车速	车流量	长度	车辆数		坡度	排放因子		排放量	需风量
	km/h	辆/h	m	汽油车（辆）	柴油车（辆）	%	汽油车	柴油车	m^3/s	m^3/s
101	10	4212	123.4	49.4	2.6	− 2.89	48.52	26.91	5.7E − 04	8.2
102	40	2453	251.6	14.7	0.8	2.04	144.54	34.66	5.0E − 04	10.0
	40	2453	157.0	9.1	0.5	− 1.20	93.33	29.23	2.0E − 04	
103	40	2091	354.0	17.6	0.9	− 0.90	97.41	29.53	4.0E − 04	5.8
104	10	2901	551.1	143.5	7.6	− 0.32	54.64	28.23	1.9E − 03	26.6

主线编号	计算车速	车流量	长度	车辆数		坡度	排放因子		排放量	需风量
	km/h	辆/h	m	汽油车（辆）	柴油车（辆）	%	汽油车	柴油车	m³/s	m³/s
106	10	2693	493.4	126.2	6.6	−2.87	48.52	26.91	1.5E−03	20.8
107	40	1939	316.6	14.6	0.8	2.88	165.72	35.76	5.7E−04	34.1
	40	1939	340.0	15.7	0.8	1.54	136.51	33.82	5.0E−04	
	40	1939	195.0	9.0	0.5	0.47	109.62	31.01	2.3E−04	
	40	1939	265.0	12.2	0.6	−0.31	109.62	31.01	3.1E−04	
	40	1939	340.0	15.7	0.8	0.33	109.62	31.01	4.0E−04	
	40	1939	430.0	19.8	1.0	−2.26	80.04	27.72	3.7E−04	
108	40	2181	402.9	20.9	1.1	1.43	134.58	33.62	6.6E−04	9.4
109	40	1557	36.0	1.3	0.1	1.55	134.58	33.82	4.2E−05	0.6
110	40	855	370.5	7.5	0.4	−0.33	109.62	31.01	1.9E−04	3.4
	40	855	58.0	1.2	0.1	2.50	156.57	35.28	4.3E−05	
合计									0.0083	118.9

（2）二氧化氮（NO₂）需风量

表 3-15 所示为根据 PIARC 的 2012 年报告的综合排放因子方法计算得到的对应预测工况条件下主线隧道各段二氧化氮（NO_2）排放量及其稀释需风量。

预测工况主线隧道二氧化氮（NO_2）排放量与需风量　　　　表 3-15

主线编号	计算车速	车流量	长度	车辆数		坡度	排放因子		排放量	需风量
	km/h	辆/h	m	汽油车（辆）	柴油车（辆）	%	汽油车	柴油车	m³/s	m³/s
101	10	4212	123.4	49.4	2.6	−2.89	3.63	7.94	5.9E−06	5.9
102	40	2453	251.6	14.7	0.8	2.04	13.86	37.83	6.8E−06	9.8
	40	2453	157.0	9.1	0.5	−1.20	10.81	6.96	3.0E−06	
103	40	2091	354.0	17.6	0.9	−0.90	10.81	6.96	5.7E−06	5.7
104	10	2901	551.1	143.5	7.6	−0.32	4.93	13.62	2.4E−05	23.7
106	10	2693	493.4	126.2	6.6	−2.87	3.63	7.94	1.5E−05	14.9
107	40	1939	316.6	14.6	0.8	2.88	15.44	45.12	7.6E−06	27.1
	40	1939	340.0	15.7	0.8	1.54	12.46	35.08	6.5E−06	
	40	1939	195.0	9.0	0.5	0.47	7.76	25.87	2.4E−06	
	40	1939	265.0	12.2	0.6	−0.31	7.76	25.87	3.3E−06	
	40	1939	340.0	15.7	0.8	0.33	7.76	25.87	4.2E−06	
	40	1939	430.0	19.8	1.0	−2.26	4.75	11.96	3.1E−06	
108	40	2181	402.9	20.9	1.1	1.43	12.12	35.08	8.5E−06	8.5
109	40	1557	36.0	1.3	0.1	1.55	12.49	35.08	5.6E−07	0.6
110	40	855	370.5	7.5	0.4	−0.33	7.76	25.87	2.0E−06	2.6
	40	855	58.0	1.2	0.1	2.50	14.77	41.97	5.8E−07	
合计									9.9E−05	98.8

图 3-15 所示为预测工况条件下，主线隧道稀释一氧化碳（CO）、二氧化氮（NO_2）需风量与对应交通流量条件下产生的交通风量计算值比较结果。主线隧道各路段机动车

流产生的交通风量对稀释机动车排放污染物浓度具有非常重要的作用，不可忽视。

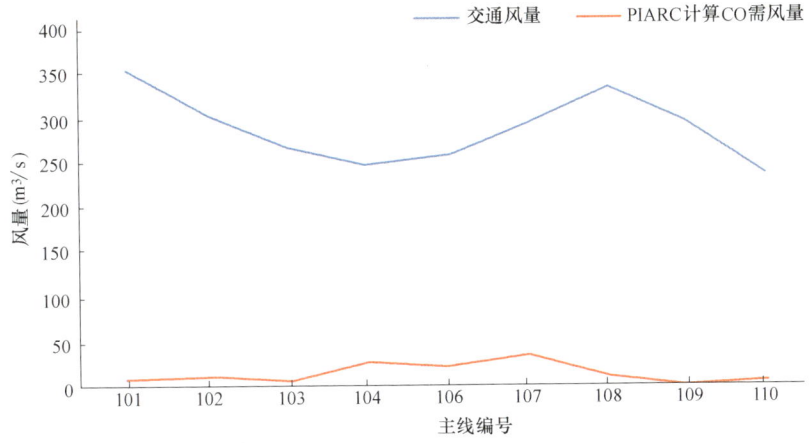

图 3-15　预测工况主线隧道各段计算需风量与交通风量对比

2）阻塞工况

（1）一氧化碳（CO）需风量

表 3-16 同样为根据 PIARC 的 2012 年报告的综合排放因子方法计算而得的阻塞工况条件下主线隧道各段一氧化碳（CO）排放量及其稀释需风量。

阻塞工况主线隧道一氧化碳（CO）排放量与需风量　　　　表 3-16

主线编号	计算车速	车流量	长度	车辆数		坡度	排放因子		排放量	需风量
	km/h	辆/h	m	汽油车（辆）	柴油车（辆）	%	汽油车	柴油车	m^3/s	m^3/s
101	10	4212	123.4	49.4	2.6	−2.89	58.77	26.90	6.9E−04	9.9
102	10	2453	251.6	14.7	0.8	2.04	60.79	29.42	2.1E−04	4.7
	10	2453	157.0	9.1	0.5	−1.20	52.20	27.45	1.1E−04	
103	10	2091	354.0	17.6	0.9	−0.90	52.56	27.66	2.2E−04	3.1
104	10	2901	551.1	143.5	7.6	−0.32	54.64	28.05	1.9E−03	26.6
106	10	2693	493.4	126.2	6.6	−2.87	58.77	26.90	1.8E−03	25.1
107	10	1939	316.6	14.6	0.8	2.88	64.31	29.71	2.2E−04	16.6
	10	1939	340.0	15.7	0.8	1.54	59.37	29.15	2.2E−04	
	10	1939	195.0	9.0	0.5	0.47	56.08	28.28	1.2E−04	
	10	1939	265.0	12.2	0.6	−0.31	54.63	27.26	1.6E−04	
	10	1939	340.0	15.7	0.8	0.33	54.64	27.28	2.0E−04	
	10	1939	430.0	19.8	1.0	−2.26	50.05	26.90	2.4E−04	
108	10	2181	402.9	20.9	1.1	1.43	59.03	29.09	2.9E−04	4.1
109	10	1557	36.0	1.3	0.1	1.55	59.40	29.11	1.9E−05	0.3
110	10	855	370.5	7.5	0.4	−0.33	54.64	28.27	9.8E−05	1.7
	10	855	58.0	1.2	0.1	2.50	62.79	29.58	1.8E−05	
合计									6.4E−03	92

（2）二氧化氮（NO₂）需风量

表 3-17 为根据 PIARC 的 2012 年报告的综合排放因子方法计算而得的阻塞工况下

主线隧道各段二氧化氮（NO$_2$）排放量及其稀释需风量计算结果。

主线编号	计算车速	车流量	长度	车辆数		坡度	排放因子		排放量	需风量
	km/h	辆/h	m	汽油车（辆）	柴油车（辆）	%	汽油车	柴油车	m^3/s	m^3/s
101	10	4212	123.4	49.4	2.6	-2.89	3.63	7.94	5.8E-06	5.8
102	40	2453	251.6	14.7	0.8	2.04	5.85	17.94	2.9E-06	4.2
	40	2453	157.0	9.1	0.5	-1.20	4.15	10.22	1.3E-06	
103	40	2091	354.0	17.6	0.9	-0.90	4.28	10.78	2.5E-06	2.5
104	10	2901	551.1	143.5	7.6	-0.32	4.72	12.71	2.3E-05	22.6
106	10	2693	493.4	126.2	6.6	-2.87	3.63	7.94	1.5E-05	14.9
107	40	1939	316.6	14.6	0.8	2.88	6.18	19.62	3.1E-06	14.6
	40	1939	340.0	15.7	0.8	1.54	5.64	16.94	3.0E-06	
	40	1939	195.0	9.0	0.5	0.47	5.15	14.64	1.6E-06	
	40	1939	265.0	12.2	0.6	-0.31	4.91	12.71	2.0E-06	
	40	1939	340.0	15.7	0.8	0.33	5.04	14.33	2.7E-06	
	40	1939	430.0	19.8	1.0	-2.26	3.63	7.94	2.3E-06	
108	40	2181	402.9	20.9	1.1	1.43	5.59	16.71	3.9E-06	3.9
109	40	1557	36.0	1.3	0.1	1.55	5.62	16.96	2.5E-07	0.3
110	40	855	370.5	7.5	0.4	-0.33	4.91	12.71	1.2E-06	1.5
	40	855	58.0	1.2	0.1	2.50	6.04	18.89	2.4E-07	
合计									7.0E-05	70.3

图 3-16 所示为阻塞工况条件下，主线隧道稀释一氧化碳（CO）、二氧化氮（NO$_2$）需风量与对应交通流量条件下产生的交通风量计算值比较结果。同前，即使是阻塞工况，主线隧道各路段机动车流产生的交通风量对稀释机动车排放污染物浓度同样也具有一定的积极作用。

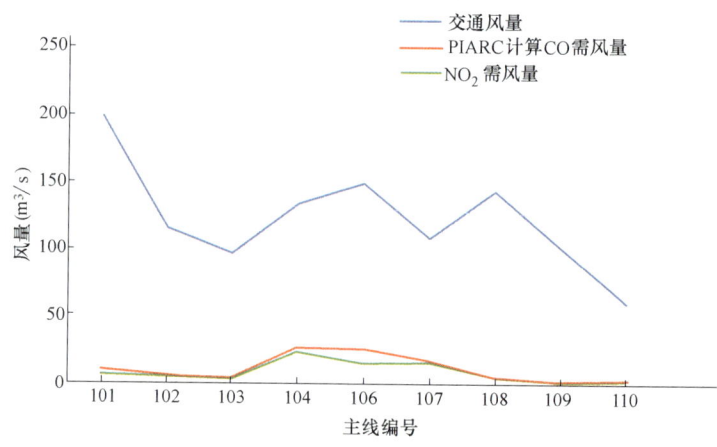

图 3-16 阻塞工况主线段计算需风量与活塞风量对比

3.5 小 结

（1）近些年，随着机动车排放标准的日趋严格，油品环保性能的日益提高，加之城市地下道路通行机动车车型比主要是汽油车，隧道内一氧化碳（CO）的浓度水平明显在降低，实测调研结果表明，即使是早、晚高峰时段，隧道内一氧化碳（CO）浓度最大值均约为 $30cm^3/m^3$，明显低于相关规范规定的 $100cm^3/m^3$ 限值；但隧道内氮氧化物（NO_x）浓度水平有超标的风险，需要纳入重点控制对象；由于城市地下道路车型比例主要为轻型汽油车，烟尘对城市地下道路环境污染的影响不明显。

（2）目前，相关标准或规范关于隧道需风量的计算方法多是针对单点进出的直隧道的，对于单洞单向交通隧道，机动车在隧道内行驶产生的交通风量对隧道内污染物浓度的稀释具有积极贡献作用，正常工况时，隧道内形成的交通风量基本能够满足稀释污染物浓度的需风量要求。

（3）多点进出城市地下道路受分流匝道机动车不断分流驶出或合流岔道机动车不断驶入的影响，沿主隧道机动车排放污染物的输运与扩散规律较单点进出的直隧道要更为复杂和多变；多点进出城市地下道路需风量计算方法不能简单沿用直隧道的，需要考虑匝道对上游主隧道的污染物浓度稀释的贡献作用。

4 隧道通风换气

为了将城市地下道路内污染物浓度控制在标准以内，需要进行通风换气。隧道通风换气方式通常可分为自然通风和机械通风。所谓自然通风是指利用机动车在行驶过程中产生的交通通风力或自然现象产生的自然通风力进行通风换气的方式；机械通风是指利用机械通风机进行强制通风换气的方式，通常是在自然通风无法确保规定的通风换气量时采用。选择通风方式时，需要根据隧道的长度、地形、地上建筑、地质状况、交通条件（包括交通方式（例如单向通行、双向通行等）、交通流量、行驶速度、车型比例等）、气象条件、环境条件等因素进行综合技术经济比较确定。

本章重点从城市地下道路结构特征、隧道内空气流动动力学特性、自然通风力、全射流纵向通风等方面，对多点进出城市地下道路通风换气及其系统水力计算方法进行介绍。

4.1 城市地下道路结构特征

隧道结构是影响隧道通风阻力特性的主要因素，在隧道通风设计时首先要考虑城市地下道路的结构特征，主要包括隧道横断面（机动车车道宽度、横坡、紧急停车带宽度等）、平面及纵断面、出入口以及分流合流结构特点。

4.1.1 典型横断面布置

由于城市地下道路结构复杂，一般不宜采用在同一通行孔布置双向交通，即城市地下道路主要为单向交通，即单洞单向交通隧道，其典型横断面形式如图 4-1 所示。由图中可以看出城市地下道路横断面由路侧带、路缘带、机动车车行道以及紧急停车道组成。

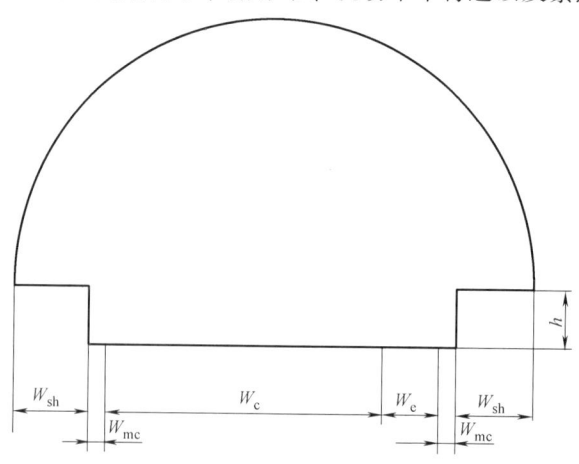

图 4-1 典型城市地下道路横断面

图中，W_{sh}为路侧带宽度（m），W_{mc}为路缘带宽度（m），W_c为机动车车行道宽度（m），W_e为紧急停车带宽度（m），h为路缘石高度（m）。根据我国现行《城市地下道路工程设计规范》CJJ 221—2015，各尺寸取值见表4-1。

横断面各组成部分推荐值 表4-1

各类组成	W_c	W_{mc}	W_{sh}	W_e	h
取值（m）	nW	0.25	0.75 ~ 1.00	1.50	0.25 ~ 0.40

注：n—车行道数；W—单车道宽度。

地下道路的机动车车道宽度应根据车型及计算行车速度确定，表4-2列出了小客车专用地下道路的单车道宽度。

小客车专用地下道路的单车道宽度 表4-2

设计车速（km/h）		> 60	≤ 60
车道宽度（m）	一般值	3.50	3.25
	最小值	3.25	3.00

通常城市地下道路主线至少为两车道形式，匝道为单车道＋连续停车带形式，图4-2给出了几种典型的不同车道数主线隧道横断面结构以及匝道横断面结构尺寸。

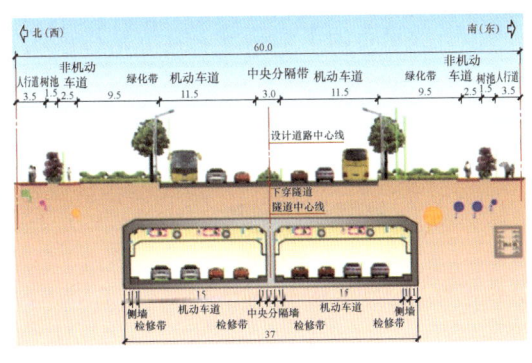

(a)

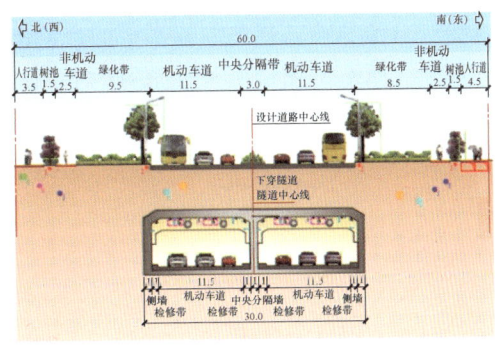

(b)

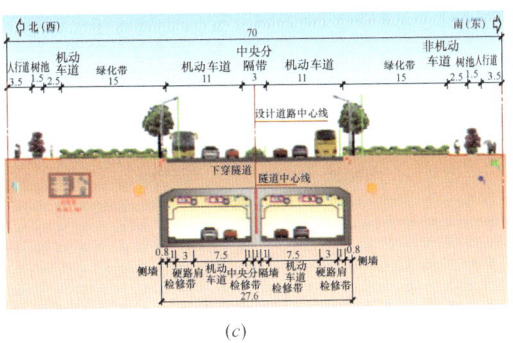

(c)

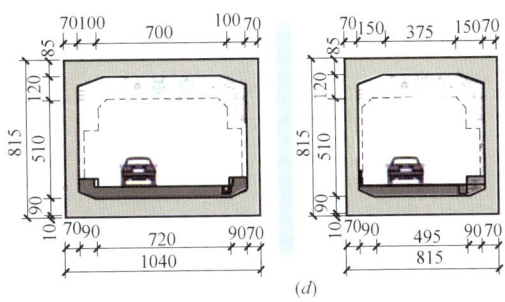

(d)

图4-2 各类车道隧道横断面构造示意图

（a）双洞单向4车道；（b）双洞单向3车道；（c）双洞单向2车道；（d）匝道单车道

4.1.2 平面及纵断面设计

城市地下道路纵坡宜平缓，机动车道最大纵坡度应符合表4-3的规定，并应符合下列规定：

（1）积雪和冰冻地区承担快速路功能的城市地下道路洞口敞开段最大纵坡不应大于3.5%，其他等级道路最大纵坡不应大于6%，否则应在洞口敞开段采取相应措施确保路面不积雪结冰。

（2）城市地下道路最小纵坡不宜小于0.3%；当条件受限纵坡小于0.3%时，应采取排水措施。

（3）对长度小于100m的城市地下道路纵坡可与地面道路相同（表4-3）。

地下道路机动车道最大纵坡 表4-3

设计车速(km/h)	60	50	40	30	20
一般值(%)	4	4.5	5	7	8
最大值(%)	5		6		8

4.1.3 分、合流匝道

城市地下道路多为多点进出结构，即有多个地面或地下出入口，因此隧道内设有分、合流匝道。以主线双车道的合流结构为例，一般城市地下道路分、合流结构形式如图4-3所示，在合流及分流前均设有加减速段以及结构渐变段，如图中 L_1、L_2 所示。根据城市地下道路主线隧道设计车速，加减速车道长度如表4-4所示。

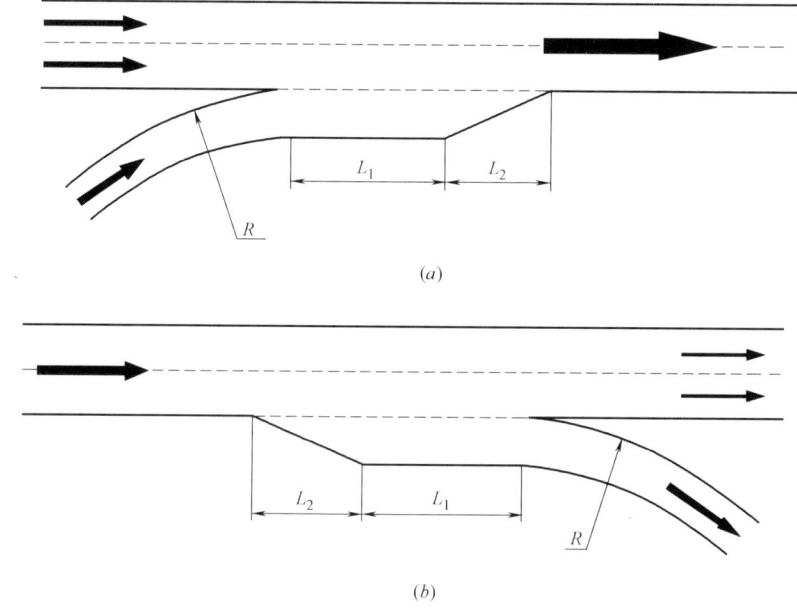

(a)

(b)

图4-3 城市地下道路典型分（合）流结构

(a) 合流结构简图；(b) 分流结构简图

城市地下道路加减速车道长度				表 4-4
主线设计速度（km/h）	80	60	50	40
减速车道长度（m）	120	105	75	45
加速车道长度（m）	330	210	150	105

4.2 隧道内空气流动特性

导致城市地下道路内空气流动的通常有受气象因素形成的自然通风力作用导致的自然风流、受机动车行驶产生的交通通风力作用导致的交通风流、及受机械通风机的机械通风力作用导致的机械风流（图4-4）。

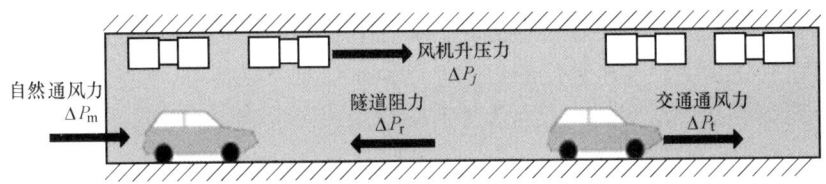

图 4-4 隧道通风模式

当隧道内机动车流稳定时，可认为空气流动也为稳定流，此时空气流动过程由于壁面粗糙度引起的空气流动沿程阻力以及由隧道结构突变产生的局部阻力则由上述的自然通风力、交通通风力和机械通风力共同作用来平衡。即有式（4-1）和式（4-2）成立。

$$\Delta P_t + \Delta P_m + \sum \Delta P_j = \Delta P_r \tag{4-1}$$

$$\Delta P_r = \Delta P_\lambda + \Delta P_{\xi i} \tag{4-2}$$

式中　ΔP_m——隧道外自然通风力（N/m^2）；

　　$\sum \Delta P_j$——隧道内机械风机升压力（N/m^2）；

　　ΔP_r——隧道内通风阻力（N/m^2）；

　　ΔP_λ——隧道内沿程阻力（N/m^2）；

　　$\Delta P_{\xi i}$——隧道内局部阻力（N/m^2）。

4.2.1 自然通风力

自然通风力是由于自然风的影响、气压差及温差所产生的压力差形成的通风力。地下道路内形成自然风流的因素有三：隧道内外的温度差（热位差）、隧道两洞口的水平气压差（大气气压梯度差）以及隧道外自然风的作用。当隧道内自然风流稳定时，即可以利用自然风流进行通风，也即城市地下道路的自然通风换气。

1. 隧道内自然风的产生

1）隧道路进、出口的热位差

隧道内、外的温度差可导致空气密度不同。当隧道进、出风口有高程差，并且隧道内空气温度高于隧道外时，则隧道内空气的密度比隧道外的小，隧道外空气有从低洞口流入并将隧道内空气从高洞口推出的趋势，即浮升效应；反之，如果隧道内空气温度低于隧道外时，则隧道内空气密度比隧道外的大，这种情况下隧道外空气有从高洞口流入，并将隧道内空气从低洞口推出的趋势，即沉降效应。这种由于洞内外的气温差及两洞口的高程差所引起的空气流动的压力差称为热位差，如式（4-3）所示。

$$\Delta P_{\mathrm{h}} = (\rho - \rho') g \Delta Z \tag{4-3}$$

式中　ΔP_{h}——热位差（N/m^2）；

　　　ρ——隧道内的空气密度（kg/m^3）；

　　　ρ'——隧道外的空气密度（kg/m^3）；

　　　ΔZ——隧道两洞口间的高差（m）。

2）大气气压梯度

大范围的大气中，由于空气温度、湿度等的差别，同一水平面上的大气压力也有差别，这种气压的差异，气象上以气压梯度表示。所谓气压梯度，就是垂直于等压线的一个向量，取子午线 1° 或 111.1km 为一个单位距离，在每一个单位距离内气压变异的大小叫做一个气压梯度。气压梯度的数值，可以从气象资料查得。此外，隧道两端洞口外温度、湿度等的差别，也会产生空气密度的差别而产生洞口间的水平压差。

3）隧道外大气自然风

隧道外吹向隧道洞口的大气自然风，碰到山坡后，其动压的一部分可转变为静压力。此部分动压，有的资料根据隧道外大气自然风的风向与风速按式（4-4）计算。

$$\Delta P_{\mathrm{w}} = \frac{\rho_0}{2} (v_{\mathrm{w}} \cos\alpha)^2 \tag{4-4}$$

式中　ΔP_{w}——动压（N/m^2）；

　　　v_{w}——隧道外大气自然风速（m/s）；

　　　α——自然风向与隧道中线的夹角（°）。

上述三项之和构成隧道内自然风的风压差 ΔP，作用在隧道两洞口之间。计算时以一端洞口为基准，计算另一端洞口的相对压力（静压与位压之和）。当隧道为等截面直线隧道时，由自然风压差 ΔP 产生的隧道内自然风速 v_{n}，可按式（4-5）计算。

$$\Delta P = \sum \xi_i \frac{\rho_i}{2} v_{\mathrm{n}}^2 = \xi_{\mathrm{n}} \frac{\rho_i}{2} v_{\mathrm{n}}^2 \tag{4-5}$$

式中　ξ_{n}——全隧道总阻力系数，单点进出隧道，$\xi_{\mathrm{n}} = 1.5 + \lambda \cdot \dfrac{L}{D}$；

　　　v_{n}——隧道内平均自然风速（m/s）。

2. 城市地下道路自然风的影响

城市地下道路与一般公路隧道在结构方面最大的不同之处在于，公路隧道通常为单坡度构造形式（图 4-5 上半部），且位于地面以上；而城市地下道路多为地面以下的下凹式结构（图 4-5 下半部）。对于单坡结构形式的一般公路隧道，隧道进出口两端有高度差，且隧道内外温度也不一致，热压作用明显；隧道外自然风流在碰到山坡后，分别在隧道进出口形成驻点，动压的一部分转化为静压，在迎风面的一侧形成正压区，被风面形成负压区，形成较大的"风墙式压差"，因此隧道自然通风作用力对公路隧道作用明显。而对于下凹式结构的城市地下道路，进出洞口两端水平高度相近，即地下道路内

70

外高差近似为 0，不能形成热位差；城市地下道路入口为下凹结构，水平移动的大气自然风不易流入地下道路内，进出洞口之间无法产生压力差，因此可以认为自然风对城市地下道路空气流动的影响十分有限。

北京工业大学项目组于 2015 年 5 月 30 日（周六）凌晨对我国省会城市地下道路代表——长沙市营盘路湘江隧道进行了自

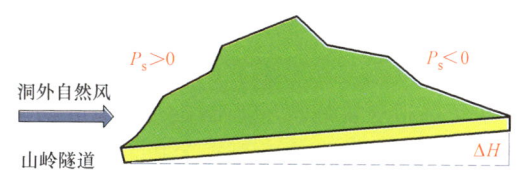
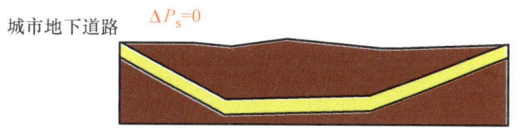

图 4-5　城市地下道路与山岭隧道自然通风力的区别

图 4-6　长沙市营盘路湘江隧道构造示意图
（a）线路示意图；（b）南线纵向断面示意图

然风速的现场实测。图 4-6 为该地下道路的基本情况示意图，该地下道路位于长沙市中心城区，总长为 2.7km，其东侧出（入）口对接湘江东岸商业区，西侧出（入）口对接湘江西岸居住区，为双洞单向两车道结构，其结构形式复杂，地下道路南线和北线均有两个出、入口，该地下道路是近年来我国新建复杂下凹式结构城市地下道路的典型代表。

实测是在地下道路交通封闭、无车辆通行且通风设备关闭的条件下进行的，由测试人员于洞口及地下道路内同时进行风速测试，实测结果如图 4-7 所示。由图可以看出，实测期间洞外自然风速在 0.2～2.3m/s 的范围内波动，但地下道路内风速波动较小，始终维持在较为平稳的状态（风速约为 0.2～0.4m/s），实测结果也进一步证实了对于下凹式结构的城市地下道路，自然通风作用力对隧道通风换气影响是非常有限的，可以忽略。

4.2.2　交通通风力

1. 单点进出隧道交通通风力

隧道内行驶的机动车会带动周围空气沿隧道流动，这种由机动车的行驶引起的风流叫交通通风流，由于它类似于活塞的作用，所以也叫活塞风。交通风的大小由交通通风力决定，交通通风力是车辆活塞作

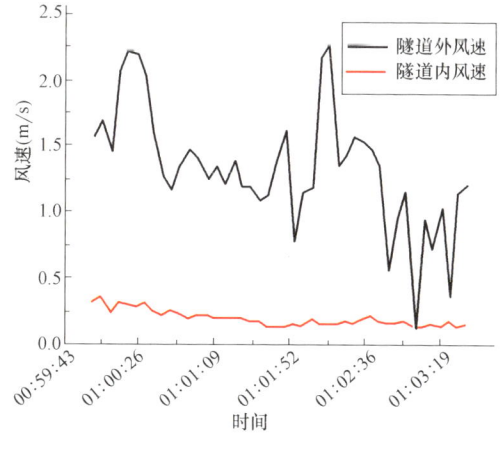

图 4-7　长沙隧道自然风实测结果

用产生的压差，故也叫交通风压。隧道内机动车行驶产生的交通通风力主要受车速、车流量、阻塞比（车辆横截面积与隧道横截面积之比）、隧道长度等因素影响。考虑到长隧道下隧道长度远大于其横断面，当机动车连续不断地驶入隧道并处于较稳定的运行状态时，隧道内空气流动可视为稳定流动。

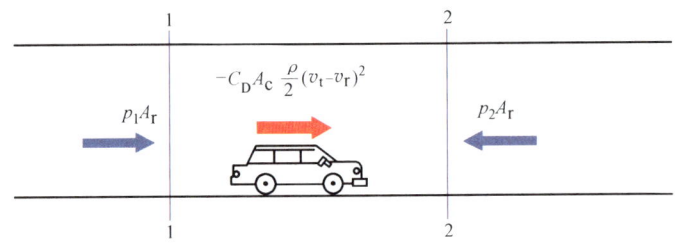

图 4-8　交通通风力计算模型

如图 4-8 所示，机动车在隧道内单向行驶，其外部与气流作用会产生与行驶方向相反的阻力，称为气动阻力 D_q。气动阻力包括汽车正面投影所产生的阻力、摩擦阻力和外形阻力，其大小与气动阻力系数有关，可由式（4-6）计算。

$$D_q = C_D A_c \frac{\rho}{2}(v_t - v_r)^2 \tag{4-6}$$

式中　D_q——气动阻力（N/m^2）；

　　　C_D——气动阻力系数；

　　　A_c——机动车正面投影面积（m^2）；

　　　v_t——机动车车速（m/s）；

　　　v_r——地下道路内风速（m/s）。

由于力的作用是相互的，在受到气动阻力的同时，机动车也带给气流一个沿行驶方向、大小与 D 相等的作用力。该作用力导致机动车前后压力变化，出现压差，从而形成交通风力。如图 4-8 中 1-1、2-2 断面之间气体，其所受合力为式（4-7）所示。

$$\sum F = p_1 A_r - p_2 A_r - C_D A_c \frac{\rho}{2}(v_t - v_r)^2 \tag{4-7}$$

当隧道内风速稳定时，认为 1-1、2-2 断面之间空气段所受合力为 0，故式（4-7）可写为式（4-8），进一步可写为式（4-9）。

$$(p_1 - p_2)A_r = C_D A_c \frac{\rho}{2}(v_t - v_r)^2 \tag{4-8}$$

$$\Delta P_{ti} = \frac{A_m}{A_r} \frac{\rho}{2}(v_t - v_r)^2 \tag{4-9}$$

式中　ΔP_{ti}——1 辆机动车产生的交通通风力（N/m^2）；

　　　A_r——隧道通风面积（m^2）；

　　　A_m——汽车等效阻抗面积，$A_m = C_D A_c$（m^2）。

当机动车连续不断地进入隧道并处于较稳定的运行状态时，此时隧道内空气流速也可看做稳定，其交通通风力可表达为式（4-9）。

$$\Delta P_t = n \frac{A_m}{A_r} \frac{\rho}{2} (v_t - v_r)^2 \qquad (4\text{-}10)$$

式中　n——隧道内车辆数（辆），$n = \dfrac{NL}{3600v_t}$，N 为交通流量（辆/h），L 为隧道长度（m）。

式（4-9）即为单向交通隧道交通通风力表达式，交通通风力的大小主要受机动车车速、车流量及隧道结构形式等因素的直接影响。当隧道内无机械通风时，式（4-1）即可写为式（4-11）。

$$\Delta P_t = \Delta P_r \qquad (4\text{-}11)$$

将式（4-2）及式（4-10）代入式（4-11）中，可得式（4-12）。

$$n \frac{A_m}{A_r} \frac{\rho}{2} (v_t - v_r)^2 = \frac{\rho}{2} v_r^2 \left(\xi_{in} + \xi_{out} + \lambda \frac{L}{D} \right) \qquad (4\text{-}12)$$

式中　ξ_{in}、ξ_{out}——隧道进、出口局部阻力系数。

根据式（4-12）即可建立交通风速与车速的关系式，即式（4-13），该式反映了交通风速与交通流量、车速、隧道长度等因素的相互影响关系。

$$v_r = \frac{v_t}{1 + \sqrt{\dfrac{\left(\sum \xi + \lambda \dfrac{L}{D} \right)}{\dfrac{NL}{3600v_t} \cdot \dfrac{A_m}{A_r}}}} \qquad (4\text{-}13)$$

2. 多点进出隧道交通通风力

对于多点进出的城市地下道路，其结构形式远较单点进出隧道的复杂，隧道内机动车流方向、交通流量随着分（合）流匝道设置的变化而动态变化，交通通风力的形成机理及其交通风的流动特性也发生了根本变化，因此多点进出隧道交通通风力的计算方法不能简单沿用单点进出隧道的式（4-13）。

1）两进两出隧道

以两进两出隧道为例，讨论多点进出隧道交通通风力的计算方法。示例简化物理模型如图 4-9 所示，箭头方向表示车行方向（均为左向右）。

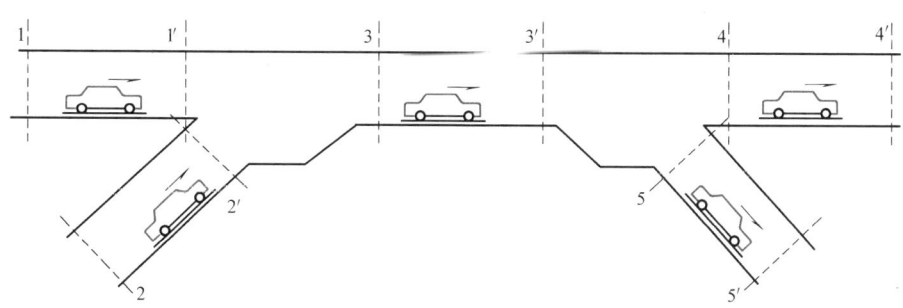

图 4-9　两进两出隧道物理模型

以洞口处大气压为参考压力，根据伯努利方程，可分别对主隧道入口—主隧道出口段（1—1'—3—3'—4—4'）、主隧道入口—分流匝道出口段（1—1'—3—3'—5—5'）、合流匝道入口—经由主隧道—分流匝道出口段（2—2'—3—3'—5—5'）建立压力守恒式

（式（4-14）~式（4-16））。

$$\Delta P_{t1} + \Delta P_{t3} + \Delta P_{t4} = \left(\lambda \frac{L_1}{D_1} + \zeta_1\right)\frac{\rho v_{r1}^2}{2} + \lambda \frac{L_3}{D_3}\frac{\rho v_{r3}^2}{2} + \left(\lambda \frac{L_4}{D_4} + \zeta_4\right)\frac{\rho v_{r4}^2}{2}$$
$$+ \frac{\rho}{2}k_{13}v_{r3}^2 + \frac{\rho}{2}k_{34}v_{r3}^2 \tag{4-14}$$

$$\Delta P_{t1} + \Delta P_{t3} + \Delta P_{t5} = \left(\lambda \frac{L_1}{D_1} + \zeta_1\right)\frac{\rho v_{r1}^2}{2} + \lambda \frac{L_3}{D_3}\frac{\rho v_{r3}^2}{2} + \left(\lambda \frac{L_5}{D_5} + \zeta_5\right)\frac{\rho v_{r5}^2}{2}$$
$$+ \frac{\rho}{2}k_{13}v_{r3}^2 + \frac{\rho}{2}k_{35}v_{r3}^2 \tag{4-15}$$

$$\Delta P_{t2} + \Delta P_{t3} + \Delta P_{t5} = \left(\lambda \frac{L_2}{D_2} + \zeta_2\right)\frac{\rho v_{r2}^2}{2} + \lambda \frac{L_3}{D_3}\frac{\rho v_{r3}^2}{2} + \left(\lambda \frac{L_5}{D_5} + \zeta_5\right)\frac{\rho v_{r5}^2}{2}$$
$$+ \frac{\rho}{2}k_{23}v_{r3}^2 + \frac{\rho}{2}k_{35}v_{r3}^2 \tag{4-16}$$

式中　v_{ri}——隧道各段的平均风速（$i = 1 \sim 5$）（m/s）；

ΔP_{ti}——隧道段 i 交通通风压力，$\Delta P_{ti} = n_i \cdot \frac{\rho}{2} \cdot \frac{A_m}{A_r i}(v_{ti} - v_{ri})^2$（$i = 1 \sim 5$）（N/m²）；

ζ_i——隧道进出口局部阻力损失系数（$i = 1, 2, 4, 5$），其中进口局部阻力系数 $\zeta_1 = \zeta_2 = 0.5$，出口局部阻力系数 $\zeta_4 = \zeta_5 = 1$；

k_{ij}——三通 $i-j$ 段的局部阻力损失系数，$k_{ij} = f\left(\frac{v_{ri}}{v_{rj}}, \frac{A_{ri}}{A_{rj}}, R\right)$（$R$ 为匝道的曲率半径）。

根据连续性方程，可建立关于合流匝道、分流匝道段的质量守恒式（式（4-17）、式（4-18））。

$$v_{r1} \cdot A_{r1} + v_{r2} \cdot A_{r2} = v_{r3} \cdot A_{r3} \tag{4-17}$$

$$v_{r4} \cdot A_{r4} + v_{r5} \cdot A_{r5} = v_{r3} \cdot A_{r3} \tag{4-18}$$

当隧道结构尺寸一定，对应的分、合流匝道段的局部阻力损失系数也明确时，将隧道各段交通流量 N、车速 v_{ti} 等交通特征参数代入方程式式（4-14）~式（4-18），联立求解即可求得两点进两点出隧道交通通风力作用下各隧道段的交通风速。

2）多点进出隧道

假设多点进出隧道有 m 个进口匝道、n 个出口匝道，同上理，可以将隧道分为 $\{2 \times (m + n) + 1\}$ 个隧道段。为了求解各隧道段的交通风速，需要列出同样数量的方程进行求解。基本步骤如下：

步骤1，沿机动车行驶方向对各个进口匝道—主隧道出口段分别建立压力守恒方程式（m 个），对主隧道入口—各个匝道出口段分别建立压力守恒方程式（n 个），建立主隧道入口—主隧道出口段的压力守恒方程式（1个）；

步骤2，建立关于各个分、合流匝道段的质量守恒方程式（$m + n$ 个）；

步骤3，将隧道各段相应的结构尺寸、交通流量、车速、沿程阻力系数、局部阻力系数（包括匝道段的局部阻力系数）等参数代入步骤1和步骤2建立的 $\{2 \times (m + n) + 1\}$ 个方程式中并联立求解，即可得到隧道各段的交通风速。

4.3 隧道内空气流动通风阻力计算

所谓通风阻力，是指气体流动时需要克服气体层间或气体与管道壁面的阻力。城市地下道路内通风阻力主要包括地下道路内沿程摩擦力及在地下道路进出口、地下道路断面变化时的局部阻力。

4.3.1 一般规定及假设

在通风计算时对空气的性质作以下基本假定。

1）流体是不可压缩的

当作用在流体上的压力发生变化时，随着压力的增加，流体的体积将减小，密度将增大，流体的这种特性称为压缩性。但在地下道路通风计算中，由于通风压力一般都在常规范围内，其温度和压力变化也不大，流体体积的变化不足以影响计算结果的精度，隧道内的气体通常均假定为不可压缩流体。

2）流体的流动为稳定流

流体在流动的过程中，任一点的压力和流速不随时间而变化，即压力和流速只是流动点坐标的函数。

3）流体视为连续介质，服从连续性定律

流体的连续性是指气流在流程各断面上通过的流体质量不变，即质量守恒。隧道内的气体是密度为常量的稳定流，即各断面上的流量不变。

4）流体的流动遵守能量守恒方程

地下道路内的气体作渐变流动时，其压力与速度沿流程各断面的变化（包括摩擦阻力损失），服从能量守恒定律，即不可压缩流体的伯努利方程。

一般规定：

（1）地下道路通风设计应依据工程可行性研究、初步设计和施工图设计等阶段的要求进行相应的计算；

（2）通风系统中，风机及交通通风力提供的风量和风压应满足需风量和克服通风阻力的要求；

（3）地下道路通风计算可把空气作为不可压缩的理想流体对待；地下道路内的空气流可作为不随时间变化的恒定流处理，汽车行驶也视为恒定流。标准大气压状态下的空气物理量可按表 4-5 取值。非标准大气压状态下的空气密度 ρ 可按式（4-19）计算。

空气物理量　　　　　　　　　　　　　　　　表 4-5

重度 γ（N/m³）	11.77
密度 ρ_0（kg/m³）	1.20
运动黏滞系数 ν（m²/s）	1.57×10^{-5}

$$\rho = \rho_0 \cdot \exp\left(-\frac{h}{29.28T}\right) \tag{4-19}$$

式中　ρ——地下道路内的空气密度（kg/m³）；

ρ_0——标准大气压状态下的空气密度（kg/m³）；

T——通风计算点夏季气温（K），根据第2.4.1节中主要城市气象参数表选取；

h——通风计算点的海拔高度（m），根据第2.4.1节中主要城市气象参数表选取。

4.3.2 通风阻力计算

根据式（4-2），隧道内空气流动的沿程阻力和局部阻力可按式（4-20）、式（4-21）计算。

$$\Delta P_r = \left(\lambda \cdot \frac{L}{D} \right) \cdot \frac{\rho}{2} \cdot v_r^2 \qquad (4-20)$$

$$\sum \Delta P_{\xi_i} = \sum \xi_i \cdot \frac{\rho}{2} \cdot v_r^2 \qquad (4-21)$$

式中 ΔP_r——隧道通风总阻力（N/m²）；

λ——隧道内壁面沿程阻力系数；

L——隧道长度（m）；

D——隧道断面当量直径（m）；

v_r——隧道内风速（m/s）；

ξ_i——隧道局部阻力系数。

关于隧道内壁面沿程阻力系数，当隧道线型为直线时，其内壁面沿程阻力系数可按式（4-22）计算；当隧道线型为平面曲线且半径 $R < 2000$m 时，其内壁面沿程阻力系数可按式（4-23）计算。

$$\lambda = \frac{1}{\left(1.1138 - 2\lg \frac{\Delta}{D} \right)^2} \qquad (4-22)$$

$$\lambda_C = 1.8235\lambda \cdot R^{-0.078} \qquad (4-23)$$

式中 Δ——平均壁面粗糙度（mm），可按表4-6取值；

λ_C——曲线地下道路壁面摩阻损失系数；

λ——地下道路壁面摩阻损失系数；

R——曲线段平面曲线半径（m）。

关于隧道局部阻力系数，包括隧道出、入口局部阻力系数，隧道变径及分、合流匝道的局部阻力系数，可查阅《公路长隧道通风方式研究》提供的参数。

考虑到局部阻力受隧道结构形式多样化的影响，局部流场很复杂，多数情况下会采用试验方法确定隧道的局部阻力系数。城市地下道路通风工程设计中常用的一些局部阻力系数取值如下：

（1）突然扩大的变径段，$\xi = (1 - A_1/A_2)^2$，A_1、A_2 分别为变径前后地下道路的截面积；

（2）突然缩小的变径管接头，$\xi = 0.5(1 - A_1/A_2)^2$，A_1、A_2 分别为变径前后地下道路的截面积；

平均壁面粗糙度 Δ		表 4-6
壁面材料及特征		Δ (mm)
涂油金属模板	极其细致的施工	0.1 ~ 0.2
金属模板	养护良好	0.2 ~ 0.3
陶瓷壁面	—	1.4
混凝土壁面	抹平度良好	0.3 ~ 0.8
	抹平度一般	2.5
	粗糙	3 ~ 9
水泥浆壁面	抹平度良好	0.3 ~ 0.8
	抹平度一般	1.0 ~ 2.0
	粗糙	2.9 ~ 6.4

（3）地下道路入口，$\xi = 0.5$；

（4）地下道路出口，$\xi = 1.0$。

4.3.3 典型分（合）流匝道局部阻力系数

目前，常用通风工程手册大多给出了矩形风管或圆形风管的相关阻力系数，但对类似城市地下道路的矩形 + 半拱形结构的通风阻力系数涉及很少。为此，本指南结合目前实际工程结构特点，采用 Fluent 模拟软件对分、合流匝道的局部阻力特性进行模拟分析，以期为隧道通风工程设计提供参考。

主隧道两车道、匝道单车道

以长沙市营盘路湘江隧道为计算案例，图 4-10 所示为计算物理模型，为了保证合流匝道、分流匝道前后获得较为稳定的气流，以减小匝道结构及进、出口对气流稳定性的影响，各计算监测面选取原则为：上游侧，按距离分（合）流匝道段大于 2 倍当量直径考虑；下游侧，按距离分（合）流匝道段 4 ~ 5 倍当量直径考虑。本计算的监测面均按 50m 的距离选取。合流匝道时，合流前主隧道风速变化范围为 2 ~ 4m/s，匝道段风速变化范围为 1.5 ~ 3m/s；分流匝道时，分流后主隧道风速变化范围为 2 ~ 4m/s，匝道段风速变化范围为 1.5 ~ 3m/s。计算条件如表 4-7 所示。

表 4-8 和图 4-11（a）、表 4-9 和图 4-11（b）分别为对应表 4-7 计算条件的合流匝道和分流匝道的局部阻力系数模拟计算结果。

根据图 4-11 的模拟计算结果可以得到计算条件下分、合流匝道局部阻力系数与前后断面风量比的关系式（式（4-24）~ 式（4-27））。

合流匝道直通段： $y = -0.11x^2 + 1.38x - 0.49$ （4-24）

合流匝道旁通段： $y = 1.02x^2 - 2.85x + 1.52$ （4-25）

分流匝道直通段： $y = 1.97x^2 - 1.86x + 0.90$ （4-26）

分流匝道旁通段： $y = -0.40x^2 + 0.10x + 0.57$ （4-27）

式中　y——匝道各段局部阻力系数；

　　　x——分、合流匝道前后断面风量比。

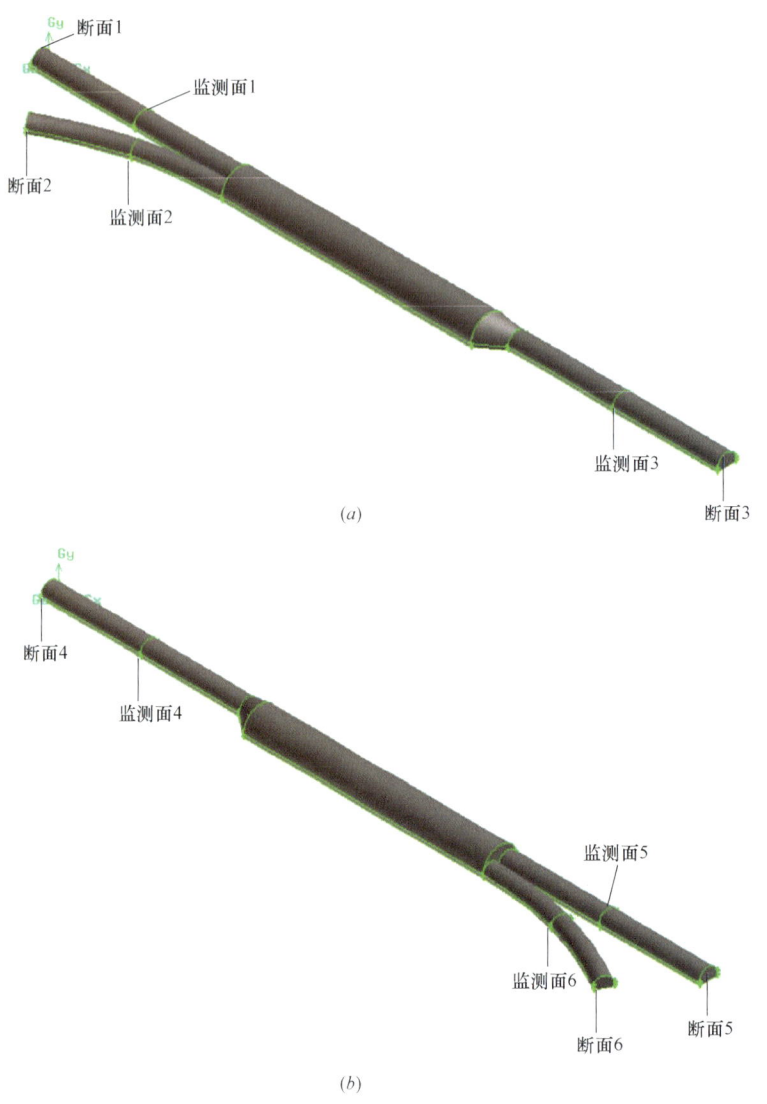

图 4-10　计算物理模型

(a) 合流匝道；(b) 分流匝道

计算条件（m/s）   表 4-7

	断面1风速　　断面2风速	2.0	2.5	3.0	3.5	4.0
合流匝道	1.5	工况 1	工况 2	工况 3	工况 4	工况 5
	2.0	工况 6	工况 7	工况 8	工况 9	工况 10
	2.5	工况 11	工况 12	工况 13	工况 14	工况 15
	3.0	工况 16	工况 17	工况 18	工况 19	工况 20

断面5风速 断面6风速		2.0	2.5	3.0	3.5	4.0
分流匝道	1.5	工况 21	工况 22	工况 23	工况 24	工况 25
	2.0	工况 26	工况 27	工况 28	工况 29	工况 30
	2.5	工况 31	工况 32	工况 33	工况 34	工况 35
	3.0	工况 36	工况 37	工况 38	工况 39	工况 40

合流匝道局部阻力系数　　　　　　　　　　　　　　表 4-8

合流工况	风速（m/s）			全压（Pa）			局部阻力系数	
	断面 1	断面 2	断面 3	断面 1	断面 2	断面 3	直通 ξ_{13}	旁通 ξ_{23}
工况 1	2.0	1.5	3.18	8.88	7.59	6.72	0.35	0.14
工况 2	2.0	2.0	3.57	10.45	10.47	8.47	0.25	0.26
工况 3	2.0	2.5	3.96	12.15	13.79	10.41	0.18	0.35
工况 4	2.0	3.0	4.35	13.93	17.29	12.55	0.12	0.41
工况 5	2.5	1.5	3.68	12.20	9.38	8.98	0.39	0.05
工况 6	2.5	2.0	4.07	14.29	12.61	10.98	0.33	0.16
工况 7	2.5	2.5	4.46	16.25	16.27	13.20	0.25	0.25
工况 8	2.5	3.0	4.85	18.32s	20.35	15.59	0.19	0.33
工况 9	3.0	1.5	4.18	16.37	11.55	11.56	0.45	0.00
工况 10	3.0	2.0	4.57	18.43	14.93	13.81	0.36	0.09
工况 11	3.0	2.5	4.96	20.96	18.88	16.30	0.31	0.17
工况 12	3.0	3.0	5.35	23.29	23.32	18.96	0.25	0.25
工况 13	3.5	1.5	4.68	21.04	14.03	14.47	0.49	-0.03
工况 14	3.5	2.0	5.07	23.40	17.48	17.01	0.41	0.03
工况 15	3.5	2.5	5.46	26.15	21.81	19.72	0.35	0.11
工况 16	3.5	3.0	5.85	28.89	26.41	22.65	0.30	0.18
工况 17	4.0	1.5	5.18	26.18	16.66	17.71	0.52	-0.06
工况 18	4.0	2.0	5.57	28.71	20.34	20.47	0.43	-0.01
工况 19	4.0	2.5	5.96	31.62	24.58	23.43	0.38	0.05
工况 20	4.0	3.0	6.35	34.92	29.83	26.64	0.34	0.13

分流匝道局部阻力系数　　　　　　　　　　　　　　表 4-9

分流工况	风速（m/s）			全压（Pa）			局部阻力系数	
	断面 5	断面 6	断面 4	断面 5	断面 6	断面 4	直通 ξ_{31}	旁通 ξ_{32}
工况 21	2.0	1.5	3.18	-3.75	-3.46	-0.56	0.51	0.47
工况 22	2.0	2.0	3.57	-4.48	-3.99	-0.66	0.49	0.43
工况 23	2.0	2.5	3.96	-5.06	-5.92	-0.80	0.44	0.53
工况 24	2.0	3.0	4.35	-6.17	-6.89	-1.01	0.45	0.51
工况 25	2.5	1.5	3.67	-5.32	-4.46	-0.74	0.56	0.45

分流工况	风速（m/s）			全压（Pa）			局部阻力系数	
	断面 5	断面 6	断面 4	断面 5	断面 6	断面 4	直通 ξ_{31}	旁通 ξ_{32}
工况 26	2.5	2.0	4.07	−5.91	−6.08	−0.90	0.49	0.51
工况 27	2.5	2.5	4.46	−6.98	−7.06	−1.09	0.48	0.49
工况 28	2.5	3.0	4.85	−8.50	−9.15	−1.26	0.50	0.55
工况 29	3.0	1.5	4.17	−7.18	−5.59	−0.89	0.59	0.44
工况 30	3.0	2.0	4.57	−7.76	−6.36	−1.04	0.53	0.42
工况 31	3.0	2.5	4.96	−8.31	−8.23	−1.20	0.47	0.47
工况 32	3.0	3.0	5.35	−9.28	−10.46	−1.37	0.45	0.52
工况 33	3.5	1.5	4.67	−9.59	−6.74	−1.10	0.64	0.42
工况 34	3.5	2.0	5.07	−9.98	−9.14	−1.34	0.55	0.50
工况 35	3.5	2.5	5.46	−10.46	−10.39	−1.43	0.49	0.49
工况 36	3.5	3.0	5.85	−12.24	−10.74	−1.64	0.51	0.43
工况 37	4.0	1.5	5.18	−11.41	−8.55	−1.40	0.61	0.43
工况 38	4.0	2.0	5.57	−12.12	−9.67	−1.58	0.56	0.43
工况 39	4.0	2.5	5.96	−13.24	−11.70	−1.81	0.53	0.45
工况 40	4.0	3.0	6.35	−14.23	−13.44	−2.07	0.49	0.46

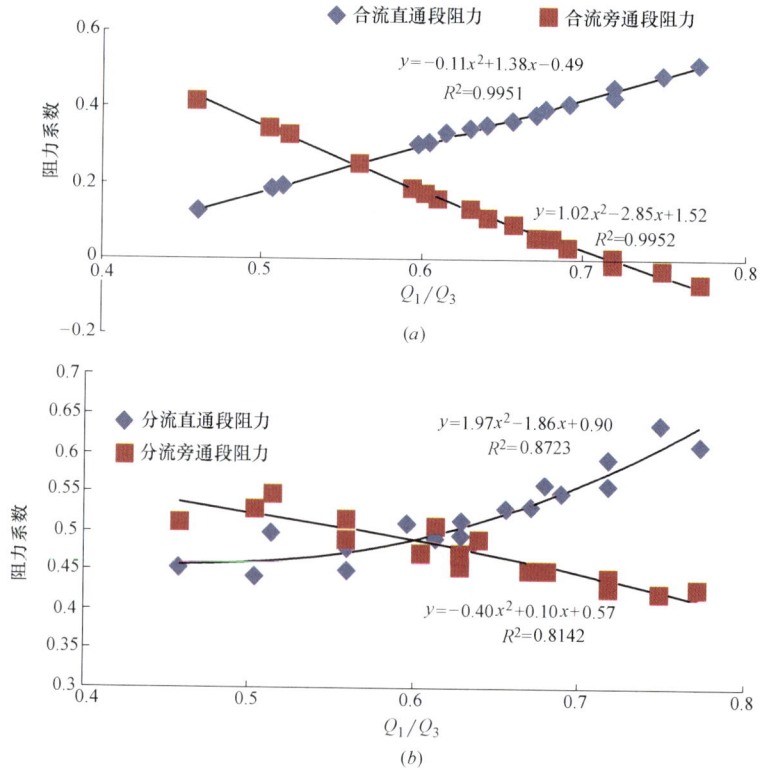

图 4-11 匝道局部阻力系数模拟计算结果

（a）合流匝道；（b）分流匝道

4.4 采用射流式通风机的纵向通风系统

4.4.1 系统构成

纵向通风是一种最简单的通风方式。它只需在隧道的适当位置安装射流式通风机，靠风机产生的通风压力迫使隧道内空气沿隧道轴线方向流动，达到通风的目的。在纵向通风方式中，最常用的是采用射流式通风机的纵向通风方式（图4-12），这种通风方式在隧道的顶部间隔一定距离设置射流风机，隧道需要机械通风时开启射流风机，同时在后方形成一个负压区，带动后方空气流动，从而在隧道内风机的前后一定范围内形成空气沿隧道轴向的定向流动，新鲜空气从隧道的一侧洞口进入，污染空气从隧道的另一侧洞口排出，达到隧道通风的目的。采用射流式通风机的纵向通风系统无须开凿通风井，通风设施简单，工程造价低，设备费用少，在我国城市地下道路中广泛应用，也研究得较多。

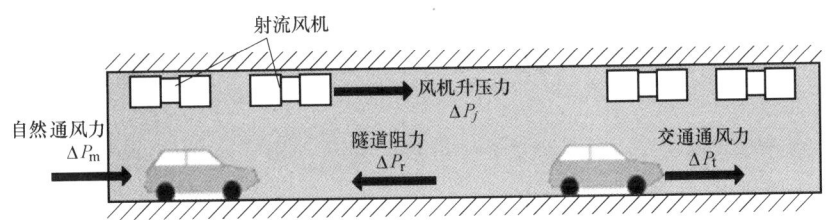

图4-12 采用射流式通风机的纵向通风系统示意图

在采用射流式通风机的纵向通风系统中，风机通常是并联为一组，并沿隧道方向间隔布置，为了满足隧道内噪声环境的要求，风机通常配有整体消声器。为了防止隧道洞口产生较大的噪声，通常只运行部分风机，或者加长靠近隧道洞口处的风机消声器长度。

4.4.2 射流式通风机选型计算

1. 选型计算基本流程

关于采用射流式通风机的纵向通风系统中射流式通风机的选型计算，首先，以3.2节确定的通风换气需风量作为设计计算依据，计算相应隧道段的设计风速；然后，分别确定自然通风力（4.2.1节）、交通通风力（4.2.2节）的大小以及该设计风速下隧道内的通风阻力（4.3.2节），计算隧道各段所需的射流风机风压；根据隧道内风机布置位置（间距等），确定风机台数以及每台风机升压力；根据单台风机射流升压力及风量确定风机型号；最后，若风机选型不匹配，再调整风机布置位置（间距等）进行选型计算。图4-13所示为射流式通风机选型计算基本流程图。

2. 射流式通风机的安装间距

关于射流式通风机的安装间距，如果隧道中每组风机之间具有足够的间距，可确保风机射流扩散减速充分，否则将影响下一组风机的工作性能；另外，当多台风机同时工

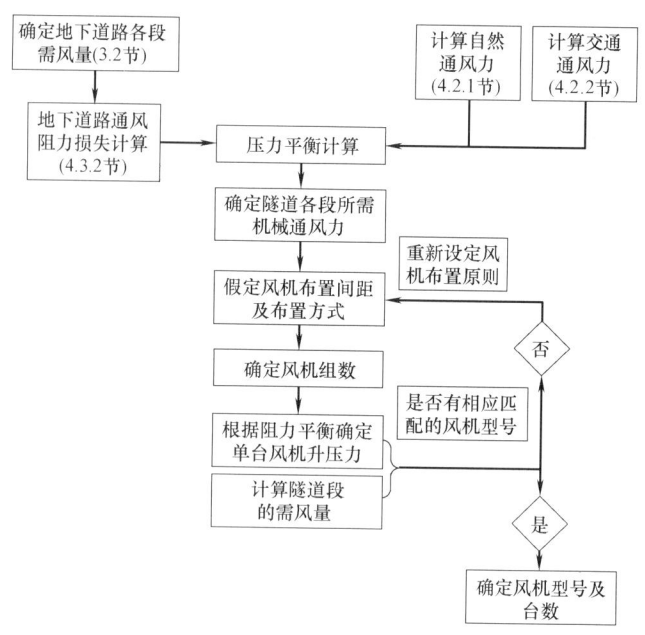

图 4-13　射流式通风机选型计算流程图

作时，若风机安装距离过近，会产生噪声混合现象，噪声混合的距离与噪声大小有关，噪声大，混合距离大。一般情况下，每组风机之间的纵向间距取为隧道截面水力当量直径的 10 倍或 10 倍以上，也可以取风机空气动压的十分之一作为风机纵向间距；同一组风机之间的中心距离至少取为风机直径的 2 倍。实际工程中射流通风机安装距离一般按：小口径（φ630）大于 80m，大口径（φ1030）大于 140m 的原则考虑。

需要指出的是，射流式通风机的安装间距不一定要均等距；只要风机之间具有足够的纵向间距，风机可以尽可能地布置在靠近隧道洞口的位置；如果风机轴向安装位置允许存在一定倾斜，则风机之间的纵向距离可以减少，从而可以提高安装系数。

3. 选型计算

图 4-14 所示为合流匝道段风机布置以及相应主隧道的压力和风速分布示意图。

步骤 1，根据需风量计算隧道各段所需风量及对应风速 v_{ri}。

步骤 2，假设风机布置间距为 l，每组风机台数为 n，则可以确定每组风机间需要平衡的隧道通风阻力；

步骤 3，根据相邻两组风机间隧道总通风阻力（沿程阻力与局部阻力之和），并考虑该区间内交通通风力的贡献，确定各组风机需要提供的升压力。以图 4-14 中第 1 组风机为例，假设风机布置间隔为 l，同一断面上风机台数为 n，则该组风机提供的升压力在与隧道内交通通风力共同作用条件下，平衡合流匝道主隧道段局部阻力及其前后沿程阻力，如式（4-28）所示。

$$n \cdot \Delta P_j \pm \sum \Delta P_t = \lambda_r \frac{l_1}{D_1} \frac{\rho v_{v1}^2}{2} + \left(\lambda_r \frac{l_2}{D_2} + \xi \right) \frac{\rho v_r 3^2}{2} \qquad (4\text{-}28)$$

式中　ΔP_j——单台射流风机的升压力（N/m^2）；

　　　　n——同一断面上风机布置台数（台）。

需要指出的是，当机动车车速大于隧道内设计风速，即 $v_t > v_r$ 时，交通通风力按动力考虑，ΔP_t 前面符号取正；反之取负。

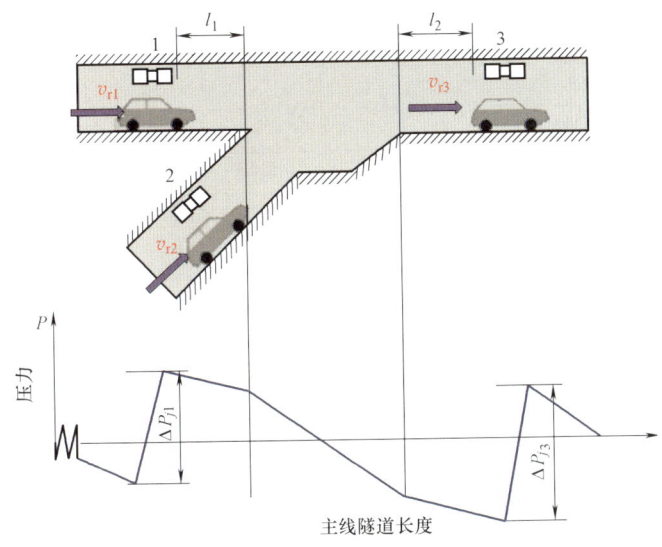

图 4-14　风机开启时隧道内风速及压力分布图

步骤 4，城市地下道路一般为单向交通，通常交通通风力作为通风的一种动力，但是当车速小于需风量所需风速时，如交通堵塞或慢速行驶，此时交通通风力则按通风阻力考虑。由式（4-28）可以得出实际运营时单台射流风机提供的升压力 ΔP_j，然后根据同一断面上的风机布置台数及安装位置，由式（4-29）可以得出相应的风机升压力 $\Delta P_j'$。

$$\Delta P_j = \Delta P_j' \cdot \eta \tag{4-29}$$

式中　$\Delta P_j'$——单台射流通风机的额定升压力（N/m^2）；

　　　　η——射流通风机位置摩阻损失折减系数，当隧道同一断面布置一台射流通风机时，可按表 4-10 取值；当隧道同一断面布置 2 台及 2 台以上射流风机时，射流风机位置摩阻损失折减系数 η 可取 0.7。

单台射流风机位置摩阻损失折减系数 η　　　　　　　表 4-10

Z/D_j	1.5	1.0	0.7	图示
η	0.91	0.87	0.85	

注：表中 D_j 表示射流风机的内径。

步骤 5，根据风机升压力及相应隧道段的需风量，可以进行风机型号的选取，如果没有相匹配的风机型号，则需要重新规定风机布置原则，再进行选型计算。

步骤 6，根据所确定的隧道各段风机台数及型号，即可给出在满足城市地下道路需风量条件下隧道内所需射流风机的总台数。

步骤7，为了保证风机发生故障时通风系统的正常运行，在给出满足隧道通风需风量的风机台数后还需设置一定数量的备用风机。备用风机宜采用同型号风机成组备用，当计算所需射流风机台数为1~6组时，可备用1组；计算所需射流风机台数大于6组时，可考虑所需台数15%的备用量。

表4-11所示为部分国产射流通风机的主要技术参数。

部分国产射流通风机的主要技术参数　　　　　　　　　　表4-11

机号（No）	63	90	100	112	125	140
叶轮直径（mm）	630	900	1000	1120	1250	1400
轴向推力（N）	245~515	390~840	530~1095	695~1340	845~1655	645~1330
流量（m³/s）	8.6~12.3	15.4~22.3	20~28.5	25.8~35.5	31.8~44	31~44
出口风速（m/s）	27.6~39.5	24.2~35.1	25.5~36.3	26.2~36	25.9~35.9	20.1~28.6
转速（r/min）	2900~2930	1440~1470	1460~1480	1460~1480	1470~1480	970~980
电机功率（kW）	5.5~15	7.5~22	11~30	15~37	18.5~45	11~30
噪声（dB（A））	68~75	66~75	68~75	69~75	69~75	68~75
A（mm）	2980	3130	3380	3880	4480	3880
B（mm）	1215	1215	1315	1515	1815	1515
C（mm）	940	1180	1260	1360	1470	1740
D（mm）	800	1100	1200	1320	1450	1700
E（mm）	750	940	1000	1100	1160	1160
H（mm）	1100	1400	1500	1620	1750	2100
总重力（kN）	450	770	985	1165	1410	1820
最小间距（m）	80	100	120	150	180	180

4.5　小　　　结

（1）对于下凹式结构的城市地下道路，自然通风作用力对隧道通风换气影响是非常有限的，可以忽略。

（2）对于多点进出的城市地下道路，其结构形式远较单点进出隧道的复杂，隧道内机动车流方向、交通流量都随分（合）流匝道设置的变化而动态变化，交通通风力的形成机理及其交通风的流动特性也发生了根本变化，多点进出隧道交通通风力的计算方法不能简单沿用单点进出隧道的。为此，本指南给出了计算方法参考。

（3）目前，常用通风工程手册大多给出了矩形风管及圆形风管的相关阻力系数，但对类似城市地下道路的矩形+半拱形结构的通风阻力系数涉及很少。为此，本指南结合Fluent模拟软件分析方法，给出了隧道分、合流匝道局部阻力系数的计算结果。

（4）根据第3章关于需风量的计算结果，本指南给出了采用射流式通风机的纵向通风系统的射流式通风机选型计算设计步骤与基本方法。

5 防烟与排烟系统设计

与一般的公路隧道相比，城市地下道路由于位于城市中心区，日交通量大，车辆由于自身的机械、电路故障、车辆自燃或车辆相撞发生火灾的概率大大增加。城市地下道路除有多个出入匝道与地面主干道相连外，各地下道路主体之间，地下道路与地下交通枢纽之间、地下道路与地下车库之间都根据需要互有连通，从而形成多个分岔、弯道等复杂的路段。多点进出、断面尺寸多变、岔路多、大量弯道路段的存在使得城市地下道路在通风与排烟设计上与一般的公路隧道相比有一定的特殊性。本章就城市地下道路火灾工况下烟气控制系统的设计原则、设计方法和运行方案进行了概括总结，针对城市地下复杂结构路段的烟气控制提出了一些基本的策略和方法。

5.1 系统设置的基本原则

城市地下道路防烟、排烟系统设计的主要目的是为隧道内人员或消防救援人员提供一个较有利的疏散环境或消防救援环境，同时也可一定程度上降低火灾对结构及隧道内设备的破坏。城市地下道路的排烟方式按是否有驱动力可分为自然排烟和机械排烟。机械排烟又包括纵向排烟、横向、半横向排烟、重点排烟等方式。城市地下道路的防烟与排烟应结合地下道路的长度、交通组成、断面大小，平曲线半径、纵坡、交通条件、人员逃生条件、自然环境和火灾危险性等因素进行设计。在选择排烟方式时，应综合考虑各种方式的技术难度、工程造价、运营维护和排烟效果等因素，经技术经济比较后确定。

5.1.1 国内外相关规范中的规定

关于隧道排烟系统（烟气控制系统）的设置，国内外相关规范从各自的实际情况给出了不同的设置原则和条件。

1. 国内隧道相关规范中防排烟系统设置的相关规定

1）《建筑设计防火规范》中的相关规定

我国的《建筑设计防火规范》GB 50016—2014 第 12.3.1 条规定，对于长度大于500m，仅限通行非危险化学用品等机动车的城市隧道等应设机械排烟系统；对于允许通行危险化学品等机动车的城市隧道，即使长度小于500m，也应设机械排烟设施。在排烟系统的选择及设置上规定如下：

（1）长度大于3000m的隧道，宜采用分段排烟方式或重点排烟方式；

（2）长度不大于3000m的单洞单向交通隧道，宜采用纵向排烟方式；

（3）单洞双向交通隧道，宜采用重点排烟方式；

（4）采用全横向和半横向通风方式时，可通过排风管排烟；

（5）采用纵向排烟方式时，应能迅速组织气流，有效排烟，其排烟风速应根据隧道内最不利火灾规模确定，且纵向气流的速度不应小于2m/s，并应大于临界风速；

（6）机械排烟系统与隧道通风系统宜分开设置。合用时，合用的通风系统应具备在火灾时快速转换的功能。

2）《公路隧道通风设计细则》中的相关规定

交通部颁布的《公路隧道通风设计细则》JTG/T D70/2-02—2014中规定：长度大于1000m的高速公路和一级公路隧道、长度大于2000m的二、三、四级公路隧道应设置火灾机械防烟与排烟系统。公路隧道的防烟与排烟系统宜与日常通风系统合用，排烟设计应结合避难设施和通风控制统一考虑。

对于采用纵向排烟的单洞双向交通隧道，火灾排烟设计应遵循以下原则：

（1）隧道内的排烟方向和风速应根据洞内火灾位置、交通情况、自然排烟条件、通风井设置情况等因素确定，应缩短烟雾在隧道内的行程；

（2）火灾烟雾在隧道内的最大行程不宜大于3000m；

（3）安全疏散阶段，纵向排烟风速不应大于0.5m/s；灭火救援阶段，纵向排烟风速不应小于临界风速。

对于采用纵向排烟的单向交通隧道，火灾排烟设计时应遵循以下原则：

（1）隧道内的排烟方向应与隧道行车方向相同，烟雾应由隧道出口或就近排烟口排出；

（2）火灾烟雾在隧道内的最大行程不宜大于5000m；

（3）纵向排烟风速不应小于临界风速；

（4）起火点下风向的横通道防火卷帘和防火门应关闭。

对于采用排烟道集中排烟的公路隧道，火灾排烟设计应遵循的原则如下：

（1）隧道内纵向风速不宜大于2m/s，排烟分区内不应出现烟气回流；

（2）排烟分区可按隧道通风区段划分，且每个排烟分区的长度不应大于1000m；

（3）采用横向和半横向通风方式的隧道应通过主风道排烟，烟气在隧道内的蔓延长度不宜大于300m；

（4）每个排烟区段应设置排烟口，排烟口纵向间距不宜小于60m。排烟口应设置在隧道顶部或侧壁上部，可独立设置或与排风口合并设置。

2. 国外隧道相关规范中关于防、排烟系统设置的相关规定

1）美国NFPA 502中的相关规定

关于机械通风烟气控制系统的设置，美国NFPA 502中规定长度大于1000m的隧道应设置事故通风系统，但对于长度小于1000m的隧道，如果对隧道长度、断面尺寸、坡度、主导风向和风速、交通状况、车辆类型、火灾规模等相关设计条件进行综合分析评估后，认为采用自然排烟或利用隧道蓄烟可以达到或超过设置机械排烟系统能达到的安全水平且经过主管部门许可时，可不设事故通风系统。

对于单洞双向交通隧道，机械通风烟气控制系统的设计应遵循以下原则：

（1）烟气分层不应被破坏；

（2）隧道内的纵向风速应控制在一个较低的风速值；

（3）应考虑将烟气通过顶部开口或侧壁上方的开口排出。

对于单向交通隧道，机械通风烟气控制系统的设计应遵循以下原则：

（1）对于纵向通风系统，在行车方向上纵向风速不应小于临界风速以阻止烟气的回流；为防止烟气分层遭到破坏，初始时应开启远离火源处的射流风机，火源附近的射流风机不应开启。

（2）对于横向和半横向通风系统，应增大含火源的通风区段的排风量，同时降低通过横向通风系统引入的室外新鲜空气的量；通过上游通风区段以最大送风模式送风，下游通风区段以最大排烟模式排烟，在行车方向产生纵向气流以防止烟气回流。

事故通风系统应能在180s内达到最大运转模式，可逆风机应能在90s内完成反转。

2）EU-Directive 2004/54/EC中的相关规定

EU-Directive 2004/54/EC中规定长度大于1000m，单车道日交通量大于2000辆的隧道应设机械通风烟气控制系统。

（1）对于双向交通隧道或交通拥堵的单向交通隧道，应在进行风险分析或采取一些特殊的措施如进行适当的交通安排、有较短的疏散通道距离或每隔一定距离可将烟气排出等以确保安全的情况下可采用纵向通风系统。

（2）当隧道内必须设置机械通风而纵向通风系统又不适宜使用时，应设置横向通风或半横向通风系统，这些系统必须确保火灾时能及时、有效地将烟气排出。

（3）若隧道为双向交通隧道，单车道日交通量大于2000辆，隧道长度大于3000m且有控制中心，若使用横向和半横向通风系统，必须采取以下措施：需安装能单个开启或成组开启的排风阀和排烟阀；应时时监控隧道内的纵向风速，并相应地对通风系统的阀门、风机等进行调整。

3）PIARC中的相关规定

关于烟气控制方式的选择，PIARC 1999中给出了如下建议：

（1）不发生交通拥堵的单洞单向交通隧道可采用纵向通风烟气控制方式。

（2）对于可能发生交通拥堵的单向交通隧道或单洞双向交通隧道，当采用纵向通风烟气进行控制时，需进行风险评估以确保安全，且火灾工况下应根据交通量的不同采用不同的通风运行模式。

（3）横向、半横向排烟系统的目标是为隧道内人员的疏散提供一个尽可能长时间的无烟环境。为不破坏烟气分层，采用横向和半横向排烟系统时，隧道的纵向风速需小于2m/s。

（4）对于全横向通风系统，为防止下部送入气流破坏烟气分层，排烟时下部送风量应为总送风量的1/3～1/2，应禁止从隧道顶部送风。

（5）对于送风管位于隧道顶部的可逆半横向通风系统，当隧道内发生火灾时，该送风管道应立刻转变为排烟管道进行排烟。

4）英国BD78/99中的相关规定

（1）长度大于400m的隧道需设机械通风烟气控制系统，对于长度大于300m但小于400m的隧道，如果交通量大或隧道坡度较大也需设机械通风烟气控制系统。

（2）纵向通风系统由于形式简单、初投资和运行费用低，通常是隧道通风系统的首选；

（3）计算纵向通风射流风机风量时风速应按临界风速考虑，风机应能够反转；

（4）全横向通风系统由于其初投资和运行成本高，在新建的隧道中已很少采用；

（5）半横向通风系统通常在越江隧道的通风系统中使用。

5）法国 CETU 中的相关规定

（1）长度小于300m 的城区隧道可不设机械通风烟气控制系统。

（2）长度小于500m 且交通量较大的非城区隧道、长度小于1000m 且交通量较小的非城区隧道可不设机械通风烟气控制系统。

（3）城区双向交通隧道禁止使用纵向通风烟气控制系统。

（4）城区单向交通隧道，使用纵向通风烟气控制的最大允许长度为800m。

（5）对于交通量大的非城区双向交通隧道，使用纵向通风烟气控制的最大允许长度为1000m。

（6）对于交通量较小的非城区双向交通隧道，使用纵向通风烟气控制的最大允许长度为1500m。

（7）非城区单向交通隧道，使用纵向通风烟气控制的最大允许长度为5000m。

（8）使用纵向通风烟气控制系统时，若火源上下游都有车辆，则火灾发生之初，应设置较小的通风风速使烟气层不被破坏，以利于人员的逃生。若下游车辆能迅速撤离，则通风系统一开启就可以临界风速送风以控制上游烟气的回流。

（9）对于横向、半横向通风系统，通风区段长度城区隧道为400m，非城区隧道为600m。

（10）顶部排烟口间距城区隧道为50m，非城区隧道为100m。

（11）为避免烟气分层遭到破坏，隧道内纵向气流流速应低于1.5m/s。

（12）排烟管道内最大流速为15m/s。

各主要排烟方式的适用条件如表5-1所示。

主要机械通风排烟方式的分类及适用条件　　　　　　　　　　表5-1

通风方式		理论适用长度	交通特性	防灾性能	工程造价及运营费用
纵向通风	全射流风机式	5000m 以内	无交通拥堵的单向交通，有交通拥堵或双向隧道需经过火灾风险评估	一般	较低
	洞口集中送入式	5000m 左右	无交通拥堵的单向交通，有交通拥堵或双向隧道需经过火灾风险评估	较差	一般
	集中排出式	3000m 左右	无交通拥堵的单向交通，有交通拥堵或双向隧道需经过火灾风险评估	一般	高
	竖井送排式	不受限制	无交通拥堵的单向交通，有交通拥堵或双向隧道需经过火灾风险评估	较好	高

通风方式		理论适用长度	交通特性	防灾性能	工程造价及运营费用
半横向排烟	送风式半横向通风系统	3000m左右	单向、双向交通	火灾时逆转排烟	高
	排风式半横向通风系统	3000m左右	单向、双向交通	排烟阀有远程控制时排烟效率高	高
全横向排烟		不受限制	单向、双向交通	排烟阀有远程控制时排烟效率高	很高
重点排烟		不受限制	单向、双向交通	好	高

5.1.2 系统设置的基本原则及建议

综合国内外相关规范，结合城市地下道路的火灾及烟气蔓延的特点，在火灾烟气控制方式选择方面给出如下建议：

1）长度小于500m且仅限通行非危险化学品等机动车的城市地下道路可采用自然排烟。采用自然排烟的城市地下道路，应考虑外界环境对自然排烟效率的影响，设计时采取一定措施将不利因素降到最低。

2）单向通行且交通顺畅的地下道路可根据城市地下道路长度选择采用纵向排烟或重点排烟。

（1）采用纵向排烟时，在行车方向上纵向风速不应小于临界风速以阻止烟气的回流。

（2）采用重点排烟系统时需设置远程控制排烟阀以确保隧道内发生火灾时火源附近的排烟口开启，同时，隧道内火源两侧应有不超过1.5m/s的纵向风速以将烟气控制在一定的范围内，确保不破坏火源两侧的烟气分层，同时有助于提高排烟效率。若火源处存在坡度，火源其中一侧用1.5m/s以下风速控制烟气有困难时，可在保证火源附近人员疏散安全的前提下，适当加大风速。

3）双向通行、或人车混行或长距离且易发生交通阻塞的城市地下道路宜采用重点排烟系统。

采用重点排烟系统时，排烟口应设置在隧道顶部或侧壁上方，同时设置远程控制排烟阀以确保隧道内发生火灾时火源附近的排烟口开启。排烟时，隧道内火源两侧应有不超过1.5m/s的纵向风速以将烟气控制在一定的范围内，确保不破坏火源两侧的烟气分层，同时有助于提高排烟效率。

如果通过安全风险分析证明纵向通风烟气控制系统可用或通过采取一些特殊措施，如火灾发生后，隧道内采取适当的交通措施、隧道内设置较短的疏散间距、烟气可在一定距离内及时排出，则双向或交通拥堵的单向隧道，也可采用纵向通风烟气控制系统。纵向通风系统运行时应根据火灾发展的不同阶段运行不同的通风控制策略。

4）对于多分岔城市地下道路，排烟系统设计时应考虑火源位于分岔处附近时烟气扩散的特殊性以及此处的交通特征，采用有针对性的运行策略以保证较好的排烟效果。

5）当火灾通风系统与正常通风系统合用时，应具备在火灾工况下的快速转换功能。

5.2 城市地下道路火灾防、排烟需风量计算

当城市地下道路发生火灾时，防排烟系统的需风量与火灾发生的规模、隧道的断面尺寸、坡度等因素密切相关。对于确定的城市地下道路而言，设计火灾负荷（火灾热释放率）往往是防排烟系统设计的重要参数。在对城市地下道路内火灾安全进行评估时，除火灾热释放率外，火灾的发展过程即火灾增长曲线也是完整描述城市地下道路火灾场景的重要组成部分。

5.2.1 设计火灾热释放率及火灾增长曲线

1. 设计火灾热释放率的确定

在隧道的防火设计中，设计火灾负荷是隧道烟气控制系统设计、灭火系统设计、结构耐火设计、疏散通道设计的关键参数，且对隧道的运行成本也有较大的影响。因此，在一些国家，设计火灾热释放率的大小通常由隧道运营部门、消防部门、管理部门及设计部门等相关单位共同商讨确定。一般来讲，隧道设计火灾不必是可能发生的最严重的火灾，隧道设计火灾热释放率的大小与隧道的交通功能、预测交通量、交通组成等密切相关。英国的 BD78/99 中给出了不同类型公路纵向通风设计所需火灾负荷的最小值（表 5-2）。

隧道纵向通风设计所需的最小火灾负荷　　　　　　　表 5-2

隧道长度	纵向通风设计所需火灾负荷（MW）			
	高速公路	城市主干道	郊区主干道	一般公路
$L > 2000$m	50	50	20	20
$L < 2000$m	50	20	20	20

火灾热释放率的大小与车辆类型密切相关。根据全尺寸隧道火灾试验的结果，不同国家的规范中给出了不同类型车辆最大火灾热释放率的推荐值，如表 5-3 所示。

国外规范中不同车辆火灾热释放率的推荐值（MW）　　　　表 5-3

		PIARC 1999	法国 CETU	美国 NFPA502-2014	美国 NFPA502-2011	英国 BD78/99	荷兰
车辆类型	1 辆小客车	2.5	2.5	5	5 ~ 10	5	5 ~ 6
	1 辆大客车	5	5				
	2 ~ 3 辆小汽车	8	8	多辆小汽车 15	—	—	—
	2 ~ 4 辆小汽车	—	—		10 ~ 20	—	—
	厢式货车	15	15	—	—	15	—

		PIARC 1999	法国 CETU	美国 NFPA502-2014	美国 NFPA502-2011	英国 BD78/99	荷兰
车辆类型	公共汽车	10	10	30	20~30	20	20~30
	载重货车	20~30	20~30	150	70~200	30~100	满载小货车 30~50 满载大货车 50~150
	油罐车	30~250	100	300	200~300	—	200~300

我国进行类似的全尺寸火灾燃烧的实验较少，《城市地下道路工程设计规范》CJJ 221—2015 给出了不同类型车辆火灾热释放率的推荐值，如表 5-4 所示。

车辆火灾热释放率推荐值（MW） 表 5-4

车辆类型	小轿车	货车	集装箱车、公共汽车、长途汽车	重型车
火灾热释放率	3~5	10~15	20~30	30~100

交通部 2014 年 8 月颁布实施的《公路隧道通风设计细则》JTG/T D70/2-02—2014 中给出了公路隧道火灾最大热释放率的推荐值，如表 5-5 所示。

《公路隧道通风设计细则》中隧道火灾最大热释放率推荐值（MW） 表 5-5

通行方式	隧道长度	公路等级		
		高速公路	一级公路	二、三、四级公路
单向交通	$L > 5000\text{m}$	30	30	—
	$1000\text{m} < L \leqslant 5000\text{m}$	20	20	—
双向交通	$L > 4000\text{m}$	—	—	20
	$2000\text{m} < L \leqslant 4000\text{m}$	—	—	20

由于进行全尺寸车辆燃烧试验相对困难，且费用较大。对于城市地下道路而言，设计火灾热释放率可根据通行车辆的类型借鉴上述国内外规范中车辆热释放率的推荐值确定。若限制大型车辆及危险车辆通行，推荐设计火灾热释放率为 20~30MW。

2. 隧道火灾增长曲线

要描述完整的火灾场景，除最大火灾热释放率外，还应给出火灾热释放率随时间的增长曲线。在分析烟气和热对人员疏散的影响、隧道结构的温升等过程时，需知道火灾热释放率随时间的变化。建筑工程防火设计中通常将火灾，尤其是受限空间火灾的增长过程考虑为热释放率与时间的平方成比例关系，即

$$Q = \alpha t^2 \tag{5-1}$$

式中　Q——火灾热释放速率（kW）；

　　　α——火灾增长因子（kW/s^2）；

　　　t——火灾发生的时间（s）。

NFPA 相关规范中根据 α 的不同将火灾划分为慢速发展的火灾、中速发展的火灾、快速发展的火灾、超快速发展的火灾。不同火灾对应的 α 值如表 5-6 所示。

不同类型火灾增长因子 表 5-6

火灾发展类型	慢速火	中速火	快速火	超快速火
$\alpha/(MW/s^2)$	0.00293	0.01172	0.04689	0.18756

表 5-7 和表 5-8 分别给出了实体试验及 NFPA 502（2011 年版）关于不同类型车辆的最大热释放率的峰值及达到最大可能热释放率的时间。

隧道火灾中不同类型车辆的 HRR 的峰值及达到峰值所需的时间 表 5-7

车辆类型	HRR 峰值（MW）	t_p（min）	$\alpha/(MW/s^2)$
小型轿车	4.5 ± 1.3	9.3 ± 2.3	0.01445
小型货车	16.3 ± 6.7	18.5 ± 14.0	0.01323
公共汽车	28	11	0.06428
载重货车	135.9 ± 57.5	12.5 ± 4.9	0.24160

NFPA 502（2014 年版）中隧道火灾中不同类型车辆
的 HRR 的峰值及达到峰值所需的时间 表 5-8

车辆类型	HRR 峰值（MW）	t_p（min）	$\alpha(MW/s^2)$
小型轿车	5	10	0.01389
多辆小汽车	15	20	0.01042
公共汽车	30	15	0.03704
载重货车	150	15	0.18519
油罐车	300	—	—

从表 5-7 和表 5-8 可以看出，实际隧道火灾的增长速度很快，尤其是载重货车，火灾发展极为迅速，火灾危险性最大。由于大部分车辆发生火灾后在较短时间内就能达到最大热释放率，依照 NFPA 的 $Q\text{-}t^2$ 分类方法，则隧道火灾的热释放率增长曲线对于小型汽车可设定为快速增长火灾，对于公共汽车及大型载重货车可设定为超快速增长火灾。

城市地下道路设计火灾宜按全线同一时间内发生一次火灾考虑。

5.2.2 纵向排烟需风量

1. 纵向排烟需风量的确定

纵向通风烟气控制的需风量应根据临界风速及隧道的断面面积确定，即

$$Q_L = v_c A \tag{5-2}$$

式中　A——隧道净空面积（m^2）；

　　　v_c——隧道临界风速（m/s）。

采用纵向通风排烟时，纵向气流的速度应大于临界风速，临界风速是防止烟气回流的最小风速（图 5-1b）。临界风速受火源功率、隧道断面结构、隧道断面阻塞状况、坡

度等因素的影响，应根据隧道内的设计火灾负荷确定，且应考虑坡度修正。关于临界风速目前 PIARC、NFPA 502、我国上海的《道路隧道设计规范》等推荐的临界风速计算公式如下：

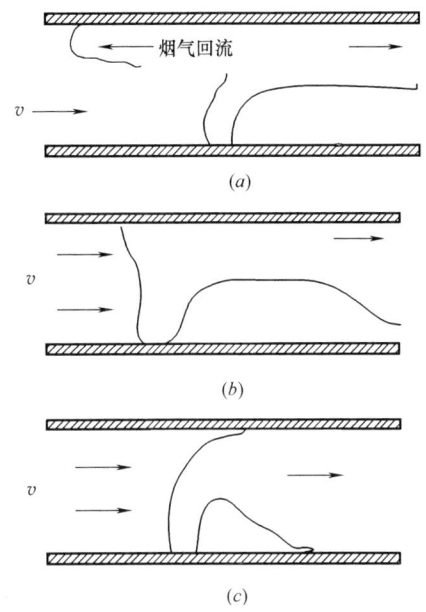

图 5-1　不同纵向通风风速下烟气流动示意图
$(a)\ v < v_c$；$(b)\ v = v_c$；$(c)\ v > v_c$

$$v_c = K_1 K_g \left(\frac{gHQ}{\rho_a C_p A T_f} \right)^{1/3} \quad (5\text{-}3)$$

$$T_f = \left(\frac{Q}{\rho_a C_p A v_c} \right) + T_a \quad (5\text{-}4)$$

式中　$K_1 = 0.606$；

K_g——坡度修正系数，具体值可查图 5-2，或由 $K_g = 1 + 0.0374 i^{0.8}$ 估算，i 为隧道坡度（%）；

g——重力加速度（m/s^2）；

Q——火灾热释放率（kW）；

H——火源处隧道的高度（m）；

ρ_a——火源上游的空气密度（kg/m^3）；

A——隧道的断面面积（m^2）；

T_f——火源处气体的平均温度（K）；

T_a——来流空气的温度（K）。

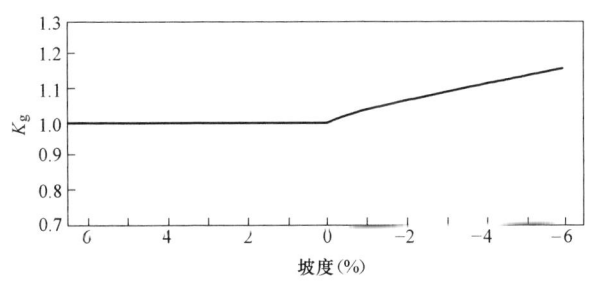

图 5-2　临界风速的坡度修正系数

　　但该公式在实际运用中也存在一些问题，如在较小火源功率时，该公式可能会低估相应的临界风速值，而在火灾规模较大时，该公式又可能会高估相应的临界风速值，且坡度修正公式只是基于较有限的模型试验结果。关于临界风速的估算，在公式（5-3）基础上，国内外的学者又进行了大量的研究工作，具体的研究成果可参阅相关的文献。

　　我国的《公路隧道通风设计细则》则是直接给出了火源功率对应的临界风速范围，如表 5-9 所示。

《公路隧道通风设计细则》中的火灾临界风速　　　　　　　　表 5-9

火灾热释放率（MW）	20	30	50
临界风速（m/s）	2.0~3.0	3.0~4.0	4.0~5.0

　　由于临界风速的估算目前还存在一定的争议，具体设计时可根据规范中的推荐公式

进行计算后，参考近期相关全尺寸试验或模型试验的试验结果，或通过数值模拟结果加以比较后确定。

2. 含异形断面的城市地下道路的纵向排烟设计

对于城市地下道路，由于出、入口多，隧道断面变化复杂。当隧道内有断面突变、曲线路段或有合流、分流分岔断面存在时，应对依据上述公式计算出的临界风速在上述路段的烟气控制效果进行模拟分析，以判断能否达到控制烟气回流的效果，或对此类路段的临界风速进行合理的修正。

5.2.3 横向、半横向及重点排烟的排烟量

采用横向、半横向及重点排烟时，排烟需风量与火灾的产烟量、隧道的断面面积、纵向风速、排烟段长度等因素密切相关。火灾的产烟量与车辆类型及火灾热释放率有关，火灾产烟量的推荐值见表 5-10。

车辆发生火灾时的产烟量　　　　　　　　　　　　　　表 5-10

火灾热释放率（MW）	5	8	15	30	200 ~ 300
产烟量（m³/s）	20	30	50	60 ~ 80	100 ~ 300

横向、半横向系统的排烟量，法国的 Circular 中推荐以下估算方法：

（1）由于烟气不可避免地会卷吸周围的新鲜空气，排烟系统的排烟量应大于产烟量；

（2）当隧道内的纵向气流可控时，排烟量应在产烟量的基础上增加 1/3；

（3）当隧道内的纵向气流不可控时，排烟量应为产烟量加上 1.5 倍的隧道断面面积。

奥地利的 RVS 9.231 中规定：

（1）半横向通风系统应具有从隧道内最不利点排出至少 80m³/s（室温状态）的空气量的能力。火灾工况下，火源区的通风系统应能立即转换为排烟模式，而相邻的通风区段则应为送风模式。

（2）若全横向通风系统用于烟气控制，则通风系统应具有从隧道内最不利点排出至少 80m³/s 的空气量的能力。新鲜空气的送入量需降为最大值的 1/3，火源上方的排风口全开，而其他区段的排风口完全关闭。

由于火灾时产烟量的影响因素众多，且新鲜空气的卷吸量也受多种因素的影响，关于火灾工况下横向、半横向及重点排烟系统的排烟量的确定目前仍需更深入的研究。当前设计可借鉴国内外已有的工程经验和相关的试验研究结果，必要时可借助数值模拟或模型试验的方法对系统进行火灾风险评估。

横向排烟时排烟口应设在地下道路顶部或侧墙上部。

横向、半横向及重点排烟设计时，排烟口的风速设计不应过大，应尽量避免吸穿现象的发生，以提高排烟效率。防止吸穿现象的最大排烟量可依据下式计算：

$$G_{\max} = 4.16 \gamma d^{5/2} \left(\frac{T_s - T_a}{T_a} \right)^{1/2} \tag{5-5}$$

式中　G_{max}——烟气层温度为 T_s 时避免吸穿现象的最大排烟量（m^3/s）。

　　　　γ——位置因子，与排烟口的位置有关，当顶部排烟口中心距侧壁距离大于两倍的排烟口宽度时，$\gamma = 1$；当顶部排烟口中心距侧壁距离大于两倍的排烟口宽度或排烟口位于隧道侧壁上方时，$\gamma = 0.5$。

　　　　d——烟气层厚度（m）。

　　　　T_s——烟气层的绝对温度（K）。

　　　　T_a——环境温度（K）。

5.3　火灾工况烟气通风阻力计算

火灾工况下应考虑烟气扩散与通风气流方向不同所增加的附加阻力，该阻力可依据以下公式计算：

$$\Delta P_f = \rho g \Delta H \frac{\Delta T_x}{T} \tag{5-6}$$

$$\Delta T_s = \Delta T_0 e^{-\frac{x}{G}} \tag{5-7}$$

式中　ρ——空气的密度（kg/m^3）；

　　　　g——重力加速度（m/s^2）；

　　　ΔH——烟气流经隧道的高程差（m）；

　　　　x——烟气扩散的距离（m）；

　　　ΔT_x——烟气沿隧道长度方向的温度变化（K）；

　　　　G——x 处烟气的质量流量（kg/s）。

5.4　逃生通道、避难所（洞室）、
附属用房的通风防灾设计

火灾发生时，城市地下道路内的疏散通道及避难场所应保持无烟或一定时段内保持无烟状态。下列场所应设置机械加压送风防烟设施：

（1）专用避难疏散通道及其前室；

（2）独立避难所（室）；

（3）火灾时暂时不能撤离的附属用房。

5.4.1　专用疏散逃生通道的防烟

（1）专用避难疏散通道、独立避难所的前室余压值不应小于30Pa；专用避难疏散通道、独立避难所的余压值不应小于50Pa。

专用避难疏散通道的防烟设计应根据其长度和净空，选择合理使用的机械加压送风方式；其前室加压送风量和送风口尺寸，应按其入口门洞风速不小于1.2m/s计算确定。

（2）机械加压送风防烟系统送风口应靠近或正对避难疏散通道入口设置，其风速

不宜大于 7.0m/s。

5.4.2 附属用房的防烟与排烟

城市地下道路的附属用房包括隧道运营管理中心、中心控制室、风机房、洞内外变电所（站）、水泵房等。附属用房的防烟与排烟设计，可参照《建筑设计防火规范》的相关条款。

（1）地下风机房应设置独立的机械防烟与排烟系统；

（2）城市地下道路附属用房设置的机械排烟系统与通风空气调节宜分别设置；当合用时，通风与空调系统应采取可靠的防火安全措施，并具备事故工况下的快速转换功能。

5.5 火灾工况烟气控制系统运行策略

城市地下道路火灾工况下的烟气控制应与火灾报警系统、CCTV监视系统、交通监控系统等隧道监控系统联合使用、以达到可靠、高效的烟气控制方案。

火灾工况下防烟、排烟监控系统应具有风速、风向的监控功能。

火灾工况下，可根据起火点的位置、火灾的发展状况、隧道内的交通状况、隧道内自然风的风速及风向、隧道防、排烟系统设置的目标和控制范围等制订相应的烟气控制系统运行策略。

1. 纵向排烟系统的运行控制策略

1）安全疏散阶段

（1）火灾发生前隧道内的交通状况为单向交通且无交通拥堵时，隧道内通风风速应能阻止或最大限度地降低上游烟气回流。

（2）火灾发生前隧道内的交通状况为单向交通且发生交通拥堵时，隧道内的通风风速应控制在较低风速值，如 1.0~1.5m/s，以较少烟气向火源上游扩散，同时又能保持烟气分层以利于人员的安全疏散。

（3）隧道内为双向交通工况时，隧道内的通风风速应维持较低的风速（1.0~1.5m/s），以保持烟气分层不被破坏，有利于双向人员的安全疏散。此种交通工况下，若不能可靠地控制风速，此时，最好不开启风机，通过烟气的自然扩散分层来保证人员的安全疏散环境。

（4）在交通拥堵和双向交通工况下，单纯的纵向排烟并不能保证内部人员的安全，必须辅以其他的措施，如将烟气能就近排出，或通过火灾危险分析，以保证该阶段内部人员的安全。

（5）为防止烟气层遭到破坏，应开启距火源较远处的射流风机，火源附近的射流风机不应开启。

2）消防求援阶段

隧道内的风速应不小于临界风速。

2. 横向、半横向、重点排烟系统的运行控制策略

（1）隧道内交通为单向交通且无交通拥堵时，排烟区段的上游侧通风风速应能阻止或最大限度地降低烟气回流；通风区段的下游侧，应有面向排烟区段的较低的通风风速。

（2）单向交通拥堵隧道，排烟区段两侧应有面向排烟段不超过1.5m/s的纵向气流，以将烟气限制在该区段内，同时维持烟气的分层，以利于人员逃生。

（3）双向交通隧道，排烟区段两侧应有面向排烟段不超过1.5m/s的纵向气流，以将烟气限制在该区段内，同时维持烟气的分层，以利于人员逃生。

对于分岔隧道，主隧道或匝道发生火灾时，主隧道和匝道宜采取联合的烟控系统运行策略，以使烟气能及时有效地排出。

防烟与排烟系统应设置自动控制和手动控制，应具有现场控制、远程控制和联动控制功能。

火灾工况下，现场控制发出的控制指令应优于其他控制指令。

当双洞单向交通隧道的其中一条隧道需进行通风排烟和救援时，双洞均应进行交通管制，同时启动相应的通风排烟系统。

5.6 小 结

防排烟系统的良好设计是城市地下道路火灾安全的重要保障之一。城市地下道路的防烟与排烟系统应结合其长度、交通组成、断面大小、平曲线半径、纵坡、交通条件、人员逃生条件、自然环境和火灾危险性等因素进行设计。在选择排烟方式时，还应综合考虑各种方式的技术难度、工程造价、运营维护和排烟效果等因素，经技术经济比较后确定。防排烟系统运行时，应根据起火点的位置、火灾的发展状况、隧道内的交通状况、隧道内自然风的风速及风向、隧道防、排烟系统设置的目标和控制范围等制订相应的烟气控制系统运行策略。

6 风机及其配套设施选型与设计

6.1 一般规定

1）城市地下道路通风、防烟与排烟设备可根据隧道的具体情况选择射流式风机、轴流式风机、空气净化处理装置及配套设备等。

2）系统设计和设备选用的一般要求：

（1）满足系统功能和使用要求，高效节能，低噪声；

（2）节省空间，方便安装和管理维修；

（3）零部件应具有抗腐蚀或防腐蚀功能，互换性强；

（4）运行安全、技术先进、可靠性高。

3）通风设备耐温、电机防护等级要求：

（1）射流风机、轴流风机绝缘等级不应低于 F 级；其他轴流风机的绝缘等级不应低于 H 级；射流风机、轴流风机的电机防护等级不应低于 IP55。

（2）用于隧道排烟的风机在 250℃ 环境条件下连续正常运行不应小于 60min；排烟风机消声器在 250℃ 的烟气中保持性能稳定。

4）通风设备在额定工作条件下，整体设计使用寿命不应低于 20 年，第一次大修前的安全运转时间不应少于 18000h。

6.2 风机的选型与布置

6.2.1 射流风机的选型与布置

1）射流风机的选型应满足下列要求：

（1）射流风机应选用具有消声装置的公路隧道专用风机；

（2）射流风机应结合不同类型射流风机的直径、单台射流风机的电机配置功率、运营费用等进行选型；

（3）单向交通隧道宜选用单向风机，当有需要时可选用双向可逆风机，同一隧道的风机型号宜相同；

（4）双向可逆射流风机反转时的风量和风压（推力）不宜低于正转的 98%，反向运行的单行射流风机，其反向风量宜为正向风量的 50% ~ 70%。

2）射流风机在隧道横断面上的布置应满足下列要求：

（1）射流风机不应侵入隧道建筑限界，其边缘与隧道限界的净距不宜小于 15cm；

（2）应根据隧道断面形状及大小、全隧道射流风机总体布置情况、供配电系统实施的合理性，确定同一断面上风机的设置数量；

（3）当同一断面上布置 2 台及 2 台以上射流风机时，相邻两台风机的净距不宜小于 1 倍风机叶轮直径，该断面的各台风机型号应完全相同；

（4）射流风机宜采用固定式或悬吊式安装；当采用壁龛式安装时，应注意隧道结构的过渡设计，可在风机进出口设置导流叶片。

3）射流风机在隧道纵向上的布置应满足下列要求：

（1）射流风机的设置位置应结合隧道运营通风需求、火灾排烟与防烟、风机供配电系统的合理性等综合考虑。

（2）口径不大于 1000mm 的射流风机间距宜小于 120m，口径大于 1000mm 的射流风机间距宜大于 150m。

（3）长度不大于 3000m 的直线隧道，射流风机可布置在两端洞口段；特长隧道的射流风机宜在两端洞口段、洞内中部等位置不少于 3 段分布。

（4）长度大于 2000m 的曲线隧道，曲线段宜布置射流风机且射流风机的纵向布置间距不宜大于 100m。

（5）单向交通隧道采用洞外变电所对洞内射流风机集中供电时，行车进口段第一组风机与洞口的距离宜取 100m。

（6）射流风机与其他机电设备不宜相互干扰，风机预埋件宜避开车行横通道、人行横通道、紧急停车带等段落。

4）射流风机安装应注意下列事项：

（1）风机运转的正向应与隧道通风设计的主要气流方向一致。

（2）支承射流风机的结构承载能力应不小于风机实际静荷载的 15 倍，风机安装前应作支承结构的荷载试验。

（3）风机应安装安全吊链，并保持适当的松弛度；当安全吊链受力时，应能够承担射流风机及其安装支架的静荷载。

（4）风机的安装连接件应选用钢构件，其表面应作防腐处理。

（5）风机的安装连接件与风机支承结构预埋件之间可采用焊接或螺栓连接，风机连接件与风机之间或与风机支承结构预埋件之间应采取减振措施。

（6）风机轴线应与隧道轴线平行，误差不宜大于 5mm。

5）射流风机的运行应符合下列规定：

（1）射流风机宜分组启动，当需要一次运行多组射流风机时，应采用延时方式启动；

（2）日常通风时，应优先启动累计运行时间最短的风机组或风机。

6.2.2 轴流风机的选型与布置

1）轴流风机的选型应满足下列要求：

（1）应根据设计要求确定风机特性，并根据设置场所和环境条件选择轴流风机；

（2）宜选用大风量、低风压、静叶可调的轴流风机。

2）轴流风机的设置应满足下列要求：

（1）宜选择卧式安装的轴流风机；当设置条件有限、安装场地不足时，可选用立式安装的轴流风机。

（2）轴流风机宜2~3台并联设置；采用4台并联运行时，应根据风机的规格和性能参数，进行必要的技术论证。并联运行的各风机型号和性能参数应完全一致。

（3）并联的各轴流风机宜设置防喘振装置。

（4）同一送风系统或排风系统可考虑一台同型号的备用轴流风机。

3）轴流风机的风量调节宜采取转速控制与台数控制相结合的方法，风量分档应根据交通量随时间的变化确定。

4）根据环保和使用环境要求，宜在风机的两端或一端配置主动式消声器。

5）轴流风机运行时的振速不宜大于6mm/s。

6.3 风机房、通风构造物、风道及通风配件

6.3.1 一般规定

（1）风机房、通风井位置的选择应综合考虑功能要求、建设地点的地形及地质条件、环境保护、养护维修、运营管理及景观协调等因素。

（2）风机房应具有布置轴流风机、电气设备、控制设备、其他辅助设备的空间及设备检修空间，并应设置大型设备搬运和工作通道等。

（3）通风井（塔）宜选择在地势平坦、开阔、扩散条件良好的地带，其进风口宜设置于上风向，排风口宜设置下风向；当设于山坳中时，风口宜朝开阔方向。

（4）排风口的高程应大于进风口，其高差不应小于5m，进风口与排风口平面之间的间距不应小于5m，进风口与排风口不应同方向布置。

（5）进风口底部距地面的高度不宜小于2m；当进风口位于绿化较好的区域时，不应低于1m。

（6）风机房与通风井（塔）、风机房与主风道、主风道与连接风道之间的连接应密闭，各风道、通风构造物之间的连接形式、做法宜平顺过渡、内壁平滑，有利于减少通风阻力。

（7）风机房、通风井及风道内应采取防水措施。

（8）通风井、通风塔的进出风口应设置井（风）帽、百叶、防护网等防止雨、雪、动物、垃圾等异物进入，还应采取防止结冰的措施。

6.3.2 风机房

（1）根据通风系统要求，可采用地表风机房和地下风机房。

（2）风机房内的通风机宜集中布置。

（3）地下风机房应设置人员逃生通道，通道应设置防火门；地下风机房与连接风道之间应设置检修通道。

（4）风机房的设计除满足上述要求外，尚应满足现行房屋建筑设计相关规范的

要求。

6.3.3　通风井

（1）隧道通风竖井、斜井和平行导洞可单独设置，也可组合选用。

（2）通风井口高程应至少高于设计洪水频率 1/100 的水位 0.5m。

（3）排烟风井不应作为隧道火灾时的逃生通道。

（4）通风井的设计风速宜取 13.0～20.0m/s。

（5）通风竖井的深度不宜超过 300m；当竖井深度超过 300m 时，宜结合路线选择、施工安全、工程造价等进行专题论证。竖井内轮廓宜采用圆形断面形式。

（6）平行导洞的设计宜结合路线选择、通风效果、工程造价、运营费用、养护管理及火灾时的逃生救援预案等进行方案比选。

（7）平行导洞的设计风速可取 13.0～20.0m/s；当平行导洞转换为人员逃生救援通道时，平行导洞的设计风速不宜大于 7m/s。

6.3.4　通风塔

（1）通风塔的排风口有效高度可参照图 6-1，并按照式（6-1）、式（6-2）计算。

$$H_e = H_o + \Delta H \tag{6-1}$$

$$\Delta H = \frac{3.1005}{1 + 0.43 \dfrac{v}{v_g}} \cdot \frac{\sqrt{Q_e v_g}}{v} \tag{6-2}$$

式中　H_e——排风口有效高度（m）；

　　　H_o——排风口结构高度（m）；

　　　ΔH——排风上升高度（m）；

　　　Q_e——排风量（m³/s）；

　　　v_g——通风口排风塔风速（m/s）；

　　　v——大气平均风速（m/s）。

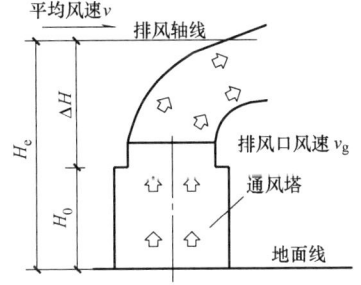

图 6-1　排风口有效高度

（2）排风塔排出的隧道内污染物浓度（取 $z=0$）可按式（6-3）计算：

$$C(x, y, 0) = \frac{q}{\pi \cdot \sigma_y \cdot \sigma_z \cdot v} \cdot \exp\left[-\left(\frac{H_e^2}{2\sigma_z^2} + \frac{y^2}{2\sigma_y^2} \right) \right] \tag{6-3}$$

式中　C——浓度（cm³/m³）；

　　　x——下风向计算点坐标（m）；

　　　y——计算点的水平向坐标（m）；

　　　q——发生源强度（mL/s）；

σ_y、σ_z——水平、垂直方向的扩散宽度（m）；

　　　H_e——排风口有效高度（m）；

　　　v——平均风速（m/s）。

6.3.5　风道

1）在通风井底部及风道各转弯处可设置导流叶片，在风道变断面处、合流处及送排风口等处可设置整流板；风机前后附近的风道不应产生偏流、回流及涡流等。

2）风机房内的连接风道设计应考虑风量调节、应急时的风机运转方式等因素，确定合理的风道形状及切换方式。

3）排风道内可设置冷却隧道火灾高温烟雾的水喷雾装置。

4）主风道宜沿隧道纵向布置，并宜设置在隧道的上部。

5）设置于隧道上部的主风道，顶隔板设计应符合下列规定。

（1）设计荷载应由顶隔板及其附属构件自重等恒载和风荷载、人员荷载等可变荷载组成，风荷载可按通风设计的送（排）风最大风压取值，人员荷载可按 $1000N/m^2$ 取值；

（2）恒载与风荷载和人员荷载中较大者之和作用下的最大挠度值不应大于顶隔板跨度的 1/400；

（3）顶隔板的标准厚度不宜大于 20cm，特殊情况下可适当增加。

6）主风道的设计风速宜取 13.0 ~ 20.0m/s。

7）当主风道兼作排烟道时，其隔板的耐火极限不应低于 1.0h。

8）连接风道的设计风速不宜大于 13.0m/s。

6.3.6　送风孔与排风孔

1）主风道的送风孔设计应符合下列规定：

（1）送风孔宜设置于隧道侧壁下部，其高度宜与汽车尾排气管距路面高度大致相等；

（2）送风孔的面积宜按最大需风量且送风孔全开时出口风速为 6 ~ 8m/s 计算确定；

（3）采用全横向通风的隧道，送风孔间距宜取 5 ~ 6m；采用半横向通风的隧道，送风孔间距宜取 25m。

2）主风道的排风孔设计应符合下列规定：

（1）排风孔的设置位置应根据隧道结构断面形式、主风道的布置方案确定。排风孔宜与排风道直接连接。

（2）排风孔的面积宜按最大需风量且排风孔全开时的吸入风速不大于 4m/s 计算确定。

（3）排风孔应交错布置于两送风孔间，排风孔间距宜取送风孔间距的 2 倍。

3）送、排风孔的开度调节应满足下列要求：

（1）风孔的开度调节应满足隧道设计状态下的风量分配要求；

（2）风孔宜以 10 个为 1 组进行同一开度设定。

6.3.7　送风口与排风口

1）送风口宜设置于隧道拱部，设计风速宜取 25 ~ 30m/s，送风方向应与隧道轴向一致。

2）排风口设计应符合下列规定：

（1）排风口宜设置于隧道侧墙，其底面与隧道检修高度一致；排风口设计风速不宜大于 8m/s。

（2）排风口断面积不宜大于隧道主洞断面积。

（3）排风口应设置防护网，并应进行防锈处理。

（4）双向交通隧道中，排风口与隧道主洞的夹角宜取 90°；单向交通隧道中，排风口与隧道主洞的夹角可取 30°~90°。

6.3.8 风阀

1）当隧道采用 2 台及 2 台以上通风机并联时，应在每台通风机的前端或后端设置风阀。

2）连接风道内通风机的风阀应符合下列规定：

（1）风阀宜采用平行式或多叶式。

（2）风阀应与通风机联动，其结构应具有良好的气密性；在不大于 2000Pa 压差的情况下，风阀单位面积的漏风量不应大于 $0.1m^3/(s \cdot m^2)$。

（3）风阀的开闭时间不应大于 30s。

3）主风道送（排）风孔的风阀应符合下列规定：

（1）当主风道兼作火灾排烟道时，送（排）风孔应设置可调节的排烟阀；

（2）风阀应能按火灾工况的要求成组自动控制开、闭。

7　空气净化处理

7.1　系　统　原　理

目前，国内外可选用的隧道净化技术主要以烟尘和 NO_x 为治理目标，包括以静电除尘为代表的除尘技术，以活性炭吸收、吸附为代表的脱硝技术。此外，还有土壤法、生物过滤法、光催化法等，而国内最新研究的纳米技术也正在起步。

7.1.1　除尘系统原理

1. 生物过滤法

用生物过滤法去除废气中的污染物，是一种较新的空气污染物控制方法，它利用微生物降解或转化空气中的污染物（图 7-1）。

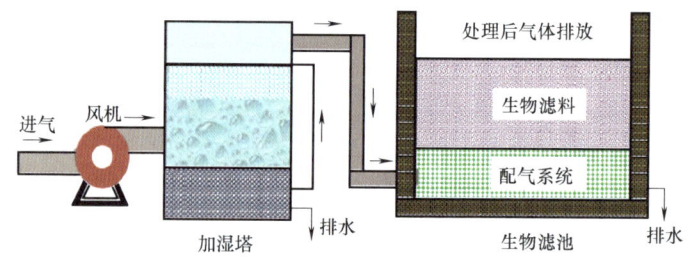

图 7-1　生物净化法处理系统工艺流程

污染物首先经过预处理（加湿器），包括去除颗粒物和调温调湿，然后经过气体分布器进入生物过滤床。当废气进入过滤床时，废气中的污染物从气相主体扩散到介质外层的水膜而被介质吸收，同时氧气也由气相进入水膜，最终介质表面所附的微生物消耗氧气而把污染物分解/转化为二氧化碳、水和无机盐类。微生物所需的营养物质则由介质自身供给。

生物净化法可以有效去除废气中的 CO、NO_x 和粉尘，净化效率高达 70 % 以上，然而却面临隧道中大体积空气流量的问题，同时要在所需环境中保证长时间的有效暴露，这些都制约了其在隧道中的实际应用。目前，该方法尚在研究阶段，在隧道空气净化处理未有较成熟的应用业绩。

2. 布袋式过滤器

过滤器内部由金属内网支撑着滤袋，气体由入口进入，经滤袋过滤后流出，杂质被拦截在过滤袋中，滤袋可更换后继续使用。这项技术曾被用于日本 Tenozan 隧道测试。经研究证明，由于隧道空气中较低的粒子浓度和包含大量细颗粒物的粒径分布，布袋过滤器在隧道中的应用受限制，更确切地说，不如静电除尘器高效。

3. 旋风分离器

气体通过设备入口进入设备内旋风分离区，当含杂质气体沿轴向进入旋风分离管后，气流受导向叶片的导流作用而产生强烈旋转，气流沿筒体呈螺旋形向下进入旋风筒体，密度大的尘粒在离心力作用下被甩向器壁，并在重力作用下，沿筒壁下落流出旋风管排尘口至灰斗。旋转的气流在筒体内收缩向中心流动，向上形成二次涡流经设备顶部出口流出净化后空气。研究表明，道路隧道空气中的颗粒物大小一般在 $0.02 \sim 0.2\,\mu m$ 之间，旋风分离技术不适用于隧道内的粒子分布特征。

4. 静电除尘器

静电除尘器（ESP）被认为是最有效的可用于隧道内空气治理的除尘技术。从第一台公路隧道静电除尘装置应用于实际到现在，公路隧道静电除尘器已经发展到了第四代，处理风速和除尘效率都在不断提高。

工艺原理：ESP 由一个系统组成，除除尘机外还包括一些附属设备（如高压发生机、水处理装置、送风机、控制器、计测器、辅助器等）。利用电场产生的静电使尘粒从气流中分离出来，即在带负电放电极周围的空气被电离形成离子区（称电晕区），电晕区内的空气电离后，正离子很快向负极移动，负离子向带正电的集尘板方向移动，尘粒会沉积在集尘板上，当尘粒达到一定数量后由清灰机构来完成清洗工作，将尘粒清洗掉或作固化处理，完成清尘工作（图 7-2）。

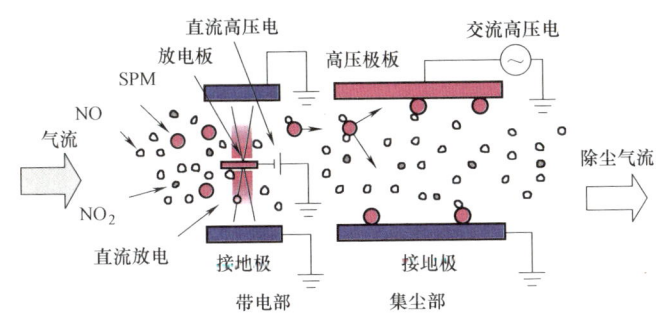

图 7-2　静电除尘原理图

应用现状：自 1979 年在日本 Taruga 公路隧道中首次安装了静电除尘器获得成功之后，静电除尘器已在日本、挪威、西班牙、韩国和越南等的公路隧道中得到了广泛应用。静电除尘装置的使用场所大致分为两种类型，一种是以改善隧道内视距为主要目的的隧道内设置型；一种是以改善隧道口环境为主要目的的换气处设置型。日本是目前全球对隧道废气进行处理最多的国家，现有 47 条隧道安装了静电除尘设备。在挪威，有8 条隧道设置了静电除尘设备。越南有一条隧道使用静电除尘设备。德国、意大利和奥地利有试验项目，但未投入使用。ESP 空气净化系统可采用独立机房设置，在空气排出处建造大型独立机房，把隧道空气引至机房内，通过静电除尘处理后由风机排至风塔外。机房内可同时装设其他的空气净化设备，如 NOx 净化器等。静电除尘器的效率如表 7-1 所示。

不同微粒尺寸时电子过滤器的性能		表 7-1
大小	质量分数	效率
< 2.5μm	30%	54% ~ 91%
2.5 ~ 10μm	60%	94% ~ 99%
> 10μm	10%	> 99%

5. 隧道除尘技术小结

由于隧道内烟尘粒子浓度较低，且粒径分布包含大量细颗粒物，传统的工业用的常规除尘技术不适合隧道内的烟尘处理，新的除尘技术没有应用案例。目前，只有静电除尘技术有大量的应用业绩，且技术得到了多年的发展，技术参数也不断得到提高。

7.1.2 脱硝系统原理

随着隧道静电除尘技术的逐渐成熟，与之配套的 NO_x 净化技术也开始研究和应用。常用的 NO_x 处理方法有直接摄取法（吸收或吸附）、催化氧化法等。在 NO_x 净化之前，必须先将空气中的烟尘清除干净，否则会影响 NO_x 的净化过程，因此 NO_x 净化设备多与静电除尘设备结合使用。

1. 吸附法

吸附法脱氮是一种利用气体分子在与固体材料接触时附着于固体表面的吸附现象的技术方法。目前，主要将活性炭用作二氧化氮去除剂，这主要是由于活性炭的表面分布有纳米级的细孔，与气体接触的表面积极大，可吸附体积为自身数倍到数百倍的气体。

应用现状：该类方法被应用于东京的环线高速、挪威的 Laerdal 隧道以及西班牙马德里的 M-30。

由于工艺中加有酸化装置，能将 NO 氧化成 NO_2，故该工艺能同时去除 NO 和 NO_2，具有 NO_x 的去除率高的特点。NO_2 的去除原理如图 7-3 所示。

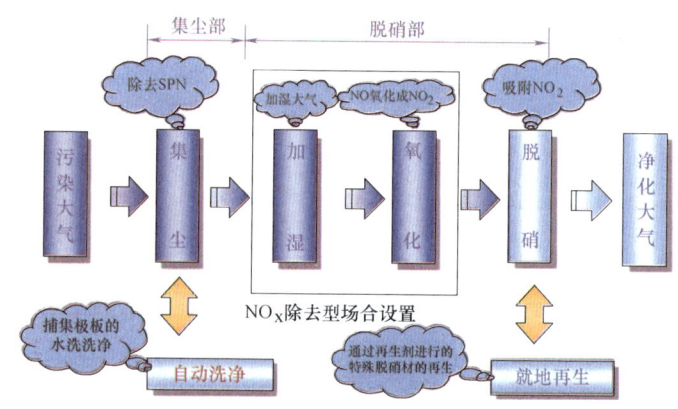

图 7-3　吸附法 NO_2 去除原理

NO_x 的工作流程如下：

（1）隧道排风被送入静电除尘单元，利用高压交流电去除颗粒物；

（2）除尘后的空气经过加湿单元，加湿到合适的湿度，为后续工艺作准备；

（3）加湿后的空气进入氧化单元，其中大部分NO被O_2（由O_2发生器提供）氧化成NO_2；

（4）除尘氧化后的空气进入脱硝单元，NO_2吸附剂吸附空气中大部分的NO_2；

（5）净化后的空气直接排放至大气。

经以上功能段后，隧道排风中80%以上的颗粒物、NO_x被去除，其中关键功能段是氧化段和脱硝段。

氧化段：由O_2发生器生成的O_3与除尘后的空气混合，空气中的NO（约占NO_x的90%）被氧化成NO_2，其反应过程见式（7-1）：

$$NO + O_3 \rightarrow NO_2 + O_2 \tag{7-1}$$

脱硝段：脱硝段框架内放置主要由活性炭制成的富含微孔的吸附材料，当气流流经该段时，NO_2被吸附在多孔材质内，从而被除去，当吸附材料饱和后，将亚硫酸钠溶液注入设备，将吸附材料浸泡在溶液中，进行再生，再生过程中，吸附材料上的NO_2被分解成N_2和无害的中性盐类，反应过程见式（7-2），再生过程可采用就地再生，不需将多孔材料拆除，为常温常压再生（图7-4、图7-5）。

$$NO_2 + 2Na_2SO_3 \rightarrow \frac{1}{2}N_2 \uparrow + Na_2SO_4 \tag{7-2}$$

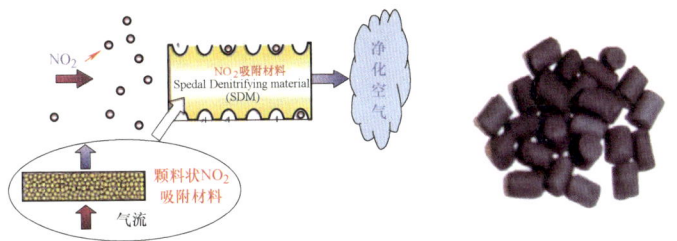

图7-4　活性炭颗粒

2. 吸收法

吸收脱氮是基于吸收现象，也就是说当气体分子（这里指NO_2）与固体材料接触，它将会被吸收到固体表面上，在吸收的过程中，NO_2分子将会经历化学变化。

日本松下充分利用活性炭表面积大等特性，在活性炭中添加氢氧化钾（KOH），使其与废气中的NO_2接连发生化学反应，生成亚硝酸钾（KNO_2）、硝酸钾（KNO_3）及水（H_2O），目前在日本的Shintomei Expressway隧道有工程应用，其工作原理如图7-6所示。

工艺流程中的关键是吸收NO_2，吸收材料

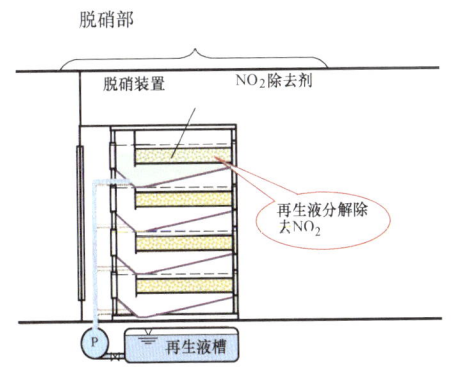

图7-5　现场再生原理图

是富含KOH的石膏、活性炭及黏性剂等混合制成的多孔材料，空气流经该功能段时，

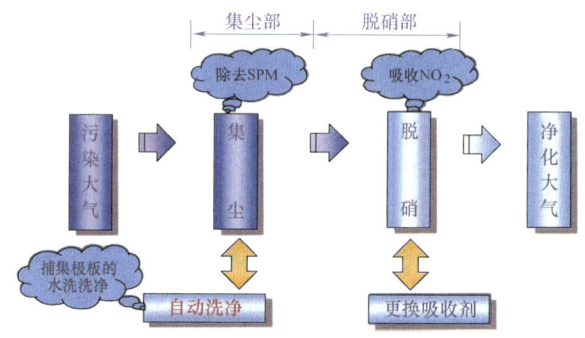

图 7-6 吸收净化系统工作原理

其中的 NO_2 与吸收材料中的 KOH 结合从而被捕捉，这样排风中 90% 以上的 NO_2 被净化，NO_2 被捕捉后，不易返回到空气中，称为吸收型。

$$2NO_2 + 2KON \rightarrow KNO_2 + KNO_3 + H_2O \tag{7-3}$$

$$NO_2 + NO + KON \rightarrow KNO_2 + H_2O \tag{7-4}$$

吸收材料经过一段时间后，效率下降，需要将其换下再生，再生过程是先用水冲洗，再在 KOH 溶液中浸泡。而冲洗水中富含净化过程的 KNO_2、KNO_3，在一种特定细菌的分解下，生成 N_2，排放至大气，吸附材料再生采用异地再生，需要先把吸收材料换下，在工厂内或者接近再生基地。再生有四个步骤：水洗；第一次烘干；浸泡在硝酸钾溶液中；第二次烘干。

3. 光催化法

工艺原理：采用 TiO_2 或 ZnO 作为光催化剂，将其掺入建筑材料中或制成光催化涂料。在紫外线的照射下，将 NO_x、SO_x、CO、C_6H_6 等转化为无害成分。以 TiO_2 为例，TiO_2 吸收光子产生电子空位和电子，这两者分别具有很强的氧化还原能力，有水存在时，电子空位与水反应产生羟基自由基。此外，电子可以将氧气还原成过氧自由基（图 7-7）。

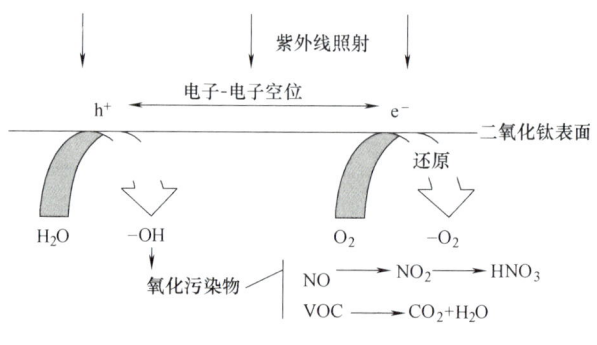

图 7-7 TiO_2 光催化机理

该方法的缺点在于，TiO_2 掺入建筑材料后反应活性会大大降低，催化活性不能长久，光催化空气净化的功效仅局限于建筑材料的表层。

应用现状：意大利罗马的"UmbertoI"采用光催化涂料喷涂隧道拱顶，并配置紫外光照系统。"UmbertoI"整建工程开始于 2007 年 7 月。穹顶清洗后，采用无气喷涂技术涂覆水泥基光催化涂料约 9000m²，隧道两侧高约 1.8mm 涂覆灰漆，剩余部分涂覆白漆。光照系统和活化光催化作用所使用的设备与隧道的地理条件、除污程度以及能耗费用密切相关。光照系统由 Disano Group 设计，采用了 CTG 实验室提供的数据来确定活化隧道内光催化反应所需的 UV 灯强度。根据 2007 年 7 月监测计算数据显示，该系统的 NO_x 去除率为 20% 左右（NO 值削减 25%，NO_x 削减 23%，NO_2 削减 19%），然而，之后有部分学者经比较后指明实际消除量应高于此值，隧道中心污染物的削减水平应已达到在 50% 以上。

目前，光催化技术由于催化效率不稳定，涂料产生非排放 PM 等问题，于隧道中的应用仅此一例。

4. 土壤净化系统

该系统由栽培区、土壤层、通气区（通气层、风道）及引风机构成。土壤以黑土为主，与园林用土混合提高通水通气率，并可栽培植物（图 7-8）。

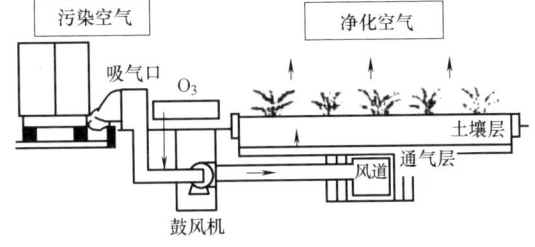

图 7-8　土壤净化系统

净化原理：污染空气由引风机经通气区进入土壤层，其间注入臭氧使一氧化氮氧化成二氧化氮。然后，通过土壤，经土壤颗粒表面的吸附作用、土壤水溶解作用、土壤微生物代谢吸附和分解作用而得到净化。

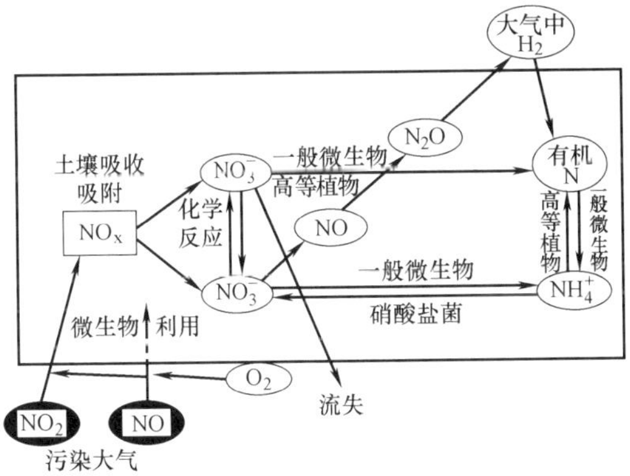

氮氧化物在土壤中的净化机理：NO_x 随引风进入土壤中，由于土壤颗粒表面的吸附和土壤水的溶解作用而被捕捉，经化学反应迅速变成硝酸离子（NO_3^-），NO_3^- 又被土壤中的循环氮所捕集，成为微生物和植物易于吸收的 NH_4^+ 以及适于脱氮土壤条件下的 N_2（图 7-9）。

图 7-9　氮氧化物去除机理

有学者在土壤净化系统的基础上加入吸附剂（沸石），从而进一步提高整个系统对氮氧化物的吸附效率。土壤净化法处理过程无废弃物，同时还能去除悬浮颗粒物和一氧化碳等，运行期长。在日本土壤净化系统可应用于隧道、道路沿线、下穿道、地下停车场；国内重庆交科院首席专家蒋树屏及其团队在真武山隧道建立了示范性土壤净化处治试验室。但该方法尚在研究阶段，在隧道空气净化处理中未有较成熟的应用业绩。

7.2 系统构成

7.2.1 隧道空气净化的目的

（1）去除汽车尾气，使人们呼吸健康。
（2）减轻隧道排气对周边环境的污染和影响。
（3）去除空气颗粒物，提高隧道可见度。
（4）消除失火时烟雾，包括消防演习的烟雾。
（5）可以取消或降低竖井，工程实施方便。

7.2.2 空气净化站布置形式

空气净化站布置形式包括旁通式、吊顶式、竖井式三种。

1. 旁通式

空气净化站设置在隧道的侧面，将污染的空气强行通过一个月牙镰刀形的设备隧道，净化后的空气回灌到隧道内（图7-10）。

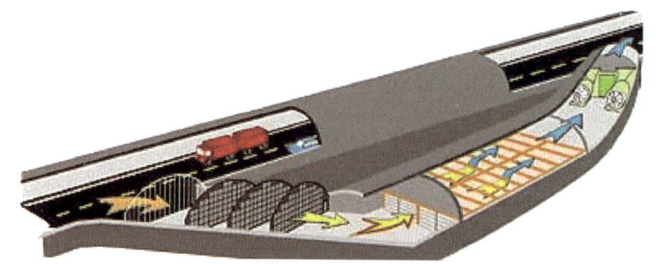

图7-10　旁通式空气净化站构成图

优点：
（1）气流净化后回灌隧道，减少新风量；
（2）气体处理单元便于安装；
（3）维护保养不影响隧道内行车；
（4）失火等情况下可以高效持续吸附30min烟雾。

2. 吊顶式

空气净化站设置在隧道的顶部，将污染的空气强行引入净化站内进行净化处理，净化后的空气回灌到隧道内（图7-11）。

优点：
（1）节省占地，施工费用低；
（2）可充分利用活塞风，能源效率更高。

3. 竖井式

将污染的空气强行引入净化站内进行净化处理后，通过竖井将处理后的空气排至地面（图7-12）。

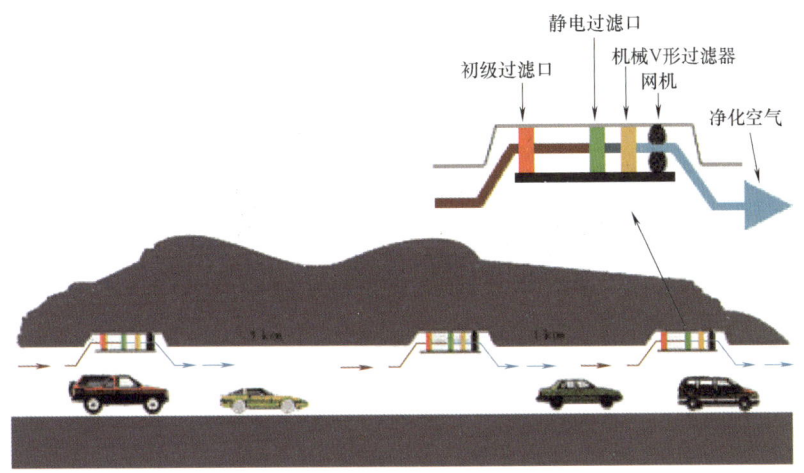

图 7-11　吊顶式空气净化站构成图

初级过滤口　静电过滤口　机械V形过滤器　网机　净化空气

图 7-12　竖井式

优点：

（1）净化后的空气排放，排风口高度大约离地面 1m，风速为 7～9m/s 即可，进而降低了排风竖井的高度，同时降低了排风风速。达到美观、降低风机能耗的目的。

（2）隧道较前位置安装竖井，施工成本比旁通式低。

7.2.3　空气净化处理站组成

空气净化处理站由机械预过滤器，静电除尘器，NO_2 气体过滤器，CO、CO_2 气体过滤器，大型轴流风机，自动清洗系统，废水处理系统及自动控制系统组成（图 7-13）。

1. 机械预过滤器

预过滤器运用的是惯性拦截原理。除了阻挡垃圾、纸张、饮料瓶、昆虫等外，由于粉尘和空气混合进入惯性过滤器，因为通过叶片改变方向的空气大部分脱离粉尘本身，大颗粒粉尘由于其较大的质量和惯性，其中有 10% 的颗粒可以得到直接的去处（图 7-14）。

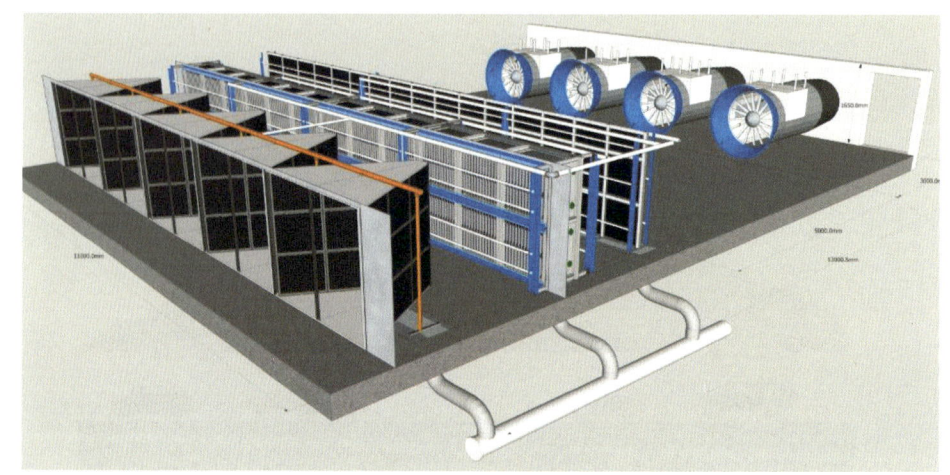

图 7-13 空气净化站

图 7-14 机械预过滤器

2. 静电除尘器

静电除尘器模块是由不锈钢和铝组成的。采用模块化设计。该过滤器阵列可以填满整个断面隧道，提供最高的效率与速度。静电除尘器输入电压为 220V，50Hz，单相，输出为电离段 2 万 V，收集段 7000V。静电除尘器一方面是降低隧道洞口颗粒物的排放，另一方面是提高后续 NO_2 的净化效率，保护 NO_2 净化段（图 7-15）。

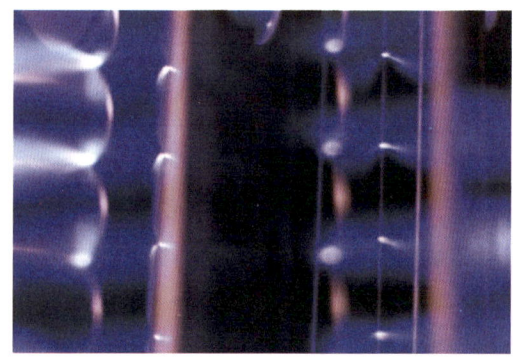

图 7-15 静电除尘器

3. NO_2 气体过滤器

采用载铜特制活性炭吸附，吸附效率达85%以上，保证寿命3年以上（图7-16）。

图 7-16　NO_2 气体过滤器

4. CO、CO_2 气体过滤器

这种固体材料过滤器，可有效地去除 CO 和 CO_2，去除率达50%以上。且这种固体材料不会产生有害的副产物，非常环保。过滤器采用 V 形放置方式，可以增大 CO 和 CO_2 与过滤器的接触面积，降低接触风速，提高效率（图7-17）。

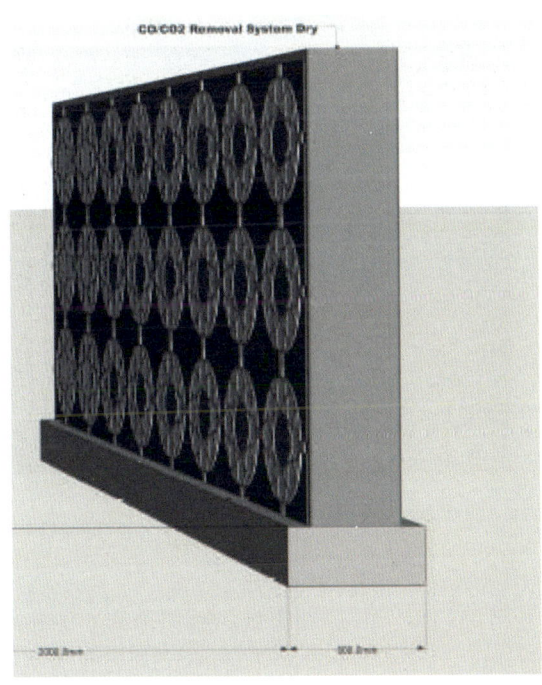

图 7-17　CO、CO_2 气体过滤器

5. 大型轴流风机

轴流风机的技术参数包括风量、全压、全压效率、电机功率、转速、电压等级、噪

声、直径、质量限制等规格。轴流风机风量的选择与需处理污染物的风量相对应，风机风压除克服风机自身阻力外，还需克服过滤器、除尘器及隧道壁等所产生的阻力。同时，选用大型轴流风机低速运转，轴流风机采用变频调速控制，从而可节约能耗（图7-18）。

图 7-18　大型轴流风机

6. 自动清洗系统

自动清洗系统为静电除尘服务，该系统包括主水泵、洗涤剂泵、压力罐等。清洗溶液由洗涤水和洗涤剂组成（图7-19）。

图 7-19　自动清洗系统

7. 废水处理系统

污水处理系统能沉淀杂质，分离回收受污染的水，并进行有效的杀菌消毒。该系统包括一个污水箱和一个回流箱。该装置通过 PLC，可以完全自动化地进行废水处理和循环利用（图7-20）。

8. 自动控制系统

空气净化系统可以完全自动运行。各个部件通过编程控制器予以检测和控制。控制系统可以提供多语言选择。全套设备采用自动控制系统，可与隧道控制系统连接；根据

图 7-20　废水处理系统

隧道内污染物浓度的检测，对风机实现变频调节（图 7-21）。

图 7-21　自动控制系统

不同的工程需去除的污染物不同，因此，根据实际工程需要，来决定是否安装 NO_2 及 CO、CO_2 过滤器。

7.2.4　净化系统维护

空气净化系统维护主要包括以下几方面：

（1）每月检查监控系统。

（2）每 6 个月一次手工清洗前过滤。

（3）每 6 个月一次手工清洗静电除尘器。

（4）每 6 个月一次检查清洗管道的喷嘴。

（5）每月一次人工维护检查净化器和预过滤器的干净情况，每 6 个月清理一次净化的沉淀物。

（6）每次自动清洗需要 10min，然后 1h 的吹干。通常 160～200h 需要清洗一次。

（7）按需要补充自动清洗的洗涤剂。

（8）每 4 年更换一次 NO_2 过滤包。

（9）每年更换一次 CO/CO_2 过滤包。

7.3 设 计 原 则

符合国家及地方的有关环保法规、规范及标准。满足各工况下隧道内空气质量要求，限制并有效控制隧道内污染物排放，以改善区域环境。

符合建设区域总体规划或相关工程环评的要求。

贯彻国家大气污染防治的总体方针，结合环评相关环境容量要求，根据相关实测资料合理预测空气污染程度，科学确定净化设施净化效率。根据国家或地方的排放标准或用户的要求，确定应采取的处理工艺和设备，提出净化效率，确定净化系统处理能力。

根据污染空气的污染物浓度、污染物总量及净化程度要求，选用安全、有效、成熟可靠的净化工艺及设备，最大限度地提高净化装置的安全可靠度以满足用户要求。根据工程所处区域的整体环境要求（尤其是新建隧道洞口位于现况居民区、学校等，或规划商住区域）及隧道不同成分的污染物排放量，有针对性地选用颗粒物或 NO_x 净化装置，确定技术标准和技术指标、设计使用年限、净化系统功能要求、采用的设备和材料、安全防护要求、施工质量要求等。

结合项目的特点，提高自动化管理水平，使净化设施管理方便、运行稳定；设置必要的监控仪表，使空气净化运行全流程在受控条件下进行。

应采用成熟可靠的净化工艺和设备，应优先采用国内成熟、可靠、先进的净化工艺和技术，以降低工程投资；对于国内尚未成熟的技术、设备或材料等可从国外引进或部分引进。净化设备应选用较高净化效率、低噪声、低压降、低能耗、较低运营成本、设备体积适当、运行维护方便，且无二次污染的产品。

根据技术先进可靠、经济合理的原则，进行总体设计和单元设施的设计，节约设施用地。净化设施宜与工程总体布置相协调，满足景观等要求。

7.4 净 化 站 布 置

7.4.1 设置位置

隧道内污染物浓度随隧道长度增长而增加，污染物浓度的峰值与车辆密度、车型都有一定关系。采用纵向通风方式的隧道，车辆行驶不断有污染物排放。空气除了进出洞口，与外界没有质量交换，污染物堆积到出洞口处，浓度相对较高（图 7-22）。

根据隧道内部及洞口污染物排放标准，确定净化站设置位置。

（1）洞内污染物超标：超长城市隧道中，当采用单纯隧道通风系统时，洞内污染

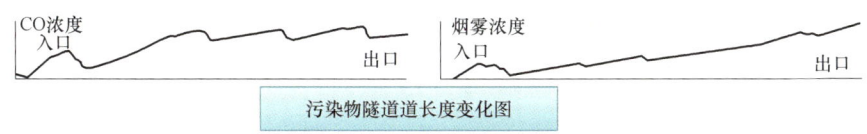

图 7-22　污染物沿隧道长度方向分布

物浓度仍超标，需在超标点前设置高排竖井；若该地区无法高空排放，需考虑设置旁通或者竖井式空气净化站，降低洞内污染物浓度，满足行车及人员安全要求。净化站需根据隧道总长度、计算污染物浓度超标区段确定设置数量及位置。

（2）洞外污染物超标：若设置单纯的隧道通风系统，可满足洞内污染物浓度标准；无法达到洞外环境空气质量标准的情况下，隧道空气净化站应设置在靠近隧道出洞口处，有效收集、处理隧道内较多的污染物，以减少对隧道外环境的污染。当1座空气净化站净化后仍无法达标时，需在隧道内增设净化站以满足综合净化效率。

7.4.2　空气净化站理论综合净化效率

净化效率计算见图 7-23。

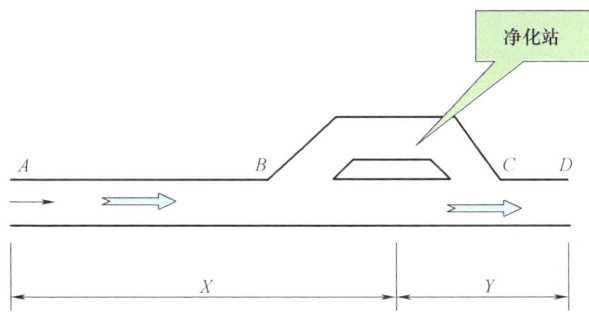

图 7-23　净化效率计算示意图

X——净化站距隧道进口距离（m）；

Y——净化站距隧道出口距离（m）；

A——隧道进口污染物浓度（cm^3/m^3）；

B——净化站进口污染物浓度（cm^3/m^3）；

C——净化站出口污染物浓度（cm^3/m^3）；

D——隧道出口污染物浓度（cm^3/m^3）。

注：该计算忽略空气净化器占用距离，忽略隧道外背景污染物浓度，不设置净化站时隧道出口污染物排放浓度为1；认为隧道内污染物浓度随隧道长度线性增长。

则：

$X + Y =$ 隧道总长度

$A = 0$

$B = X/(X + Y)$

$$C = (1 - 净化设备效率 \times 处理风量百分比) \times B$$
$$D = C + Y/(X + Y)$$

假设：隧道长 5000m，空气净化站采用旁通式设置于距出洞口约 600m 处，净化设备效率 85%，处理风量占隧道总风量的 75%；计算洞口处理论综合净化效率为 57%。

7.4.3 净化站功能分区

见表 7-2。

净化站功能分区 表 7-2

功能	需求	净化站布置中的作用
净化通风空间	满足通风所需风速、初终阻力等。 尽量减少机房结构风阻。 落实各种过滤器的原理、面风速要求；需考虑通风机设置空间；通风机可多台布置，以减小安装、运输空间、起吊重量等	决定断面尺寸、开孔大小
人员检修空间	满足巡视、小修的需求	决定巡视通道宽度
设备吊装空间	初次吊装及大修更换吊装，路线、起吊高度	决定机房总高度、检修通道门的尺寸、设备布置间距
配电设备空间	配电柜、控制柜布置	落实总变电室位置，配电柜数量、高度、机房占地
相关配套设施空间	是否设备需酸洗、补充清洗剂、给水、排水、排泥运输	给水的水源、水压、水量；排水或者排泥的去处，如何运输

7.4.4 各功能分区的配置

见表 7-3。

各功能分区配置 表 7-3

功能分区	配置	关键点
人员通行、逃生	出入口不得少于两处	通行、逃生
设备运输	吊钩、捯链、起重机、检修通道、门	设备最大件的重量、设备基础高度、设备高度、检修通道宽度、检修门的宽度； 起吊设备要表示清楚，考虑披角或者其他影响吊装的可能；工字钢的位置
消防设施	机房的消防、排烟	隧道火灾，净化站需保证烟气不进入污染设备
照明	日常照明	—
安防	防盗、防护设施	外部人员不得进入机房，孔洞处需设置栏杆，需吊装处为活动栏杆
应急设施	应急照明、应急电话、检修插座	—

8 通风系统监测与节能运行控制

通风控制的目的是以城市地下道路交通安全为前提，通过及时对城市地下道路内的有害物浓度、风速、风向等环境参数进行实时监测，根据需要控制通风设备。但据不完全统计，在城市地下道路运营过程中，通风设备电费占隧道运营费用的70%以上。如何在保障安全的前提下降低运营费用，尤其是城市地下道路通风系统运营费用的降低，对于城市地下道路的绿色运营具有非常重要的意义。城市地下道路通风系统设计，通常是以全线浓度超标的最不利工况作为设计条件进行通风系统与设备的选型计算和布置。而在实际运营的过程中，城市地下道路的交通特征是动态变化的，从而引发机动车排放特性、交通通风力的变化，进而影响城市地下道路内机动车排放污染物的扩散与分布特性，这些变化都直接影响城市地下道路污染物浓度的通风控制。通常情况下，当隧道内由机动车行驶产生的交通风速能够满足隧道需风量要求时，可以不用开启隧道内的射流风机；只有当隧道内交通通风力不能满足需风量要求时，才考虑开启通风机，同时还需要考虑通风机开启的台数，不能是简单地全线开启风机。所以，如何合理、有效地运行隧道通风系统，将隧道内的污染物浓度控制在合理范围内，是城市地下道路通风系统节能运行的关键所在。

为此，本章重点对城市地下道路关键检测参数、检测方法、测点位置及其通风控制方法等，城市地下道路通风系统安全与节能运行设计理念等进行了介绍。

8.1 通风控制方案的确定

城市地下道路通风控制系统的设计目标是：正常工况下，在满足污染空气稀释标准的同时，通过合理控制使通风系统经济运行。

8.1.1 一般规定

1）通风系统设计人员应根据不同工况所需的风机数量、运行方式等提出通风系统的控制方案及策略，包括各工况下的风机数量、风机组合方式、风机的正转或反转，以便于监控系统设计人员按通风系统的运营要求设置相应的设施及编制控制软件等，从而满足地下道路内污染空气的通风标准，并实现经济运行。

2）风机控制应设定相应于城市地下道路运营需求的风量级档。风量级档划分不宜过细，并应充分考虑运营动力消耗与风机运行时间。当城市地下道路通风系统中有轴流送风机、轴流排风机与射流风机时，应针对各种风机确定合理的组合风量级档。

3）采用机械通风的地下道路，风机均应具备手动控制功能。一级城市地下道路宜以自动控制方式为主，二级、三级及四级城市地下道路可采用自动控制方式。

4）风机控制应满足下列要求：

（1）当每日交通量分布较为固定或柴油车混入率变化较小时，宜采用程序控制方式。

（2）电机的启停不宜过于频繁。

（3）每台（组）风机应间隔启动，时间间隔应大于30s。

8.1.2 影响要求

制定城市地下道路通风控制方案，在满足设计阶段的一般规定外，还应综合考虑以下主要因素。

1. 城市地下道路规模

城市地下道路规模不同，对交通安全、舒适性的要求也不同，通风系统的规模也不同。地下道路越长，车辆在地下道路内行驶时间越长，对交通安全和舒适性要求也越高，同时，通风系统也越复杂。

2. 城市地下道路通风形式

城市地下道路通风有纵向、横向、半横向及混合型等多种形式，不同的形式通风设施的数量和分布都不同，其控制方案也不同。采用射流通风机的纵向通风方式，风机分散在隧道纵向全长，通风控制和管理都较为复杂；采用横向、半横向通风方式，通风机电系统布置较为集中，便于管理和控制；采用混合型通风方式兼有多种形式的特点，管理和控制更为复杂。

3. 通风工况

通风控制应考虑正常交通条件下不同的交通量、行车速度、洞内外环境的通风需求，还应考虑隧道阻塞工况下的通风需求。

4. 经济技术水平

应在保证交通安全的前提下，充分考虑经济水平，合理采用新技术、新设备，以较经济的方式进行隧道通风。

8.2 检测装置配置与调研

8.2.1 检测装置

隧道内有害气体浓度、烟雾浓度、风速和交通量等参数是通风控制的基本依据，而在隧道内不同位置配置环境检测器是获得这些参数的主要途径（图8-1）。常用的环境检测器包括：能见度检测器（简称VI）、CO检测器（简称CO）、NO_x检测器（简称NO_x）、风速风向检测器（简称WS），VI用于洞内烟雾浓度的检测，CO用于洞内废气（主要是CO）浓度的检测，NO_x用于洞内废气（主要是NO_x）浓度的检测，WS用于洞内外风速、风向的检测，同时还配有风速和交通流量的检测装置。

可用于城市地下道路环境监测的装置有下列几种。

1. 车辆检测器

车辆检测器（交通信息检测器），目前国内最常用的车辆检测器有：环形线圈车辆

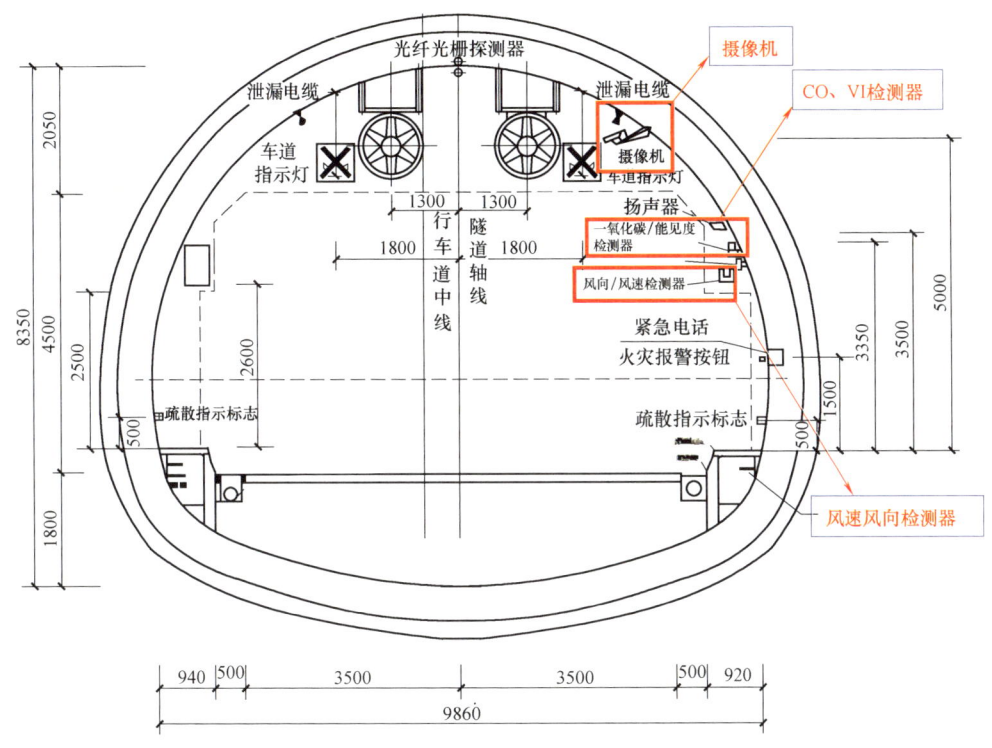

图 8-1　典型城市地下道路检测装置布置图

检测器、微波检测器、气压管检测器、超声波检测器、红外检测器、激光检测器及视屏车辆检测器等。车辆检测器的主要检测参数为交通量、行车速度、占有率等。可以根据安装方式将车辆检测器分为埋设式检测器与悬挂式检测器。从性价比及可靠性角度来考虑，目前线圈检测器使用最为广泛。不过，近年来视频检测器的使用也在日益普及。

2. 风速风向检测器

风速风向检测器采用超声波原理检测水平风速及风向，一般安装在隧道侧墙上。其测量原理是基于传感器探头之间超声波传输的时间。检测器的计算单元集成在检测探头中，输出的模拟和开关量信号可接入附近的 PLC，再通过数据光端机和光纤接入中控室。

3. CO、VI 检测仪

CO、VI 检测仪是城市地下道路中专用的来检测（一氧化碳 CO）和能见度的装置，通常都是安装在墙上。常用的 VI 检测仪是根据投射原理工作的，发射器和接收器利用支架固定对准后，光学部件发出的高聚焦光束成为检测光束，在不同的环境条件下，检测光束的衰减程度直接受颗粒物浓度的影响，由光接收机接收的检测光束信号经过CPU 计算处理，给出各种环境下的 VI 值。CO 检测采用的是红外光衰减与吸收原理，也称负气体法，由发射器发出红外光，红外光衰减程度与 CO 浓度直接关联，接收器接收的信号经 CPU 计算处理，给出相应的 CO 浓度值。考虑到这些测量值都是对接收器的信号进行处理后的结果，大部分产品都设置了自动漂移补偿功能。检测仪的安装间隔一般为 10m、20m。由于 CO、VI 检测仪精度较高、易于损坏，需经常进行维护。

4. NO$_x$ 检测仪

NO$_x$ 检测仪是专门用于检测 NO$_x$ 浓度的仪器。其检测方法按技术主要可以分为三大类：应用光电技术法、盐酸萘乙二胺分光光度法、电化学检测法等。考虑到城市地下道路内工作环境比较恶劣，不仅要求检测设备结构简单、易于维护、造价低廉，而且还要能实现检测的自动化与在线监测。但是 NO$_x$ 检测仪精度较高，易于损坏，需经常进行维护，目前我国城市地下道路安装 NO$_x$ 检测设备的情况还不多。NO$_x$ 浓度的检测方法经过几十年的发展，技术已经比较成熟，基本能满足检测的要求。

8.2.2 检测装置配置原则

为了保证环境监测数据的准确性，通风环境检测装置的布置应满足一定的要求

《公路隧道设计规范　第二册　交通工程与附属设施》JTG D70/2—2014 中规定，对于公路隧道通风控制应布置能见度检测器、CO 检测器、NO$_2$ 检测器、风速风向检测器等环境检测设施。其布置原则如下：

（1）VI、CO、NO$_2$ 检测器宜设置在隧道侧壁壁面，检测值应能有效反映每个通风区段的烟雾、有害气体分布情况。

（2）采用全射流通风方式时，通风环境检测器应避免设置在射流风机附近，宜设置在公路隧道纵向两组风机的中间部位。

（3）洞外 WS 检测器的设置位置离洞口轴线方向的距离应不小于公路隧道断面当量直径的 10 倍，且应避免受汽车行驶气流的影响。

环境检测器应能够满足洞内外长期工作的需要，测量范围和最大允许误差应满足以下技术要求：

（1）VI 测量范围：25 ~ 1000m，最大允许误差：±10% 示值；

（2）CO 测量范围：0 ~ 250cm^3/m^3，最大允许误差：±2cm^3/m^3；

（3）WS 测量范围：0 ~ 30m/s，最大允许误差：±0.2m/s；

（4）NO$_2$ 测量范围：0 ~ 10cm^3/m^3、最大允许误差：±5% 示值；

（5）通风环境监测器的防护等级不低于 IP65。

对于城市地下道路，考虑到隧道内颗粒物浓度受室外气象条件的影响有限（参见第 4.2 节），可不配置风速风向传感器；如果主要是轻型汽油车在隧道内行驶，也可不设置能见度传感器。

8.2.3 实际隧道现场调查

北京工业大学于 2013 ~ 2015 年先后三次对长沙市营盘路湘江隧道进行了调研与实测。该隧道内布置了很多 CO、VI 浓度检测器和风速风向检测器等环境监测装置，近似图 8-1 的布置方式；同时，用摄像机监测隧道内的运营情况和交通流量，并将数据实时传输到隧道管理部门的中心控制室隧道监控系统。

图 8-2 所示为中心控制室隧道监控系统显示的隧道交通运营状况。除了交通流量数据比较正常外，其他环境检测数据（CO 检测器、VI 检测器、风速风向检测器等）大多

显示不正常。设计阶段虽然给予了足够的检测装置配备，但由于这些监测装置需要定期校准、保养和维护，管理工作量大，一旦维护保养不善，很容易损坏失效。

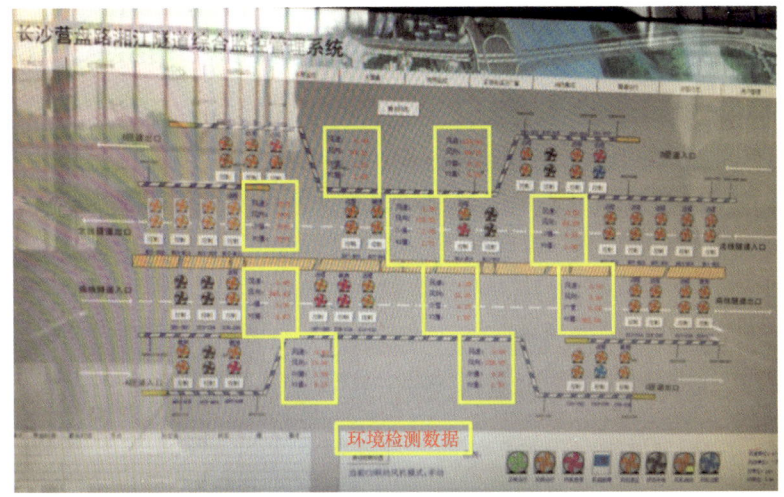

图 8-2 长沙市营盘路湘江隧道计算机监测系统实景图

8.3 城市地下道路通风系统运行与控制

通风系统控制方法

隧道通风控制有手动控制和自动控制两种。手动控制方式是通过人工操纵仪器控制风机运行，它又分为联动控制与单独控制。

联动控制——预先确定风量档次，通过手动操纵相关仪器和机械产生联动，由此控制风量。当自动控制系统出现故障或检修时可使用联动控制；也可与自动控制结合使用。

单独控制——可由人工对各仪器和机械单独控制，也可对几个相关联的附属机械实施局部联动控制。当自动控制或联动控制出现故障或检修时可使用单独控制。

自动控制方式根据设置于隧道内的 VI 检测器、CO 检测器、NO_x 检测器、WS 检测器所测得的环境参数和各种交通参数，通过控制网络进行风量自动控制。

根据自动控制决策方法的不同，自动控制方式可分为环境参数直接控制法、交通参数间接控制法、交通与环境参数混合控制法和时序控制法四种方法。

1. 环境参数直接控制法

环境参数直接控制法通过分布在隧道内各点的通风环境检测器（VI 检测器、CO 检测器、NO_x 检测器、WS 检测器），直接检测隧道内的烟雾浓度 VI 和 CO、NO_x 浓度以及洞内外风速等环境参数，经计算处理后，给出控制信号，控制运转风机，供给必要的新鲜风量，稀释烟雾浓度 VI 和 CO、NO_x 浓度，以达到设计要求的洞内卫生与安全标准。

1）控制流程

图 8-3 示出了直接法控制流程。从图中可以看出，风机的控制直接与 VI、CO、

NO_x、WS 值有关，控制软件编程也较简单。

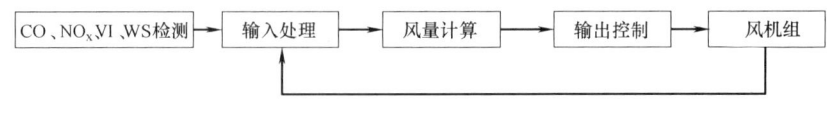

图 8-3 直接法控制流程图

2）控制方案

环境参数直接控制的主要设备有控制中心计算机系统、区域控制器、CO 检测器、NO_x 检测器、VI 检测器、WS 检测器、风机控制柜及风机。控制方案如图 8-4 所示。其中，计算机系统与其他系统共用，如交通控制子系统、照明控制子系统等。而下端设备在隧道内布设的数量视隧道长度而定，其中区域控制器亦是与其他系统公用的设备。隧道内的 CO、NO_x 和 VI 检测器一般按照 300 ~ 500m 的间距布设。

由于上述方案直接检测隧道内的环境参数，控制方式简单、直接，因而在国内隧道中广泛应用。其不足之处是设备价格高、投资较大。

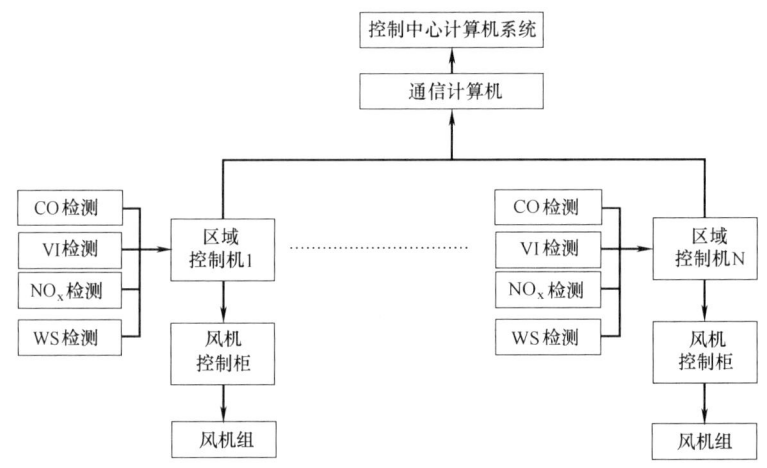

图 8-4 环境参数直接控制法方案图

2. 交通参数间接控制法

由于 CO、NO_x 和烟雾浓度与交通流量、行车速度、车辆构成等交通参数密切相关。因此，可以通过检测隧道内交通参数来分析计算 CO、NO_x 和烟雾的排放值，取代昂贵的 CO、NO_x 和 VI 检测器，降低投资和维护成本。这种利用交通参数控制通风的方法，称为交通参数间接控制法。交通参数间接控制法可分两类：一类为宏观间接控制法；一类为微观间接控制法。

1）宏观间接控制法

宏观间接控制法是指：通过客观检测交通量和速度与主观预测交通（包括车辆构成比例），并对检测和预测的参数进行计算处理，粗略地算出 CO、NO_x 和 VI 值，再与设定的标准值进行比较，据此实施通风控制。

（1）控制流程

从图 8-5 可以看出，交通量预测有短期和长期两种，预测精度与主观经验及预测模型有关。但车辆的排污不仅与车速、交通量有关，还与交通构成有关。此方案因未涉及车型检测，因此称之为宏观间接控制法。

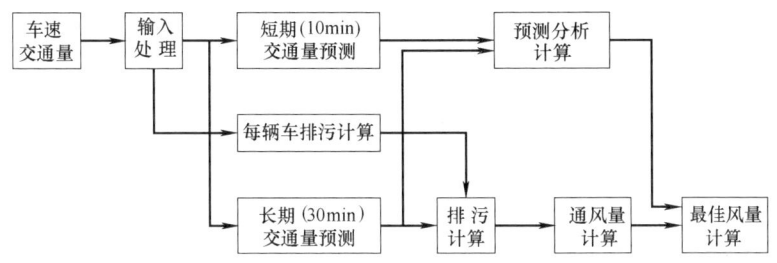

图 8-5　交通参数间接法控制流程图

（2）控制方案

这种方案的主要设备有控制中心计算机系统、区域控制器、交通检测器、风机控制柜及风机。控制方案如图 8-6 所示。从图中可以看出，这种方案建立在交通参数检测基础上，再加上预测分析及计算处理，因此，控制精度比直接控制方案差，但方案中的车辆检测器又是隧道控制系统中的交通控制子系统的必备设备，又为通风控制系统所用，一举两得。因此，方案具有投资省、运营费用低等优点。

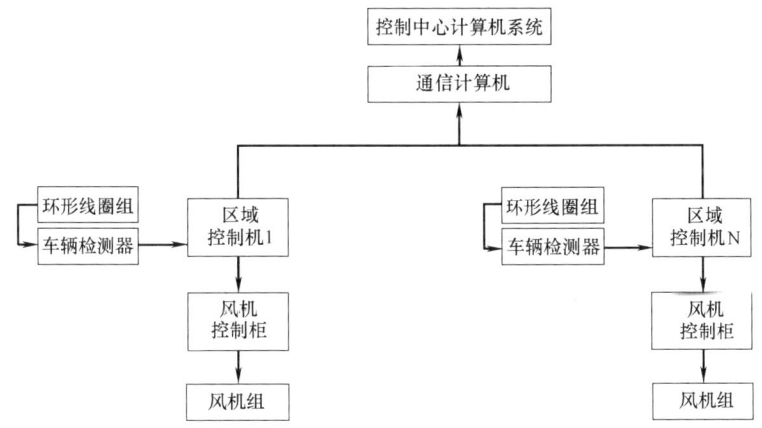

图 8-6　交通参数间接法控制方案图

2）微观间接控制法

宏观间接控制法虽然有它自身的优点，但方案中的车辆构成是基于经验预测，并不是直接通过车辆检测器获得。微观间接控制法的核心就是通过车辆分类检测装置，在检测交通量和车速的基础上，同时把各种车辆分成不同的类型检测出来，目的在于减少 CO、NO_x 和 VI 的计算误差，提高通风控制精度。

（1）控制流程

本方案的控制流程基本与图 8-5 所示相同，只要在图 8-5 中的"车速、交通量"框中加上"车型"检测即可。从控制流程中可看到，间接控制法的控制软件要比直接控制法复杂一些。

（2）控制方案

方案的控制框图与图 8-6 所示基本相同，其设备配置只要将图 8-6 中的"车辆检测器"换成"车辆分类检测装置"即可，其他硬件设备完全相同。需要说明的是，虽然微观间接控制法控制精度较高，有它科学合理的一面，但由于我国的车辆构成比较复杂，车况差，车辆的排放存在较大差异。车辆分型检测技术目前在我国尚不成熟，因此，该方案的实际应用受到极大的限制。

3. 交通、环境参数混合控制法

本方法是上述两种方法的组合形式。在要求较高的隧道控制系统中，不仅包括通风控制子系统，而且还包括交通控制子系统、照明控制子系统等。这些子系统相辅相成，可相互配合使用，可充分发挥各子系统的功能。如在交通控制子系统中，必需使用的车辆检测器就可应用在通风控制子系统中，ITV 屏幕上清晰度也可起到通风控制辅助决策的作用。这是混合型控制方法的一个重要特点。

1）控制流程

从控制流程图 8-7 中可以看出，图 8-7 是图 8-3 和图 8-5 的组合，控制流程比前两种方案复杂得多。

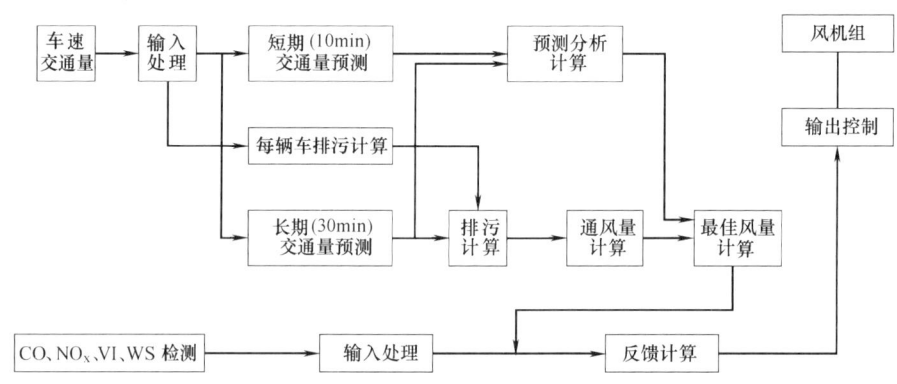

图 8-7　交通、环境参数混合控制法流程图

2）控制方案

上面已提到混合型控制方案是前面两种方案的组合，就主要控制设备而言，为三个方案所共有，不同的是在检测手段上互有区别。因此，混合型控制方案也可以说是前面两种检测手段的组合，如控制方案图 8-8 所示。

4. 时序控制法

时序控制法不考虑 VI、CO、NO_x 浓度及交通量的变化情况，而是按时间区间（如白昼与夜晚，节假日与平时）预先编成程序来控制风机运转。这种方法风机控制只随时间周期变化，程序编制和风机控制都最简单。

工程设计中，应根据隧道交通条件和各种检测器安装情况灵活选择通风控制方法：

（1）只设置 VI、CO、NO_x 和 WS 检测器时，应采用的是环境参数直接控制法。

（2）只设置交通量数据监测时，应采用的是交通参数间接控制法。

（3）同时设置 VI、CO、NO_x 浓度检测和交通量检测时，可根据经济条件选择环境参数直接控制法、交通参数间接控制法和混合控制法。

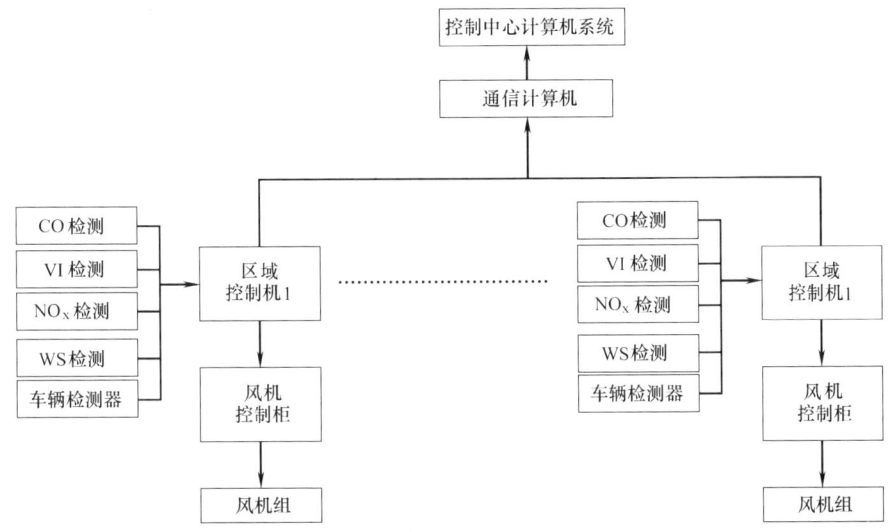

图 8-8 交通、通风环境混合控制法方案图

（4）对于交通量较小的和二级公路以下的隧道，可采用时序控制法。

（5）当交通量及组成、分布较稳定时，如城郊公路隧道，也可采用时序控制法。

8.4 城市地下道路通风监控系统

8.4.1 通风系统控制思路

城市地下道路运营通风是保障隧道安全舒适及应有通行能力的关键，而城市地下道路通风监控系统的科学性、节能性，对城市地下道路的安全与节能运营至关重要。

系统控制的基本思想：在地下道路内布置有限个污染物浓度测点和全部的交通流量测点，结合第 2 章至第 4 章的内容，对地下道路各段的平均车速、交通风速、污染物浓度进行理论计算，并结合实际检测设备读取的数据，推算出沿程的污染物浓度分布数据，指导通风系统的运行控制。

基本监控流程：

1）实际检测数据：读取城市地下道路内有限个 CO/NO_x 浓度、交通流量数据。

2）模型计算：

（1）根据交通流量和平均车速的关系，计算出地下道路内各段的平均车速 V_t；

（2）根据各段交通流量和平均车速，结合多点进出城市地下道路交通风速简化计算模型，计算出地下道路内各段的交通风速 V_r；

（3）根据检测路段的 CO/NO_x 浓度和该段的交通风速以及机动车车流综合排放因子的模型，计算该路段的机动车排放因子，结合各路段不同坡度和平均车速得出的各路段排放因子的关系，推算出各路段的机动车排放因子 EF；

（4）根据有限个实际检测到的 CO/NO_x 浓度和计算得到的机动车排放因子 EF，结合城市地下道路污染物扩散模型，推算出地下道路内的污染物浓度分布。

3）检测数据：从步骤二的模型计算中，得到虚拟环境检测设备的数据，分别为：CO/NO_x 浓度 $c(x)$、平均车速 V_t、交通风速 V_r。

4）通风控制：当地下道路内污染物浓度超标时，计算浓度超标路段和下游主隧道各段及各匝道段的必要通风量，进而确定通风设备的开启台数和运行参数。

基本控制逻辑图如图 8-9 所示。

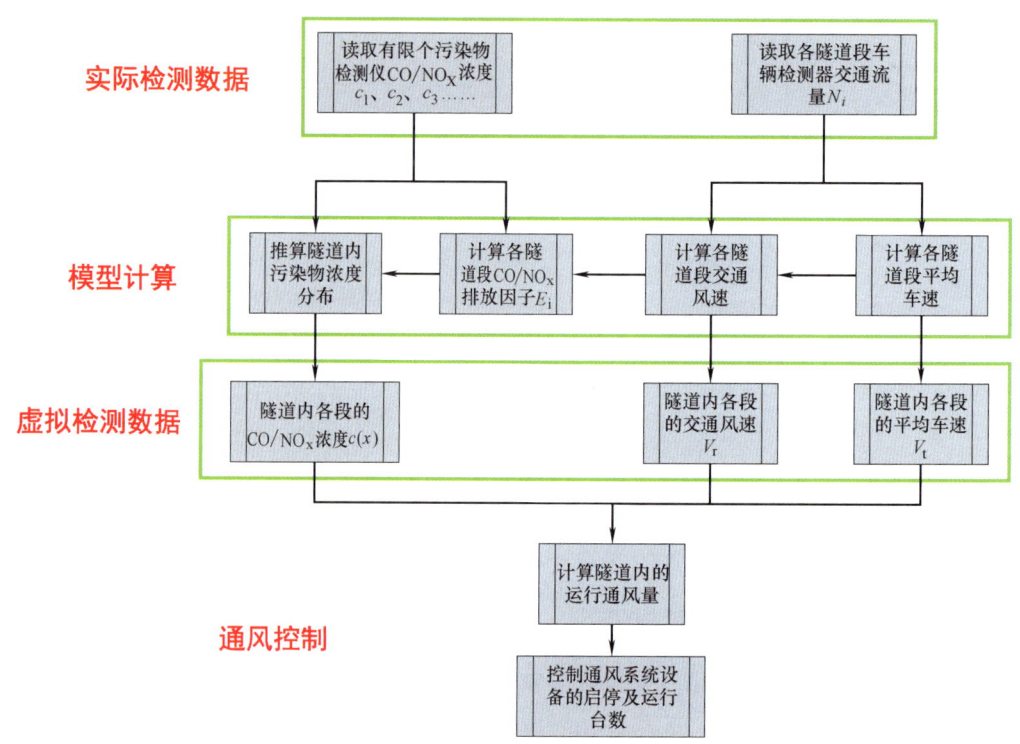

图 8-9　城市地下道路通风系统监测与节能运行基本控制逻辑图

8.4.2　通风系统功能

1.交通状况监测

系统可实时显示出城市地下道路各段的小时交通流量、平均车速和交通风速，如图 8-10 所示。同时，根据检测数据进行门限报警，即当某地下道路段交通发生堵塞时，通风系统给予报警和相应的提示。

2.污染物浓度水平监控

系统可显示出城市地下道路各段的一氧化碳（CO）、氮氧化物（NO_x）浓度值，如图 8-11 所示，同时根据检测数据进行门限报警，即当某地下道路段污染物浓度超标时，通风系统给予报警和相应的提示。

通风系统还可以根据检测数据对已有的机动车污染物排放因子数据库进行更新，并显示出城市地下道路各段的污染物排放因子。当检测到排放因子需要更新时，通风系统

128

给予报警和相应的提示。

3. 风机运行监控

通风系统检测到城市地下道路某一段或多段出现污染物浓度超标时，启动通风系统进行控制，如图 8-12 所示。

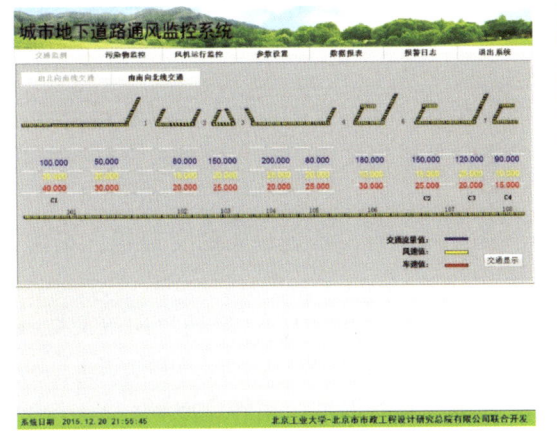

图 8-10 城市地下道路通风监控系统交通状况监测界面

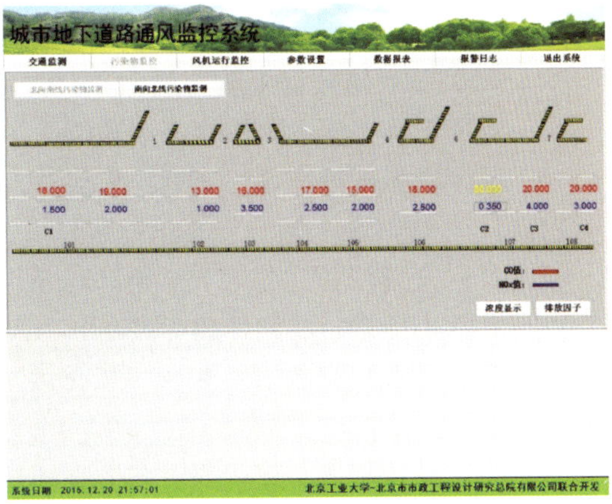

图 8-11 城市地下道路通风监控系统污染物监控界面

风机运行分为自动控制和手动控制两种方式。

1）自动控制方式

正常情况下，系统应根据数据处理结果，选用系统内已配备的通风控制方案，实行全线的自动控制。

2）手动控制方式

手动控制方式又分为单台控制和全部控制两种。特殊情况（如风机故障），系统一方面向操作员报警，一方面迅速向操作员显示相应的控制方案，待操作员根据巡逻车、紧急电话、摄像机等确认或修正后，再下发控制指令，完成控制功能；紧急情况时，操作员可

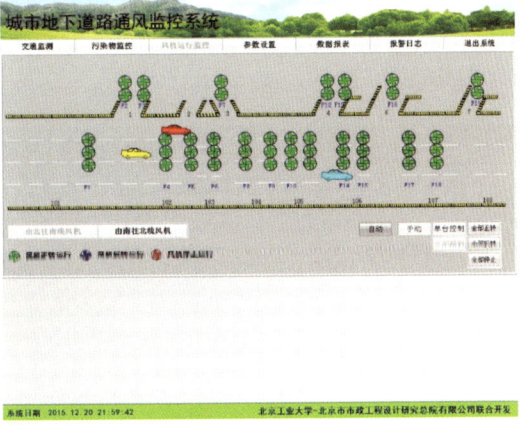

图 8-12 城市地下道路通风监控系统风机运行监控界面

通过城市地下道路有线广播直接指挥。在城市地下道路清洗、道路维修、设备维护等情况下，系统可根据不同情况下发不同的控制方案。

风机开启后应在 30s 内运转到正常状态，否则有可能出现了风机的故障。当风机运行发生故障时，通风系统给予报警和相应的提示。

4. 关于系统的参数设置功能

通风系统有强大的参数设置功能，主要是显示系统程序计算涉及的基础初始参数，

其中包括地下道路结构、排放因子参数、交通特征系数等相关的数据，如图8-13所示。可供管理人员与科研人员查阅使用。当需要对初始参数进行修正

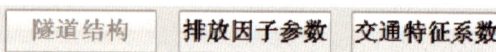

图8-13　参数设置功能

时，系统出于安全性考虑，需要对修改者进行身份验证，输入正确的口令后，才可以对其进行修改。

5. 关于系统数据报表功能

通风系统有强大的数据报表功能，主要包括统计查询和报表生成，如图8-14所示。

系统应能进行统计、查询，形成并打印需要的各类中文报表。一般报表应包括如下内容：

（1）交通流信息报表：包含15min、1h、日、周、月、季度、年的交通量，车速、占有率、车行方向及其日期等。

（2）环境信息报表：包含一氧化碳（CO）、氮氧化物（NO_x）、风速风向等的曲线报表。

（3）通风控制方案报表：包含风机的开启时间、运行时间、运转方向等。

（4）设备工作状态报表。

（5）操作命令报表。

6. 关于系统报警日志功能

通风系统具有强大的报警功能，当系统报警时，城市地下道路通风控制系统都会给出相应的提示，并且报警信息也会记录到系统中，以供相关人员查阅，如图8-15所示。

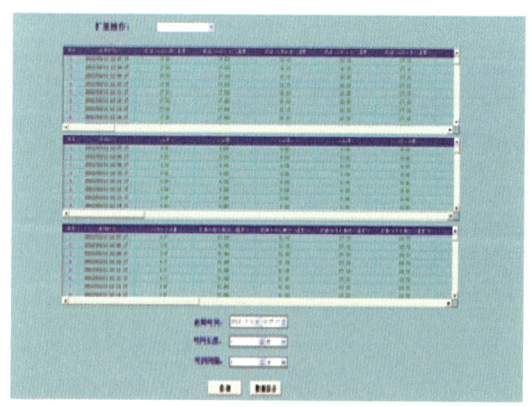

图8-14　数据报表显示界面

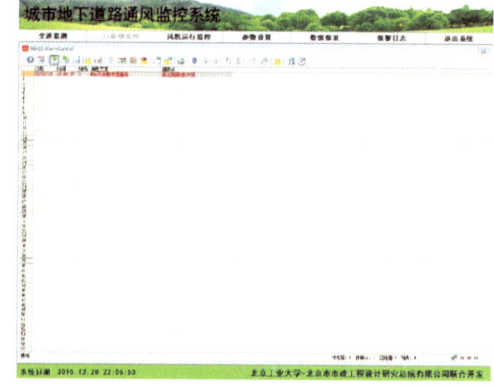

图8-15　报警信息显示界面

当出现以下情况时，系统会给予报警和相应的提示。

（1）风机开关动作30s后仍未完成。

（2）风机运行时发生故障。

（3）系统接收不到污染物传感器传输的数据。

（4）系统接收不到交通流量传感器传输的数据。

（5）系统接收不到车速传感器传输的数据。

（6）某隧道段交通发生阻塞。

（7）某隧道段污染物浓度超标。

8.5　小　　结

（1）城市地下道路通风控制方案的设计应根据实际隧道工程的规模、通风形式、通风需求以及经济水平等因素综合确定。

（2）城市地下道路应增加氮氧化物（NO_x）检测器的配置，可以考虑不配置风速风向检测器 WS，如果主要是轻型汽油车行驶，可以考虑不配置能见度检测器（VI）。

（3）城市地下道路应优化一氧化碳（CO）、氮氧化物（NO_x）等检测器的配置，并在设计阶段提出关于这些检测器的维护保养方法和要求。

（4）对于城市地下道路，宜采用自动控制为主、手动控制为辅的控制方式。

9 工 程 实 例

9.1 深圳前海深港合作区地下道路工程

9.1.1 工程概况

深圳市前海深港合作区地下道路北端接南坪二期快速路，南端接兴海大道高架桥，沿双界河路、听海路和兴海大道布设，至沿江高速近期与疏港连接段地面道路采用临时U形槽相连。地下道路（南坪二期—沿江高速段）隧道主线长约4685m，道路规划等级为城市主干道，双向四~八车道。沿线与规划地铁枢纽设置了多条地下匝道连接，与规划海滨大道地下快速路设置地下立交衔接，预留与地下环形联系隧道接口，并设置了多条地上地下连接匝道。属典型的多点进出、混合车型特长城市地下道路（图9-1、图9-2）。

图 9-1 前海城市地下道路构造示意图

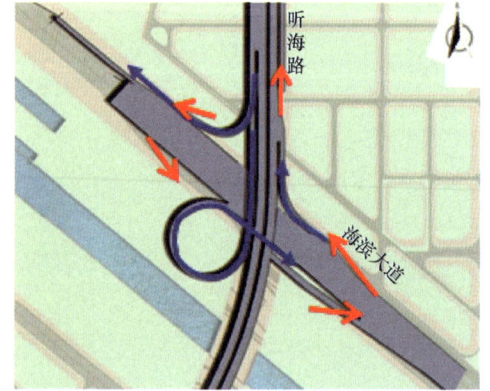

图 9-2 与滨海大道地下立交构造示意图

9.1.2 设计参数及标准

（1）隧道性质：城市主干道；

（2）隧道全长：4685m；

（3）设计行车速度：50km/h，交通阻滞车速按10km/h；

（4）隧道横断面积：二车道 $A_r = 37.3m^2$，三车道 $A_r = 80.3m^2$，四车道 $A_r = 102.1m^2$；

（5）路面纵坡：$i \leqslant \pm 3.0\%$；

（6）设计远期交通量：右线 $N = 4796$ 辆/h；左线 $N = 3482$ 辆/h；

（7）洞内CO设计浓度：正常运营时 $100cm^3/m^3$，交通阻滞时，平均CO设计浓度取 $150cm^3/m^3$；

（8）烟雾设计浓度：$0.00825m^{-1}$（烟雾不作为控制通风量的标准）；

（9）养护维修时烟雾设计浓度：$0.0035m^{-1}$；

（10）本次设计参考PIARC2012年的报告控制 NO_2 运行浓度取 $1.0cm^3/m^3$，计算稀释 NO_2 所需排风量；

（11）隧道换气频率为4次/h；

（12）隧道内火灾释热率：30MW。

9.1.3 工程难点问题分析

对于深圳市前海深港合作区这类具有复杂结构特点的特长城市地下道路的通风工程设计，一些重要的设计基础数据以及设计计算方法，相关的公路设计标准或规范已无法直接照搬或参考，而已有的城市地下道路设计标准或规范又缺乏足够的支撑与参考依据，给本项目通风工程设计提出了极大的挑战。技术难点主要体现在以下几方面：

（1）交通流量与车速的关系。与直隧道平均车速沿机动车行驶方向基本不变化不同，具有多点出入口的复杂隧道平均车速受到各段交通流量的变化影响，主线隧道平均车速沿程变化，不能简单地采取设计车速（50km/h）。如何根据交通流量的近远期预测及实测隧道交通流量与车速关系，合理地确定隧道内的平均车速？

（2）有分岔道隧道的交通风速计算。目前，隧道交通风力的计算方法主要参考《公路隧道通风设计细则》，该方法是根据直隧道模型推出来的，对于具有多点出入匝道结构的前海隧道，匝道内交通量的分流及合流作用会使主线隧道的交通风力发生变化，其交通风力计算不能简单照搬《公路隧道通风设计细则》的方法。如何合理地计算具有复杂匝道结构的前海隧道内交通风力及交通风速？

（3）排放因子的确定。目前，排放因子的选取主要参照PIARC2012年的报告，其中针对我国机动车排放因子只有2007年的实测数据，随着机动车发动机的不断更新及汽油品质的逐年提高，机动车的排放因子也应该会有所降低。如何合理地给出预测年度的排放因子？

（4）岔道结构对污染物扩散的影响。对于多点出入特长城市地下道路，匝道内交通风力不仅为主线隧道带入和带出污染物，同时带入的新风量对稀释洞内污染物有积极作用，如何有效评价前海隧道的匝道对隧道污染物浓度扩散的影响？

（5）多点进出复杂结构路段烟气蔓延规律的研究。烟气的蔓延特性是烟气控制系统设计和优化运行的基础，由于多点进出地下道路存在坡度、分岔等典型的结构特征，这些路段也是多点进出地下道路烟气控制的重点和难点所在，因此，研究坡度、分岔路段对烟气扩散的影响进而对其进行有效的控制是地下道路火灾安全的关键。

（6）多点进出复杂结构路段烟气的最佳控制方法和控制参数研究。由于分岔路段结构的特殊性，特别是立交分岔路段，主隧道和支路隧道的烟气扩散相互影响，支路隧道坡度较大时会对主、支路隧道的烟气扩散起决定性的影响，因此，该路段的烟气如何控制才能达到最佳的控制效果需进行进一步的研究。

（7）风机节能运行策略。如何布置隧道内污染物浓度测点，当污染物浓度超标时，如何合理有效地给出隧道内风机的运行策略，使隧道内的污染物浓度满足环境标准。

9.1.4　需风量计算

隧道内需风量的计算，要综合比较正常运营工况和火灾工况需风量。

正常运营工况：考虑稀释 CO 的需风量、烟雾及 NO_2 的需风量、保证换气频率需风量，取其中较大值。

火灾工况：考虑 Kennedy 公式下临界风速的需风量（表 9-1）。

隧道需风量计算结果　　　　　　　　　　　　　表 9-1

项目 线位	稀释 CO 需风量 （m³/s）	稀释 NO_2 需风量 （m³/s）	换风量 （m³/s）	火灾工况 （m³/s）
左线	323	256	397	327
右线	449	337	397	327

9.1.5　隧道通风方案

本工程采用全纵向＋分段排烟通风系统，隧道两端预留空气处理站，如图 9-3 所示。

全线设置 2 处通风排烟竖井，将隧道分成 3 个防排烟分区，全线考虑一处火灾，燃烧规模按照 30MW 计算，临界风速 3.2m/s。当隧道内某一处发生火灾时，仅启动相应的排烟风机与射流风机进行气流组织和压力平衡，无须启动全线风机。

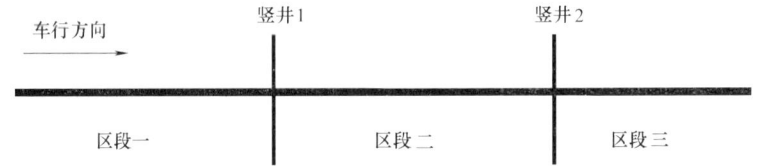

图 9-3　隧道防烟排烟通风系统分段示意图

设备运行

1）平时运行（正常运营工况及交通阻滞工况）

134

根据检测到的交通量、CO 及 NO$_2$ 浓度动态控制射流风机开启的数量及是否需要运行空气处理设备。

当交通阻滞时采取限行措施，控制车辆的进入。

同时，采用时段控制，夜间车少时整个隧道内风机可全部关闭。

2）火灾工况

发生火灾时，空气处理站关闭，并根据着火点位置的不同，开启不同段的风机。具体情况如下：

区段一发生火灾时，区段一内的射流风机全部开启，同时开启竖井 1 进行排烟，区段二内的部分射流风机逆吹。

区段二发生火灾时，区段二内的射流风机全部开启，竖井 1 进行补风，竖井 2 进行排烟，区段三内的部分射流风机逆吹。

区段三发生火灾时，区段三内的射流风机全部开启，区段二内的射流风机部分开启，竖井 2 进行补风。

9.1.6 通风系统网络仿真模拟验算

采用 IDA 隧道模拟软件和"十二五"国家科技支撑重点项目《城市地下道路建造与运营安全关键技术研究》课题研究结果，通过输入隧道数据（包括隧道尺寸、摩擦系数和损失系数），以及交通流量、排放数据和隧道边界大气压力等相关数据，验算前海隧道内空气流动和车辆排放所产生的污染物浓度、烟气控制等相关问题。

隧道模型简化，示意图如图 9-4 ~ 图 9-7 所示。

前海隧道模型根据前海隧道 1 期施工图和 2 期图纸建立，前海隧道北向南方向简化为 11 条匝道，南向北方向简化为 9 条匝道。

图 9-4、图 9-5 所示棕色区域为前海隧道 1 期工程，蓝色区域为 2 期工程。

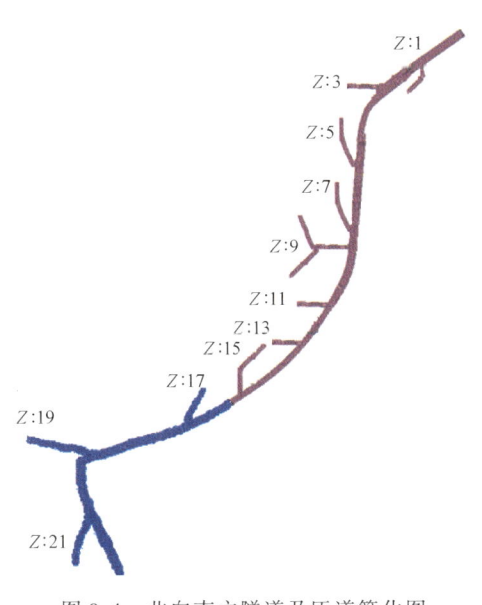

图 9-4　北向南主隧道及匝道简化图

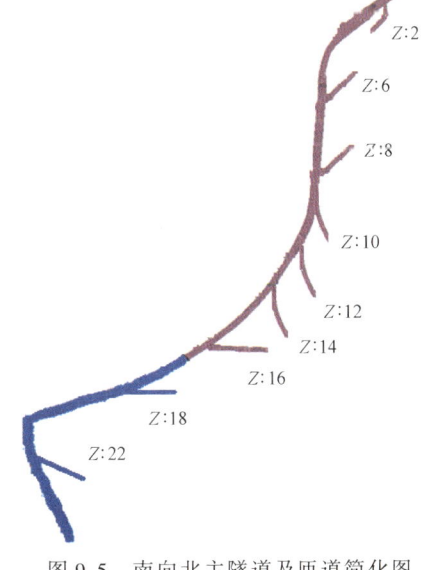

图 9-5　南向北主隧道及匝道简化图

135

以前海隧道北向南方向为主要分析对象，选取 2040 年预测交通量（表 9-2）进行计算。

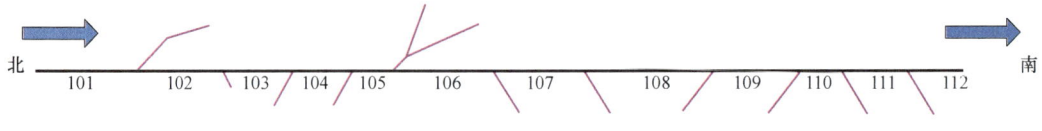

图 9-6　北向南主隧道及匝道示意图

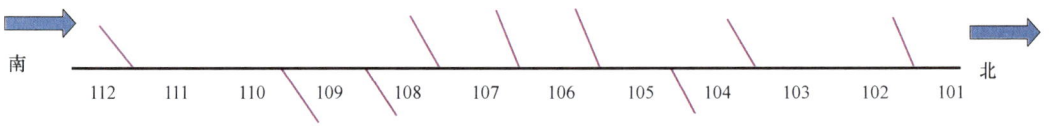

图 9-7　南向北主隧道及匝道示意图

早高峰交通量预测表 （pcu/h）

表 9-2

方　向	2020 年		2030 年		2040 年	
	南向北	北向南	南向北	北向南	南向北	北向南
起点—枢纽北匝道	541	1470	1403	3813	1550	4212
枢纽北匝道—枢纽西匝道	147	609	457	1893	505	2091
枢纽西匝道—枢纽南匝道	272	759	844	2357	932	2604
枢纽南匝道—桃园路南匝道	401	846	1247	2626	1377	2901
桃园路南匝道—海滨大道匝道	465	870	1443	2703	1594	2986
海滨大道匝道—东滨路南匝道	301	785	935	2438	1033	2693
东滨路南匝道—沿江高速南匝道	195	434	790	1755	873	1939
沿江高速南匝道—兴海大道西匝道	307	488	1240	1974	1370	2181
兴海大道西匝道—航海路西匝道	307	348	1240	1410	1370	1557
航海路西匝道—终点	273	191	1104	774	1219	855

1. 排放因子确定

软件模拟中输入的排放因子如下所示。

1）一氧化碳（CO）

前海城市地下道路 CO 排放因子可根据其设计年限确定。参照 PIARC2012 年报告给出的 2007 年中国地区综合 CO 排放因子选取，见表 9-3。

CO 排放因子 （g/（km · 辆））

表 9-3

车型	车速	坡　度						
	km/h	—6.0%	—4.0%	—2.0%	0.0%	2.0%	4.0%	6.0%
汽油车	10	43.268	46.516	50.576	54.636	60.784	68.788	81.78
	20	49.764	56.26	64.38	72.384	84.68	100.804	126.788
	40	50.112	63.684	82.476	109.62	144.536	192.676	255.084
	50	49.300	66.004	90.828	126.788	178.176	254.272	353.452

136

车型	车速	坡 度						
	km/h	—6.0%	—4.0%	—2.0%	0.0%	2.0%	4.0%	6.0%
柴油车	10	26.904	26.904	26.904	28.272	29.412	30.096	31.008
	20	26.904	26.904	27.132	29.412	30.78	30.552	35.796
	40	26.904	26.904	28.044	31.008	34.656	37.164	27.132
	50	26.904	26.904	27.816	30.552	38.304	30.096	22.116

2）氮氧化合物（NO_x）

前海城市地下道路的 NO_x 排放因子同样可根据其设计年限确定。参照 PIARC2012 年给出的 2007 年中国地区综合 NO_x 排放因子选取，见表9-4。

NO_x 排放因子 表 9-4

车型	车速	坡 度						
	km/h	—6.0%	—4.0%	—2.0%	0.0%	2.0%	4.0%	6.0%
汽油车	10	43.268	46.516	50.576	54.636	60.784	68.788	81.78
	20	49.764	56.26	64.38	72.384	84.68	100.804	126.788
	40	50.112	63.684	82.476	109.62	144.536	192.676	255.084
	50	49.300	66.004	90.828	126.788	178.176	254.272	353.452
柴油车	10	26.904	26.904	26.904	28.272	29.412	30.096	31.008
	20	26.904	26.904	27.132	29.412	30.78	30.552	35.796
	40	26.904	26.904	28.044	31.008	34.656	37.164	27.132
	50	26.904	26.904	27.816	30.552	38.304	30.096	22.116

2. 模拟结果与分析

1）交通风速分析

根据分岔隧道交通风速计算方法，以前海隧道北向南方向为主要研究对象，前海城市地下道路北—南方向隧道分段编号如图9-8和图9-9所示。代入隧道结构尺寸及设计工况、预测工况和阻塞工况下交通特征，可分别得出隧道各工况下不同断面的交通风速，计算结果见表9-5和表9 6、图9-10～图9-12。

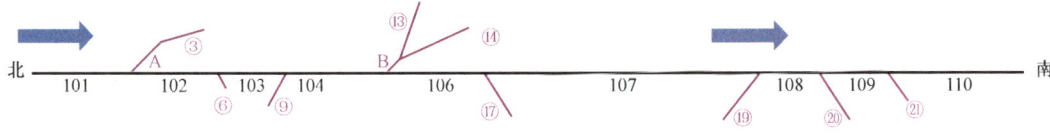

图 9-8　北—南方向隧道分段编号

（1）计算结果

（2）小结

通过对比多点进出分岔隧道交通风速计算结果与直隧道法计算结果，可以看出考虑匝道出入车流形成的交通风力对主道交通风力的影响，各种工况下主线交通风速计算结果比按直隧道方法分段计算的结果大，即由机动车行驶为隧道代入的总通风量增加。图9-13～图9-15为三种工况下按照直隧道及分岔隧道计算的主线交通风速对比结果。计算结果表明，对于分岔结构（多点出入）的城市地下道路，简单沿用《公路隧道通风设计细则》中直隧道交通风速的计算方法是有误差的。

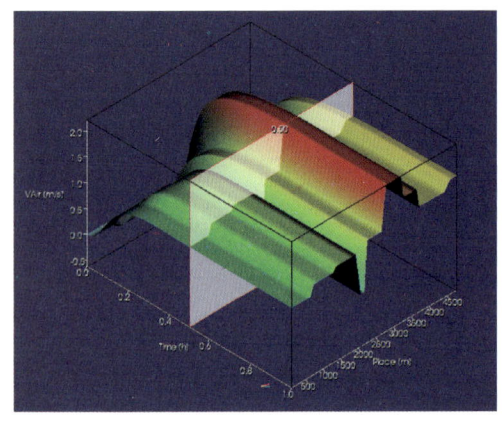 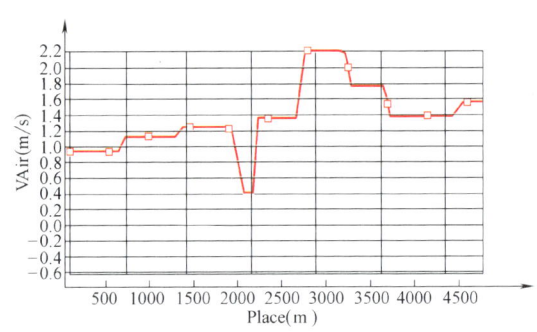

图 9-9 主线隧道风速分布图

主线隧道交通风速计算结果 表 9-5

计算工况及参数		隧 道 编 号								
		101	102	103	104	106	107	108	109	110
车流量（辆/h）		4212	2453	2091	2901	2693	1939	2181	1557	855
设计工况	车速（km/h）	50	50	50	50	50	50	50	50	50
	计算风速（m/s）	4.47	3.96	4.82	5.2	5.35	4.7	5.03	4.88	3.93
阻塞工况	车速（km/h）	10	10	10	10	10	10	10	10	10
	计算风速（m/s）	1.96	1.13	1.21	1.67	1.87	1.35	1.8	1.38	0.81
预测工况	车速（km/h）	10	40	40	10	10	40	40	40	40
	计算风速（m/s）	3.46	2.98	3.34	3.11	3.23	3.68	4.17	3.99	3.21

匝道隧道交通风速计算结果 表 9-6

计算工况及参数		匝 道 编 号								
		3	6	9	13	14	17	19	20	21
车流量（辆/h）		4212	2453	2091	2901	2693	1939	2181	1557	855
车速（km/h）		20	20	20	20	20	20	20	20	20
计算风速（m/s）	设计工况	1.28	0.34	0.82	−0.44	0.2	1.42	0.72	1.18	1.87
	阻塞工况	2.05	0.37	0.97	−0.5	0.17	1.13	0.99	1.14	1.14
	预测工况	1.19	0.72	−0.48	−0.41	0.22	−0.96	1.05	1.08	1.54

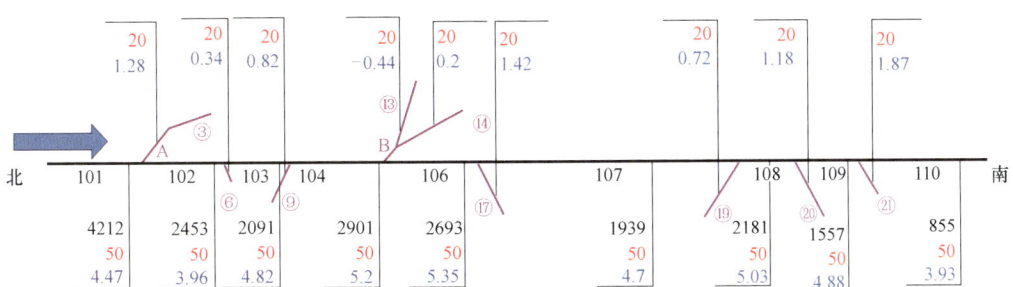

注：图中黑色字体代表交通量（辆/h）；红色字体代表车速（km/h）；蓝色字体代表交通风速（m/s）。

图 9-10　设计工况下隧道各段交通风速计算结果

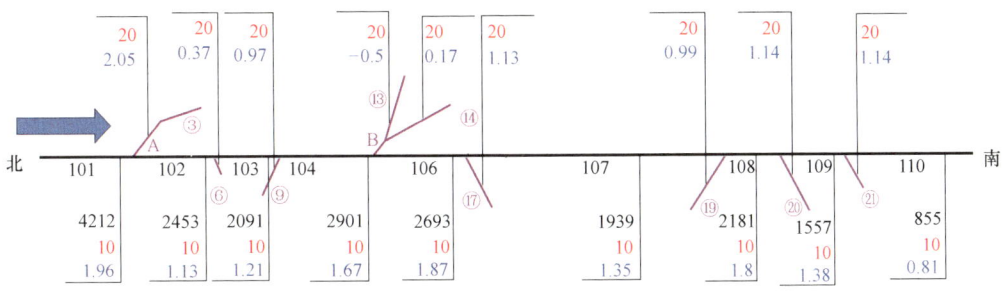

图 9-11　阻塞工况下隧道各段交通风速计算结果

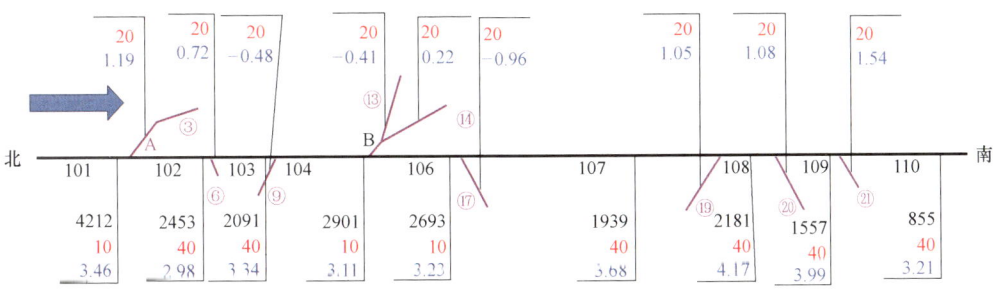

图 9-12　预测工况下隧道各段交通风速计算结果

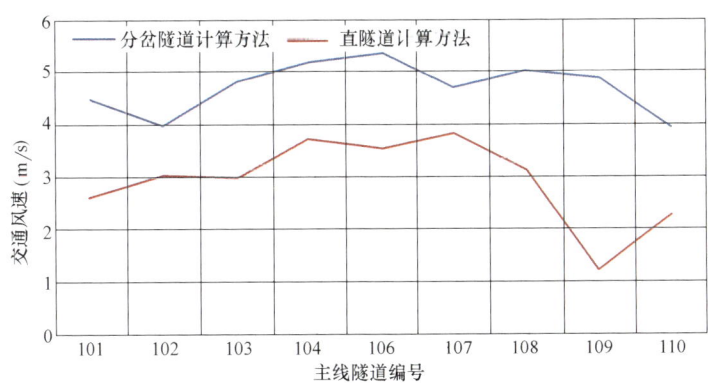

图 9-13　设计工况下主线隧道交通风速计算结果对比

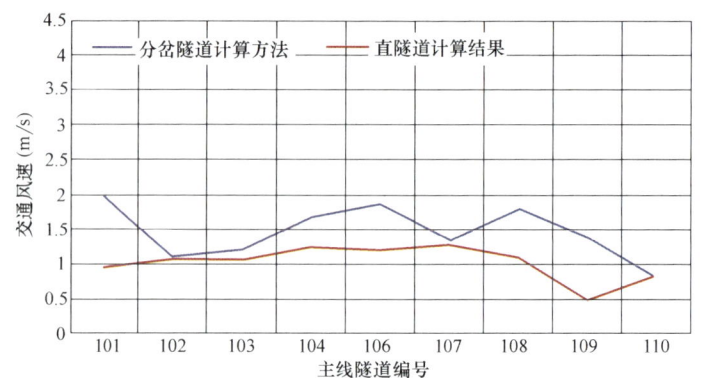

图 9-14　阻塞工况下主线隧道交通风速计算结果对比

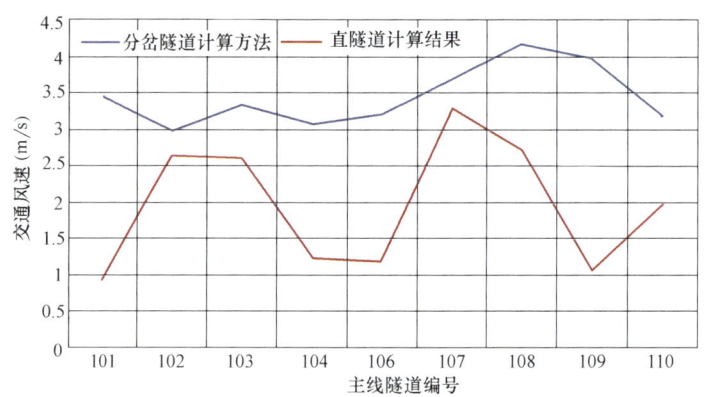

图 9-15　预测工况下主线隧道交通风速计算结果对比

2）污染物浓度分布分析

对于多点进出分岔结构的城市地下道路，受分流匝道机动车不断分流驶出或合流岔道机动车不断驶入隧道的影响，机动车沿主隧道的扩散特性不再是类似直隧道那样呈单值线性增加的规律。复杂的隧道结构特性不但使得隧道内交通特征更为复杂，同时还会影响交通风力在隧道内的分布特性与流动特性，进而影响主隧道污染物的排放与沿程累积迁移特性，最终影响整个隧道的污染物浓度分布特性。

因此，对于分岔隧道，由于隧道各段不同的交通流量 N、平均车速 V_t 引起的不同交通风速和污染物排放量的影响，隧道内污染物浓度分布较简单直隧道更为复杂。

利用污染物浓度分布方程，设置相应的排放因子模型及隧道结构模型，输入交通特征，可以计算出隧道各段污染物浓度分布。

取一氧化碳（CO）浓度限值为 $70cm^3/m^3$（$78.4mg/m^3$），二氧化氮（NO_2）浓度限值为 $1cm^3/m^3$（$1.84\ mg/m^3$），分析在 2040 年交通量预测的基础上计算前海隧道内 CO 及 NO_2 浓度沿程分布状况。

（1）一氧化碳（CO）浓度

表 9-7 和图 9-16、图 9-17 为设计工况、预测工况及阻塞工况条件下，隧道主线一氧化碳（CO）浓度沿程分布。考虑到各个隧道段内车流稳定，因此污染物浓度在各个隧道段内沿程为线性增长，因此表中只截取了各个隧道段尾部浓度值。

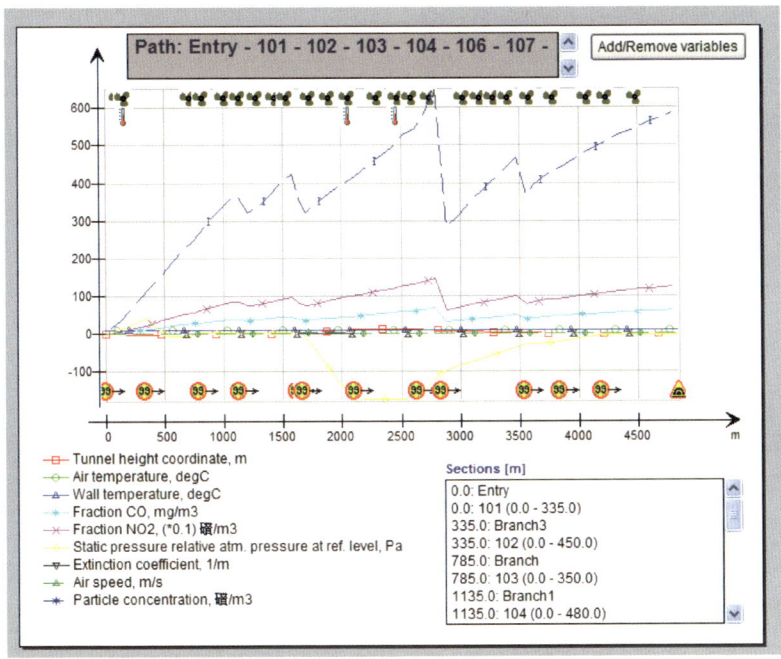

图 9-16 一氧化碳（CO）数据总图

主线隧道一氧化碳（CO）浓度计算结果 表 9-7

计算工况及参数		隧道编号								
		101	102	103	104	106	107	108	109	110
隧道长度（m）		123.4	408.6	354	551.1	493.4	1886.6	102.9	36	428.5
设计工况	车速（km/h）	50	50	50	50	50	50	50	50	50
	CO 浓度（mg/m³）	0.5	2.22	3.56	5.80	8.79	14.53	14.66	14.88	15.62
阻塞工况	车速（km/h）	10	10	10	10	10	10	10	10	10
	CO 浓度（mg/m³）	3.58	15.71	27.45	36.73	46.95	89.93	71.93	72.97	69.90
预测工况	车速（km/h）	10	40	40	10	10	40	40	40	40
	CO 浓度（mg/m³）	2.04	3.81	5.87	14.64	22.32	28.59	26.73	27.03	28.05

（2）二氧化氮（NO$_2$）浓度

机动车排放氮氧化物主要成分为一氧化氮（NO），加之隧道内无阳光照射，NO 不易转化成 NO$_2$。根据 PIARC2012 年的报告，隧道内 NO 占 NO$_x$ 的比例一般为 80% ~ 90%，本报告按照隧道内 NO$_2$ 占 NO$_x$ 20% 进行换算。表 9-8 和图 9-18 为主线隧道二氧化氮（NO$_2$）浓度沿程分布。考虑到各个隧道段内车流稳定，因此污染物浓度在各个隧道段内沿程为线性增长，因此表中只截取了各个隧道段尾部浓度值。

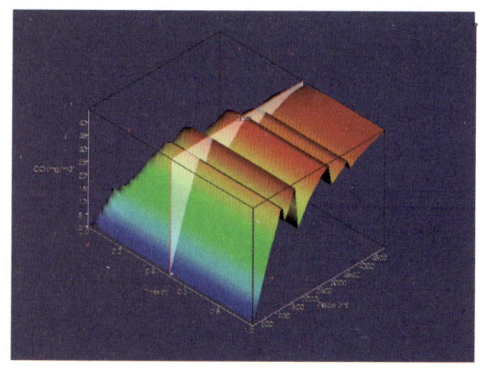
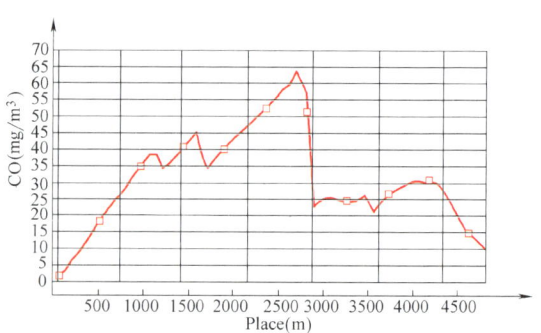

图 9-17　前海主线隧道一氧化碳（CO）浓度分布图

主线隧道 NO₂ 浓度计算结果　　　　　表 9-8

计算工况及参数		隧道编号								
		101	102	103	104	106	107	108	109	110
隧道长度（m）		123.4	408.6	354	551.1	493.4	1886.6	402.9	36	428.5
设计工况	车速（km/h）	50	50	50	50	50	50	50	50	50
	NO₂浓度（mg/m³）	0.00676	0.0466	0.0727	0.115	0.1815	0.2876	0.2861	0.2895	0.3032
阻塞工况	车速（km/h）	10	10	10	10	10	10	10	10	10
	NO₂浓度（mg/m³）	0.0641	0.3665	0.6365	0.8375	1.1008	2.0281	1.5921	1.608	1.5236
预测工况	车速（km/h）	10	40	40	10	10	40	40	40	40
	NO₂浓度（mg/m³）	0.0364	0.0801	0.1208	0.318	0.5111	0.6256	0.5769	0.5819	0.6004

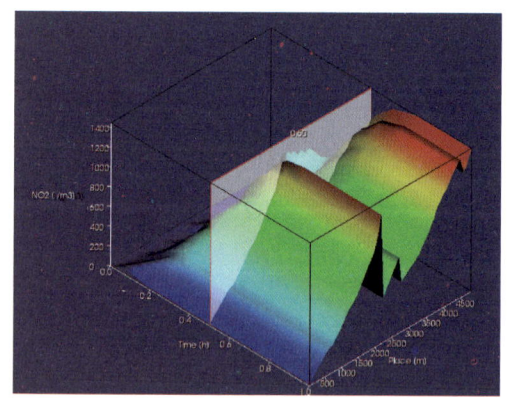
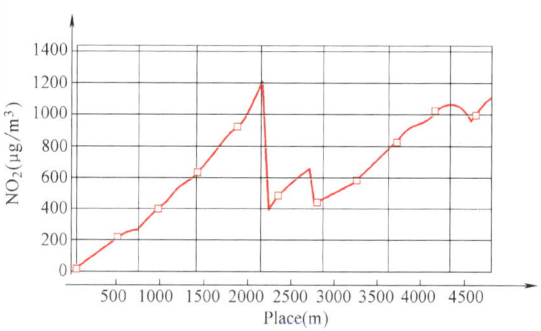

图 9-18　前海主线隧道 NO₂ 浓度分布图

计算结果表明，由于隧道内由机动车行驶产生的交通风力具有扩散和稀释隧道内污染物浓度的作用，设计工况及预测工况条件下，隧道内 CO 及 NO₂ 浓度均未超标；阻塞工况条件下，由于隧道 107 段长度较长，使得该隧道段内大量污染物不易扩散出去，造成 CO 和 NO₂ 浓度超标；另外，可以通过分流岔道将部分污染物带出隧道，减少了对下游主线污染物浓度的贡献，使得分流岔道段下游主线隧道起始点处的污染物浓度低于上游主线隧道终点处的污染物浓度。

图9-19～图9-21所示为三种工况下隧道主线与匝道上的CO浓度及NO_2浓度分布状况。由图可以看出，隧道内污染物CO及NO_2浓度超标的情况仅出现在阻塞工况下的107段内；三种工况下隧道主线与各岔道出口的污染物浓度均满足环境标准，由此也说明分流岔道可有效降低隧道内污染物浓度。

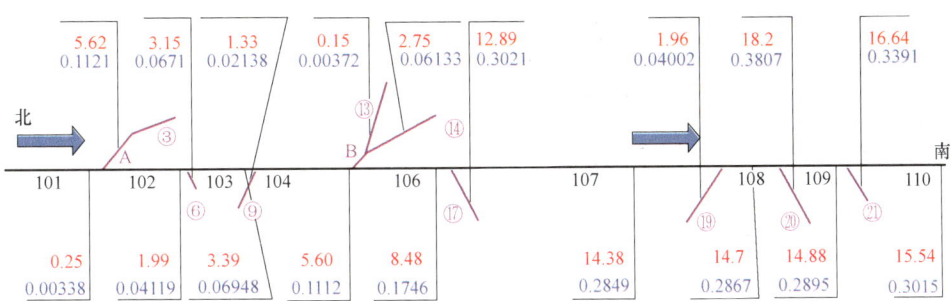

注：图中红色字体代表CO浓度值(mg/m^3)；蓝色字体代表NO_2浓度值(mg/m^3)。

图9-19　设计工况下污染物浓度分布

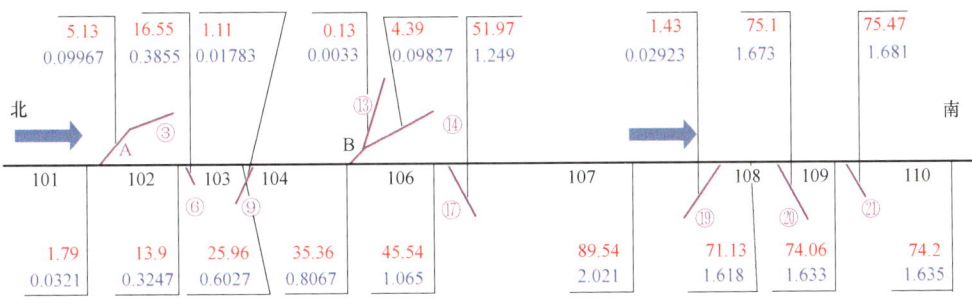

图9-20　阻塞工况下污染物浓度分布

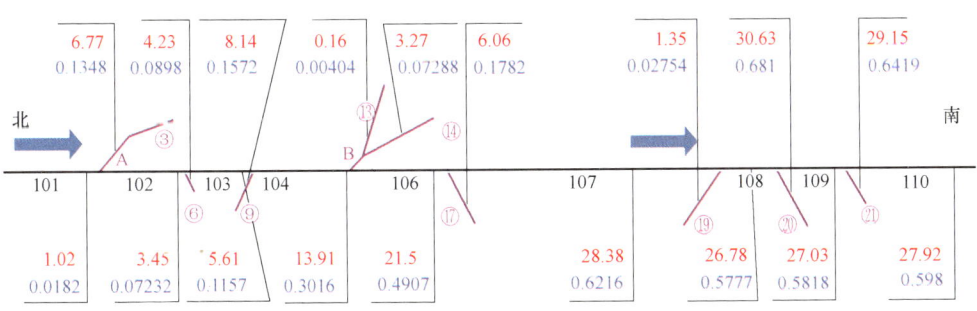

图9-21　预测工况下污染物浓度分布

（3）颗粒物含量

前海主线隧道颗粒物含量如图9-22所示。

（4）小结

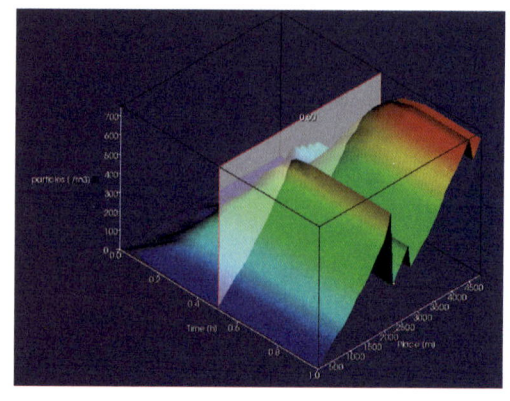 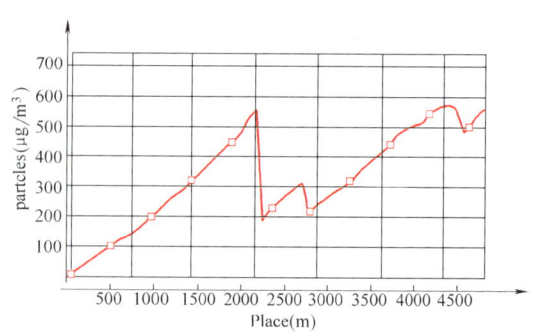

图 9-22　前海主线隧道颗粒物含量分布图

通过对一氧化碳（CO）、二氧化氮（NO₂）和颗粒物三种污染物浓度在隧道内分布规律进行模拟分析，可以看出多点进出分岔隧道与直隧道存在较大的差异性。污染物浓度受隧道形状影响，沿线各个峰值点分布变化规律是一致的。

3）稀释一氧化碳（CO）和二氧化氮（NO₂）需风量

（1）车辆正常行驶工况

稀释一氧化碳（CO）浓度和二氧化氮（NO₂）浓度的需风量，采用 PIARC 报告综合排放因子方法计算，还是根据《公路隧道照明设计细则》JTG/TD 70/2-01—2014 基准排放量方法计算而得，计算结果存在差异。

图 9-23 所示为预测年车辆正常行驶工况条件下，主线隧道稀释 CO、NO₂ 需风量与对应交通流量条件下产生的交通风量计算值比较结果。主线隧道各路段机动车流产生的交通风量对稀释机动车排放污染物浓度具有非常重要的作用，不可忽视。

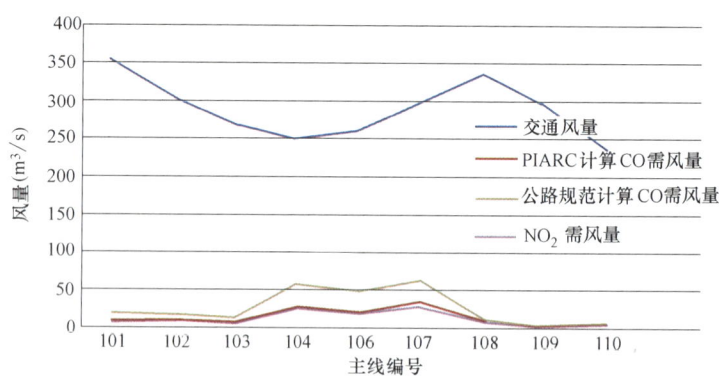

图 9-23　预测年正常行驶工况条件下主线隧道各段计算需风量与交通风量对比

（2）车辆阻塞工况

同理，图 9-24 所示为车辆阻塞工况条件下，主线隧道稀释 CO、NO₂ 需风量与对应交通流量条件下产生的交通风量计算值比较结果。同前，即使是阻塞工况，主线隧道各路段机动车流产生的交通风量对稀释机动车排放污染物浓度同样也具有一定的积极

144

作用。

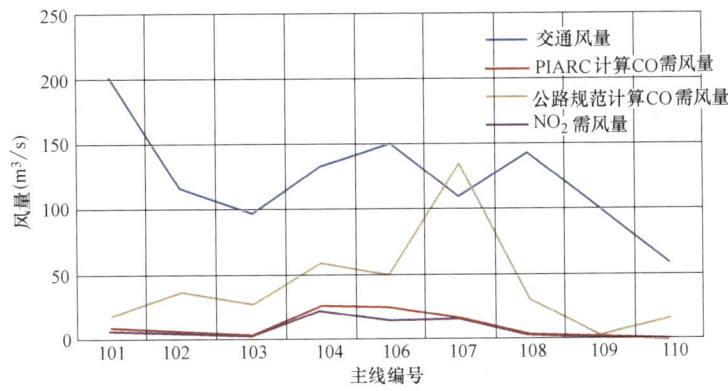

图 9-24　阻塞工况条件下主线段计算需风量与交通风量对比

3. 风机开启策略分析

以前海隧道北向南方向为主要研究对象。

（1）开启污染物最高值点（桩号 3065）上游两组风机，得到污染物含量和开启风机前对比如图 9-25、图 9-26 所示。

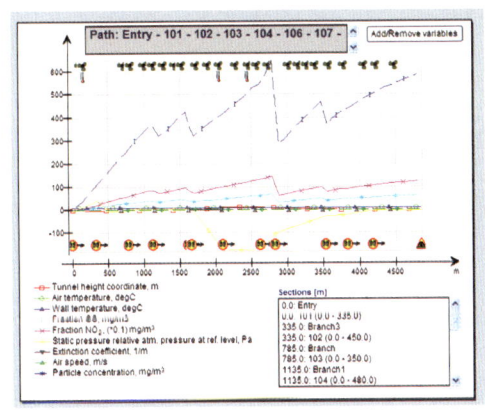

图 9-25　不开启风机

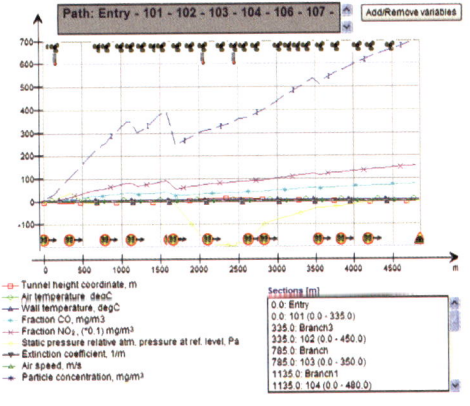

图 9-26　开启污染物峰值点上游 2 组风机

可以看出该点污染物的浓度大幅下降，但下游污染物浓度上升。所以，建议开启下游所有风机。

（2）开启污染物最高值点上游两组风机和下游所有风机后污染物含量如图 9-27 所示。

可以看出开启污染物最高值点上游两组风机和下游所有风机后，所有点的污染物浓度都控制在很低的范围内。污染物峰值点下游间隔一组开启一组风机，如图 9-28 所示，污染物稍高于开启全部风机一点，建议此种方法为风机的开启策略。

小结

（1）通常在设计公路隧道时，污染物的检测点都设在隧道的两端，对于深圳前海隧道这种多点进出的城市地下道路，经过软件计算，污染物浓度的极值点可能出现在隧道内某处，从而污染物的检测点应该根据软件计算和实际经验综合考虑设置，达到检测污染物浓度，保证隧道内人员安全的目的。

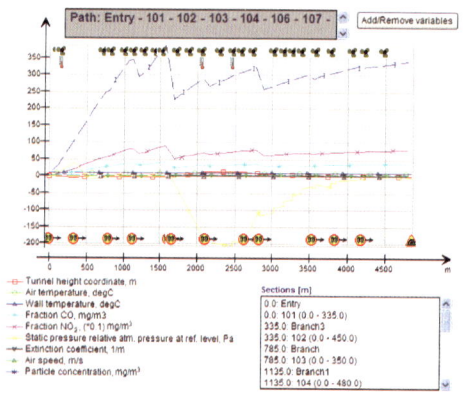 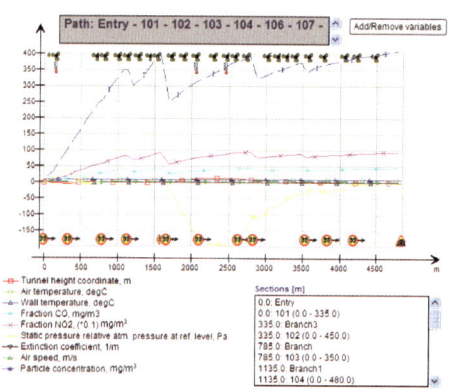

图 9-27　开启污染物峰值点上游 2 组和下游所有风机　　　图 9-28　开启污染物峰值点上游 2 组、间隔一组开起一组风机

（2）建议开启污染物浓度峰值点上游两组风机、下游间隔一组开启一组风机，如果污染物浓度达标，此方法为风机的开启策略；如果达不到理想效果，建议加开下游所有其他风机。

9.2　深圳市桂庙路快速化改造（一期）工程

9.2.1　工程概况

桂庙路改造工程是海滨大道建设的一部分，项目起点为前海规划振海路，终点为滨海大道后海滨立交处，全长约 4900m。

主路采用隧道下穿前海规划振海路，高架跨过月亮湾大道，再采用隧道连续下穿前海路、南新路、南山大道、南海大道，西行隧道进口设在南海大道处，东行隧道出口设在后海滨路处（图 9-29）。

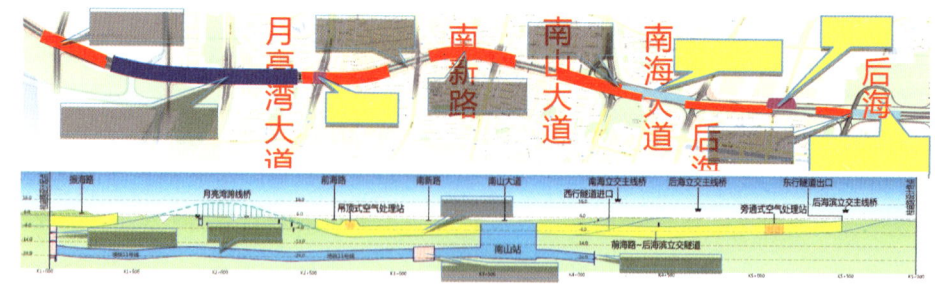

图 9-29　桂庙路隧道平纵图

9.2.2 工程难点问题分析

（1）环境评价报告书实测结果表明，桂庙路沿线部分敏感点的 NO_x 已超标。为减少对周边学校和居民区的影响，在东行和西行隧道内各设置一套隧道空气净化系统，降低隧道外排空气中的污染物浓度。

（2）由于该工程项目经过区域为城市内居住密集区，包括学校、居住区等许多敏感点，而地下隧道工程采用空气净化系统国内又无先例，净化站是否能够引入足够的净化风量？净化站和主隧道交叉段的气流组织是否合理？净化站对各类污染物的净化效果能否达到设计要求？最终隧道洞口的排放对周边地区的影响能否达到环境质量要求？通风净化系统风机能耗巨大，能否根据隧道运营的实际情况优化风机运行策略？净化站的设备清洗、更换等维护周期是多少？这些均是本工程通风净化方案需要回答的问题。

9.2.3 隧道通风设计方案

1. 通风设计方案

依据《建筑设计防火规范》GB 50016—2014 城市交通隧道之隧道分类标准，按仅限通行非危险化学品等机动车城市隧道考虑。前海路—南山大道隧道为一类城市隧道，设置机械排烟系统，且排烟系统兼作平时通风系统。

本工程隧道沿线为密集的现况住宅、商业区，没有可设置风井的地面位置。隧道进、出洞口附近现况污染物超标，对洞内污染物有净化处理要求，设计采用净化处理装置，设置于隧道出洞口前。

全线隧道不设置通风竖井，射流风机悬吊于隧道顶部，纵向接力式将隧道内废气朝出洞口方向推进（图 9-30）。

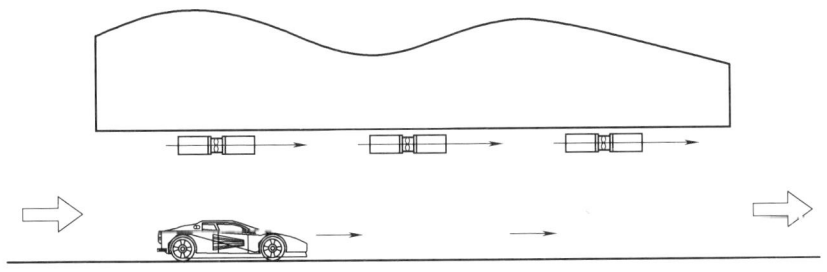

图 9-30　全射流式纵向通风示意图

在纵向通风的基础上设置隧道空气净化站，将 NO_2、颗粒物等部分废气在隧道内去除掉，以减少对洞口环境的影响。考虑采取废气在隧道内处理后再排入隧道内重新利用的形式。净化装置可采用旁通式或吊顶式。

2. 隧道空气净化站布置

西行隧道靠近出洞口处没有条件设置旁通隧道空气净化站，考虑采用吊顶式安装方式，即隧道空气净化站设置于隧道行车道的正上方。在 2 + 780（距全封闭隔声屏出口1180m）处设置吊顶式隧道空气净化站一座；净化站可用净高较低，仅为 5m

（图 9-31）。

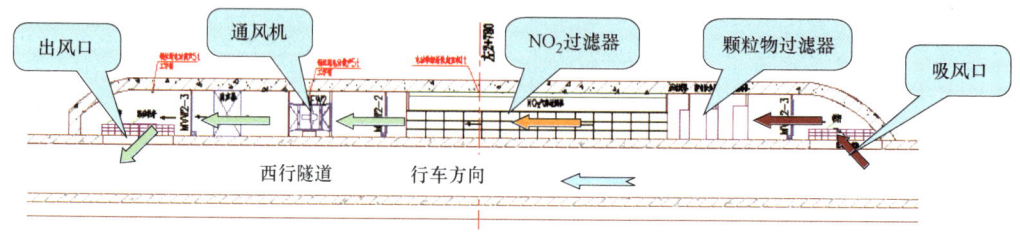

图 9-31 吊顶站剖面图

东行隧道在靠近出洞口处 5 + 080（距全封闭隔声屏出口 600m）处设置旁通式隧道空气净化站一座，净化段可用净高 7.7m（图 9-32）。

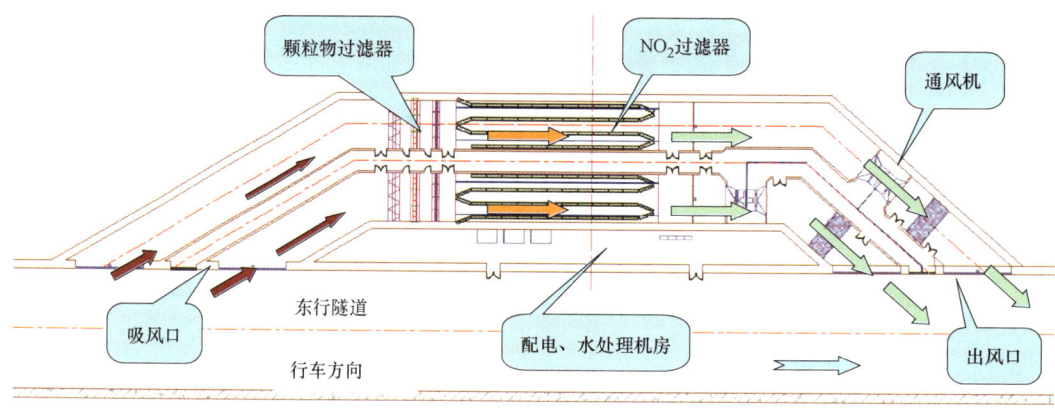

图 9-32 旁通站平面图

3. 理论净化效率（图 9-33）

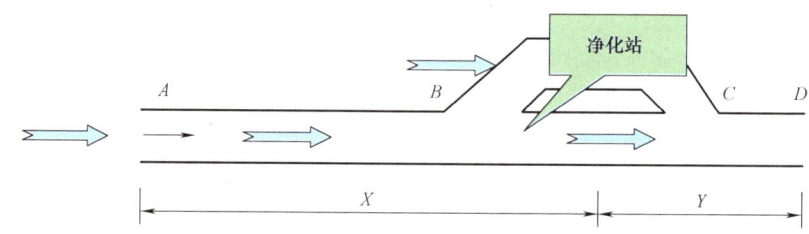

图 9-33 净化效率计算示意图

X——净化站距隧道进口距离（m）；

Y——净化站距隧道出口距离（m）；

A——隧道进口污染物总量（g/s）；

B——净化站进口污染物总量（g/s）；

C——净化站出口污染物总量（g/s）；

D——隧道出口污染物总量（g/s）。

注：计算忽略空气净化器占用距离，忽略隧道外现状环境污染物浓度，不设置净化站时隧道出口污染物排放总量为1；认为隧道内污染物含量随隧道长度线性增长。

则：

$X + Y = $ 隧道总长度

$A = 0$

$B = X / (X + Y)$

$C = (1 - $ 净化设备效率 $\times$ 处理风量百分比 $) \times B$

$D = C + Y / (X + Y)$

$(1 - D)$ 为综合净化效率。

西行隧道净化站设置距洞口较远，净化站仅能处理前端1880m隧道的部分废气，处理后空气与后端1180m隧道废气叠加后，出洞口处污染物总量为0.64，综合净化效率较低，仅为36%。

东行隧道净化站设置距洞口较近，出洞口处污染物总量为0.45，综合净化效率为55%。

9.2.4 空气净化系统设备选用

1. 设计标准和准则

1）本项目空气净化系统（APS）处理能力（表9-9）

APS 处理能力 表 9-9

处理站	设计风量（m³/s）	NO₂ 净化效率	PM₁₀ 净化效率	PM₂.₅ 净化效率
左线(西行)隧道吊顶净化站	270	≥80%	≥85%	≥85%
右线(东行)隧道旁通净化站	400	≥80%	≥85%	≥85%

2）APS设计应符合的系统性能要求

（1）隧道入口条件和去除率（表9-10）；

隧道入口条件和去除率 表 9-10

入口进气浓度条件		处理后平均浓度	去除率
换气气体温度	22℃（0~40℃）	—	通过湿度调整，可稍微降低
换气气体湿度	70%（10%~100%）	—	通过加湿可上升 0~40%
PM₂.₅/PM₁₀ 颗粒物	≥0.5mg/m³ ±5%	—	PM₁₀ 颗粒物去除率不小于85%
	<0.5mg/m³ ±5%	≤0.1mg/m³	
NO₂ 气体浓度	≥0.25cm³/m³ ±5%	—	去除率不小于80%
	<0.25cm³/m³ ±5%	≤0.05cm³/m³	
NOₓ 气体浓度	1.0cm³/m³（0.5~5.0cm³/m³）	—	10%（现场试验的参考值）

注：入口进气浓度为日平均值，括号里是容许变动范围。

（2）气体经过APS的最大压力损失不得超过890Pa；

（3）活性炭过滤器应能保证暴露在250℃的气流中15min内不会燃烧，投标商应提供国内第三方权威测试报告；

（4）APS年平均使用可靠度应不低于95%，静电除尘过滤器（ESP）的单次自动

149

清洗时间不大于 60min。

2. 大型轴流风机

每个隧道空气净化站内设置两台大型轴流通风机，风机变频控制。

大型轴流风机风量按净化风量选取，风压计算所得。

隧道空气净化站风压为风道沿程及局部阻力之和。

局部阻力主要为：吸风口、风道转弯、颗粒物过滤器、NO_2过滤器、风阀、消声器、出风口等。

过滤器设备的初、终阻力值见表 9-11。

APS 过滤装置阻力值 表 9-11

设备名称		初阻力（Pa）	终阻力（Pa）
颗粒物过滤器	粗效过滤器	100	200
	静电除尘器	60	70
	后过滤器	100	120
NO_2 过滤器		350	600

净化设备初阻力叠加 610Pa，终阻力 990Pa；终阻力完全叠加情况较少出现。

消声器 50Pa；风阀、弯头、风口、风道等阻力约 60Pa。

终阻力叠加后总计约 1100Pa，按 1150Pa 选用通风机（表 9-12）。

大型轴流风机选型参数 表 9-12

线位	安装形式	通风机直径（mm）	单台风量（m³/s）	风压（Pa）	转速（r/m）	功率（kW）
左线（西行）	吊顶式	2500	135	1150	990	250
右线（东行）	旁通式	3150	200	1150	743	315

3. 隧道空气净化站

将隧道空气净化站设计 1 个站分为 2 个单元的模式，可根据监测浓度，分单元运行。当其中一个单元设备检修、维护或更换时，另一套系统仍可运行。此种布置形式，水处理系统可共有 1 套，控制系统需为 2 套，设备的初投资有所增加，控制系统相对复杂（表 9-13）。

西行隧道为 $2 \times 135\text{m}^3/\text{s}$ 站，东行隧道为 $2 \times 200\text{m}^3/\text{s}$ 站。

空气净化站水、电消耗量 表 9-13

线位	安装形式	通风机耗电（kW）	净化设备耗电（kW）	一次补水量（L/200h）	一次冲洗用水量（m³）
左线（西行）	吊顶式	500	11	170	10
右线（东行）	旁通式	630	16	190	15

9.2.5 通风系统运行工况

1. 高峰运营（或事故）工况

150

隧道内行车高峰时，隧道洞内及洞口外污染物浓度监测超标时，射流风机、隧道空气净化站运行，废气在净化站内净化，以减少隧道出洞口污染物浓度。

2. 低峰运营工况

隧道内行车较少，隧道洞内及洞口外污染物浓度较低时，可关闭隧道空气净化站或部分数量射流风机。

3. 火灾工况

隧道内发生火灾时，空气净化站关闭，防止隧道内烟气进入污染净化站。

射流风机纵向排烟，风机运行方向与隧道行车方向一致。射流风机运行台数需根据火灾发生点确定。

9.3 城市核心区地下环形隧道工程

在城市的重点功能区建设中，越来越多地采用在市政道路下设置地下环形隧道，来增加区域道路交通资源、净化地面交通和提升区域的交通品质。地下环形隧道是主要承担地面交通与地下停车设施联系的地下交通设施，它能使区域内部交通流与城市主骨架交通流在地下高效转换。如奥林匹克公园地下环形隧道（图9-34）、北京通州区运河核心区北区环形隧道、CBD（中央商务区）核心区环形隧道、北京丽泽商务区地下环形隧道等。

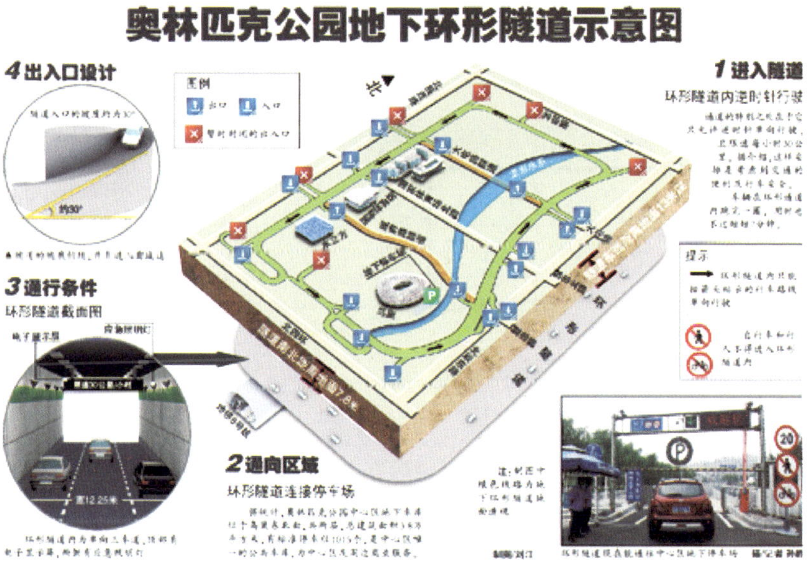

图 9-34 奥林匹克公园地下环形隧道示意图

9.3.1 工程难点问题分析

1. 纵向通风下临界风速的计算

对于呈环形的主隧道，需将烟气控制在有限范围内，避免烟气沿着整个主隧道蔓延。烟气范围控制不利，将导致隧道内人员疏散与消防救援的难度增加。因此，当环形主隧道采用纵向通风时，隧道断面平均风速的大小应谨慎设置，风速过大，容易延长烟气蔓延范围；风速过小，则烟气发生回流，均不利于人员疏散。

常规隧道的纵向排烟设计要求隧道断面平均风速应不小于临界风速，但对于环形主隧道而言，是否可以小于临界风速，值得探讨。

另外，采用纵向通风的出入口支隧道，是否还需采用临界风速控制烟气，也需探讨。

2. 烟气气流的有效组织与控制

送风机的漏风问题，即送风机送出风后，分别送往上游和下游，为保证风全部送往下游，则风机的上游需开启多少台射流风机需要研究，最好是展开测试研究。

出入口支隧道、主隧道连接道，导致的漏风、补风、排烟问题，增加烟控难度。

3. 城市地下环形隧道分为单环结构（图9-35）和多环结构

如丽泽环形隧道为3环结构，排烟气流组织控制更加困难（图9-36、表9-14）。

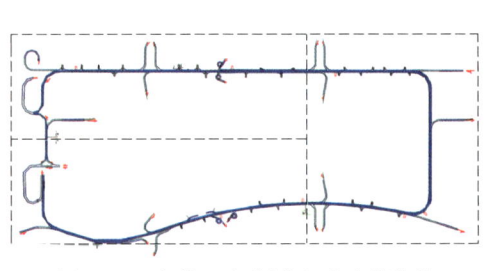

图9-35　奥林匹克公园地下环形隧道

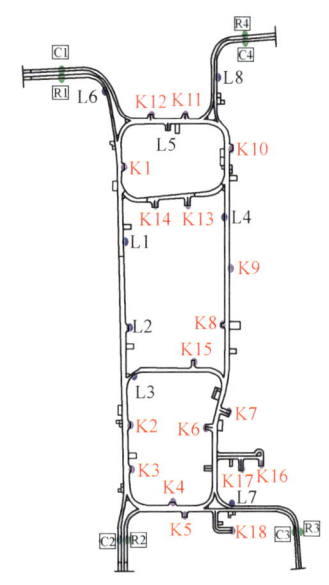

图9-36　丽泽商务区地下环形隧道

隧道通风方式统计　　　　　　　　　　　　　　　　　表9-14

隧道名称	长度/交通方式	主隧道通风方式
北京奥林匹克公园环形隧道	5.5km 单向逆时针	纵向通风,射流风机+轴流风机送排式
北京CBD中央核心区环形隧道	1.45km 单向逆时针	点式,接近纵向通风, 射流风机+轴流风机送排式
苏州火车站环形隧道	2.17km 单向逆时针	纵向通风,射流风机+轴流风机送排式

隧道名称	长度/交通方式	主隧道通风方式
天津泰达环形隧道	3km	纵向式
北京通州运河核心区	1.5km 单向逆时针	全横向式
重庆解放碑商务区地下 车行道路环形隧道	2.8km 单向逆时针	全横向式
北京金融街环形隧道	2.2km 双向交通	全横向式
北京奥南环形隧道	1.72km 单向逆时针	分散点式,接近全横向式
成都大源环形隧道	2.8km 单向逆时针	半横向式

9.3.2 北京通州运河核心区——北环环隧工程

1. 工程概况

北京市通州区运河核心区北区环形隧道工程布置在通州区新华东路、永顺东街、永顺东一街、永顺南街、北关中路、北关南街、北关大道、北关北街的道路之下,隧道主体结构全长为2.2km。全线共设8处出入口与地面道路相联系,其中4对进出口(4处进口、4处出口)与城市地面道路连接;共设有31处与地下车库的连接口。

主隧道净宽14.15m,其中行车道宽度10.75m,两侧设备空间各1.7m;行车道结构净高(含设备层1.2m、车行净空2.8m)4m。

2. 通风量计算

道路隧道通风以汽车行驶时排出废气中的CO气体和烟雾为主要对象,故隧道通风量计算时同时作了稀释隧道内车辆排出的CO和烟雾浓度允许标准的所需风量计算,并选择其中较大值作为隧道设计需风量(表9-15)。

需风量计算结果(m^3/s) 表9-15

项目 车速	稀释CO需风量	稀释烟雾需风量
30km/h	132.11	111.74
20km/h	195.22	141.19
10km/h(阻滞)	214.74	215.68
稀释异味需风量	152.87	
火灾工况需风量	30.33	

3. 通风系统设计

本工程考虑隧道设置22处进出口(10处同进同出、12处单进出)与地下车库相连，交通风难以有效利用，采用纵向通风方式气流组织难以平衡，故本工程采用多竖井全横向通风+纵向通风+重点排烟的通风方案。主隧道采用多竖井全横向通风，进出口匝道采用射流风机纵向通风。在隧道沿线设置7座通风机房+竖井，每座机房内设置两台轴流风机，一台轴流风机排风兼作排烟，一台轴流风机送风。风井过风面积控制在7m²左右，根据环评结果排风井出地面高度为20m，排风井和地面建筑合建，目前由于地块拍卖尚未全部完成，近期地面无建筑，目前风井为近期使用，高度为5m（图9-37）。

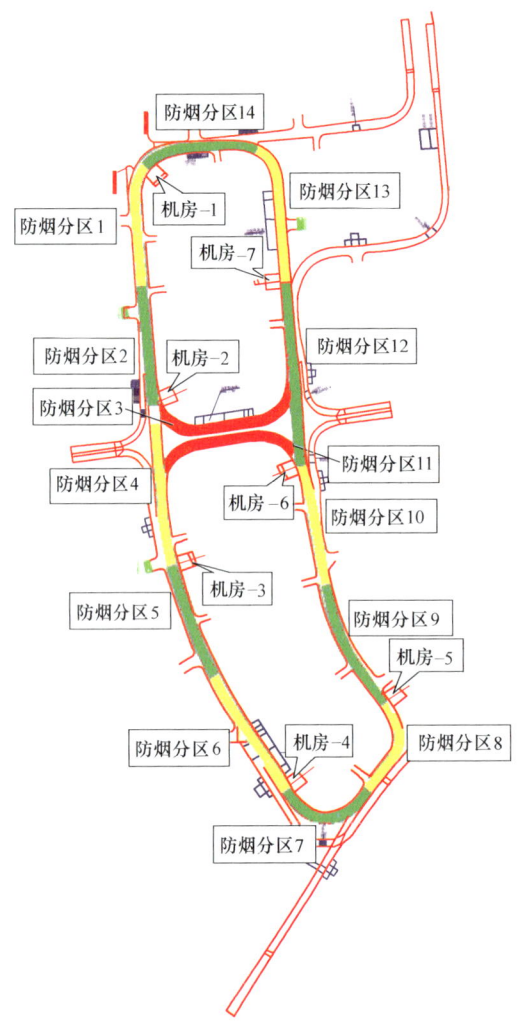

图9-37 机房及防烟分区示意图

4. 运行工况

1）正常工况

当隧道洞口污染物浓度排放超标时，轴流风机启动辅助排风，以减轻洞口排污负担。地下通道内部局部地方污染物浓度超标，轴流风机启动排风，同时送入新风，确保隧道内环境符合标准。主隧道采用全横向通风方案，正常工况时可以迅速组织气流通风换气，通风效能好，保证隧道内的空气质量；连接通道采用横向排风，由邻近出入口及邻近风机补风；进出口匝道采用射流风机纵向通风，进出口段可以有效地利用行车动力及洞口引入新风，通风效能好。

2）事故工况

全线考虑一处火灾，燃烧规模按照10MW计算。当主通道内某一处发生火灾时，启动火灾点区段排烟风机排烟，送风机补风，无须启动全线风机；主隧道火灾排烟时，排烟风机的开启台数根据火灾位置、通道情况等确定，火灾点前方的车辆迅速远离火灾点，火灾点后方的车辆始终处于安全地带；当联系通道发生火灾时，开启负责通道排烟的风机，视火灾点的位置开启通道一端的送风机或相邻出入口的射流风机补风；当在进出口匝道处发生火灾时，启动射流风机就近排烟，当射流风机无法满足排烟要求时，根据火灾点的位置，启动火灾点后方的轴流风机送风，射流风机平衡压力，烟气从隧道口排出；重点排烟方案火灾时系统可以就近排烟，以利于火灾点前后两端人员疏散和救援。

在地下通道与地下车库的进出口设置防火卷帘门，火灾时地下车库的防火卷帘门关闭，以确保通道与车库烟气不互相流通，能够独立地进行消防排烟。

5. 火灾烟气控制分析

本工程采用多竖井全横向与纵向通风结合的通风方案，主隧道采用多竖井全横向通风，进出口匝道采用射流风机纵向通风。项目共设有通风机房 7 座。风机参数见表9-16。

风机参数统计   表 9-16

名　　称	规　　格
轴流风机	风量 $35m^3/s$ 推力 798N 功率 37kW
混流风机	风量 $35m^3/s$ 推力 757N 功率 37kW
射流风机	风量 $24.5m^3/s$ 推力 859N 功率 22kW

环隧内主通道防烟分区按照不大于 $2000m^2$ 划分，烟气控制模式按照火灾发生在主隧道或火灾发生在进出口匝道两种模式，分别如下：

（1）当主隧道内任一位置发生火灾时，其烟控模式为：中间排烟、上下游补风，将烟气控制在有限的区域内。

（2）当在进出口匝道和主隧道交叉口发生火灾时，其烟控模式为：匝道内射流风机排烟，主隧道内就近补风系统补风，将烟气由进出口匝道排出，减少对主隧道的影响。

主隧道根据火灾位置确定排烟开启的区域，即发生火灾后，开启着火点防烟分区的排烟系统及着火点前方排烟分区的排烟系统进行排烟，同时着火点上下游开启补风系统补风，补风量为排烟量的一半。按照该原则，在图 9-38 中三个典型着火点起火后，对应启动的排烟分区分别为：

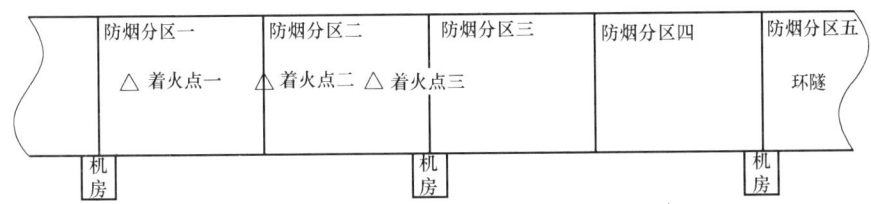

图 9-38　通州核心区北环环隧典型着火点及防烟示意图分区

着火点一：启动排烟分区一、二进行排烟，排烟量为 $70m^3/s$；
着火点二：启动排烟分区一、二进行排烟，排烟量为 $70m^3/s$；

着火点三：启动排烟分区二、三进行排烟，排烟量为 35m³/s。

由于着火点三前方防烟分区四属于车行疏散区，应同时开启排烟使排烟量提高到 70m³/s。

该设计方案中采用多竖井全横向与纵向通风结合的通风方案是否能在火灾初期把烟气控制在一个相对较小的范围内（如起火点所在防烟分区），为通道内人员或车辆提供充足的疏散时间，需要通过 CFD 计算机模拟计算验证。

本工程主要火灾可燃物为汽车，设定火灾规模 10MW，火灾中烟羽流体积生成速率为 28.2m³/s，由此可推算出设计最小启动的排烟量不应小于 28.2m³/s。采用不同火灾场景（图 9-39），模拟火灾发生位置，对比分析不同排烟量和不同火灾规模时，隧道通道内的烟控效果。

在火灾场景 A 位置，设计火灾规模均为 10MW，排烟量分别为 70m³/s 和 35m³/s，补风量分别为 35m³/s 和 17.5m³/s；火灾规模为 5MW，排烟量为 35m³/s，补风量为 17.5m³/s，三种工况进行对比。以前两种火灾场景为例比较烟控效果。

火灾场景 A1 火灾规模均为 10MW，排烟量分别为 70m³/s，补风量分别为 35m³/s。以下为 600s 后各状态的模拟结果。

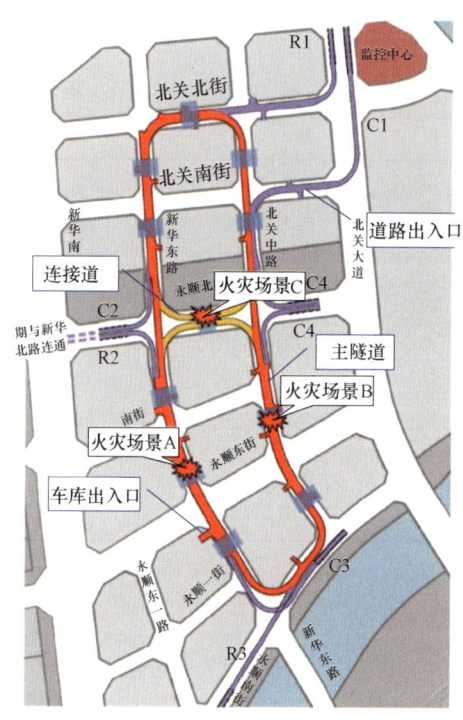

图 9-39　火灾场景位置示意图

1）温度图片（图 9-40）
2）隧道内温度 50℃ 以上区域（图 9-41）

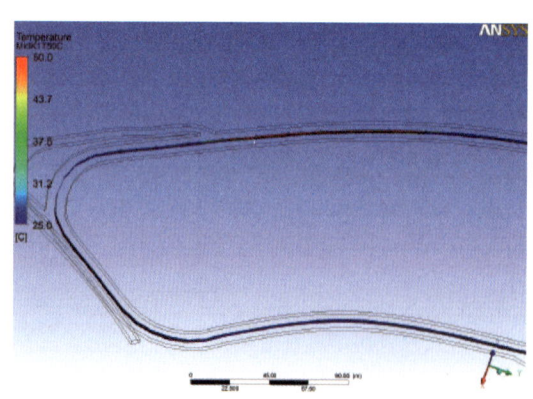

图 9-40　火灾场景 A1 温度图片

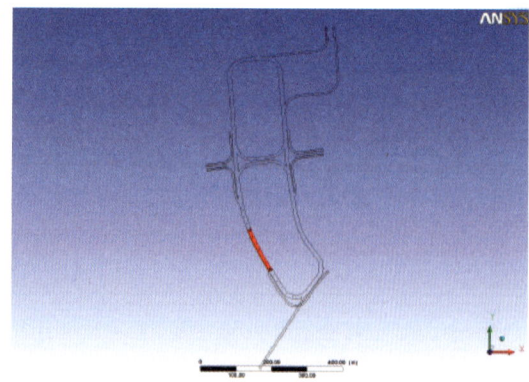

图 9-41　火灾场景 A1 隧道内温度 50℃ 以上区域

156

3）隧道内能见度（图9-42）

4）隧道内可见度10m以内区域（图9-43）

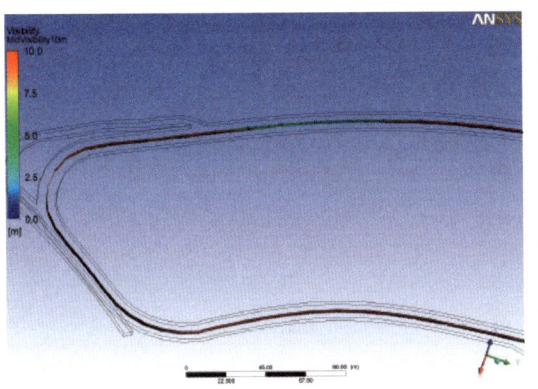

图9-42　火灾场景A1隧道内能见度　　图9-43　火灾场景A1隧道内可见度10m以内区域

5）补风侧速度场图片（图9-44）

火灾场景A2火灾规模均为10MW，排烟量分别为$35m^3/s$，补风量为$17.5m^3/s$。

1）温度图片（图9-45）

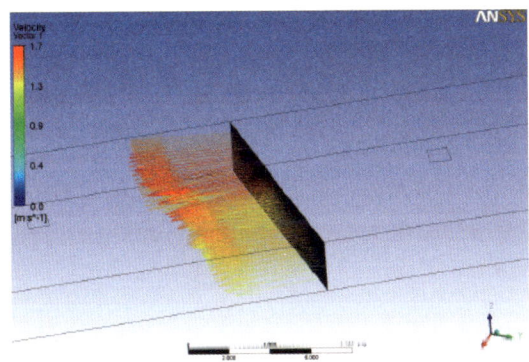
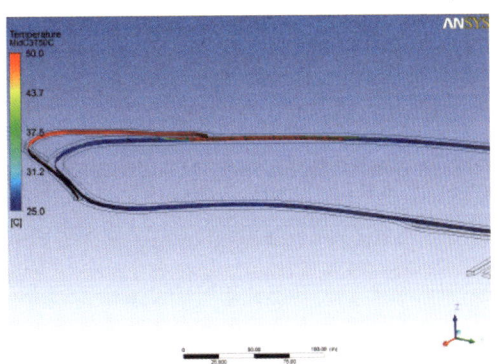

图9-44　火灾场景A1补风侧速度场图片　　图9-45　火灾场景A2温度图片

2）隧道内温度50℃以上区域（图9-46）

3）隧道内能见度（图9-47）

4）隧道内可见度10m以内区域（图9-48）

5）补风侧速度场图片（图9-49）

由于场景A1的排烟量和送风量均为A2的2倍，对比模拟结果的温度场分布表明，在A1场景中，除着火点防烟分区内温度上升到50℃，其他区域内温度能维持在50℃以下；而A2场景中，当模拟进行到600s后，不仅着火点防烟分区内温度上升到50℃，而且出口C3大部分区域温度也上升到50℃以上。能见度模拟也有相同的结果，在A1场景中，只有着火点防烟分区内能见度下降到10m以下，而A2场景中，着火点防烟分区大部分区域和出口C3的能见度均下降到10m以下。从设置的补风侧速度监测面对照

157

来看，在 A1 场景其最大速度能达到 2.0m/s，而 A2 场景其最大速度只能达到 1.2m/s。

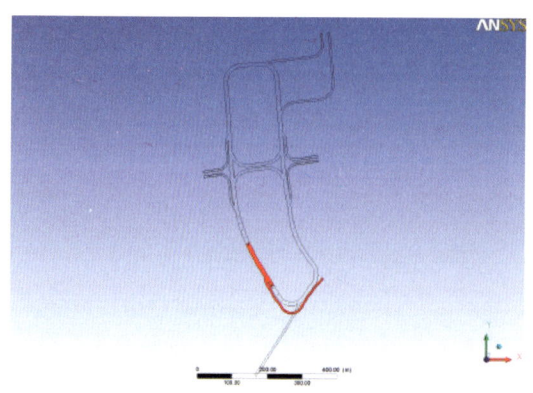

图 9-46　火灾场景 A2 隧道内温度 50℃ 以上区域

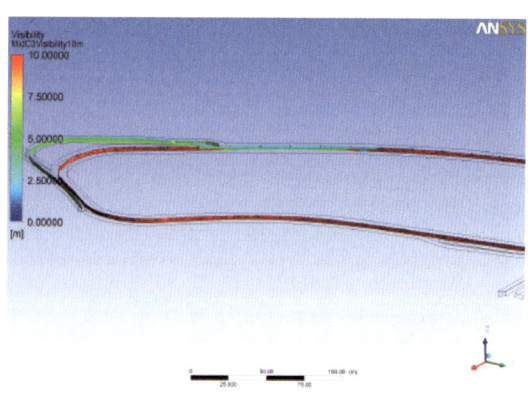

图 9-47　火灾场景 A2 隧道内能见度

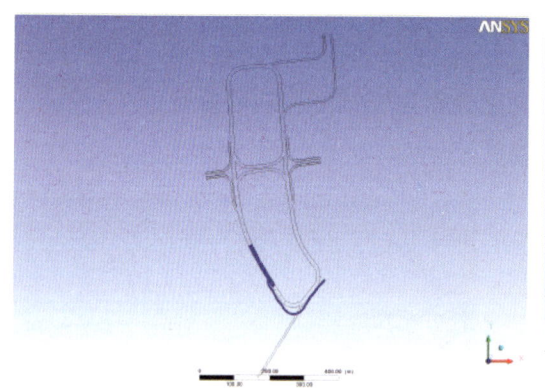

图 9-48　火灾场景 A2 隧道内可见度
10m 以内区域

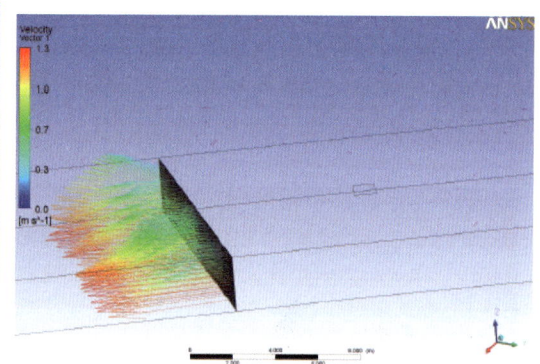

图 9-49　火灾场景 A2 补风侧速度场图片

　　模拟表明，环隧烟气控制策略，详见表 9-17 所示的防烟排烟设计方案。当主通道内发生火灾时，启动着火点所在防烟分区和着火点前方防烟分区的排烟系统进行排烟，着火点上下游按排烟量一半进行补风。当在进出口匝道处发生火灾时，启动射流风机就近排烟，主通道内补风，将火灾烟气由匝道排出。根据其排烟情况，当主通道内发生火灾时，启动的排烟量将达到 70m³/s，远大于烟羽流体积生成速率 28.2m³/s。当进出口匝道或进出口匝道与主通道交叉处发生火灾时，通过匝道内射流风机排烟，启动的排烟量将达到 49m³/s，远大于烟羽流体积生成速率 28.2m³/s。从提供的单次火灾最小启动排烟量看，其排烟能力满足排烟设计要求。

9.3.3　北京丽泽金融商务区地下环隧工程

1. 工程概况

丽泽地下交通环廊位于丽泽商务核心区中部，地下环廊主隧道呈"目"字形构型，北线、西线及南线分别位于规划三路居南一路、金中都东路、金中都路道路红线内，主

158

隧道东线利用规划绿地及部分为强路道路红线内通过，丽泽路南北两侧各设置一处主环廊连接线，位于三路居南二路及骆驼湾南路道路红线内。

环隧防烟排烟设计方案   表 9-17

火灾场景	着火点位置	防烟排烟方案
直道型	A 机房 3、4 之间	开启着火点前方排烟风机，排烟量 70m³/s； 开启着火点后方补风风机，补风量 35m³/s （火灾规模 10MW）
	B 机房 5、6 之间	开启着火点前方排烟风机，排烟量 70m³/s； 开启着火点后方补风风机，补风量 35m³/s （火灾规模 10MW）
	C 机房 2、7 之间	开启着火点前方排烟风机，排烟量 70m³/s； 开启着火点后方补风风机，补风量 35m³/s （火灾规模 10MW）
交叉路口型	D 主通道与入口 R1	R1 匝道内射流风机排烟，排烟量 49m³/s， 主通道内补风，补风量 24.5m³/s （火灾规模 5MW）
	E 主通道与出口 C1	C1 匝道内射流风机排烟，排烟量 49m³/s， 主通道内补风，补风量 24.5m³/s （火灾规模 5MW）
	F 主通道与出口 C4	C4 匝道内射流风机排烟，排烟量 49m³/s， 主通道内补风，补风量 24.5m³/s （火灾规模 5MW）
	G 主通道与入口 R3	R3 匝道内射流风机排烟，排烟量 49m³/s， 主通道内补风，补风量 24.5m³/s （火灾规模 5MW）
匝道	H 出口 C1 匝道	C1 匝道内射流风机排烟，排烟量 49m³/s， 主通道内补风，补风量 24.5m³/s （火灾规模 5MW）
	I 入口 R3 匝道	R3 匝道内射流风机排烟，排烟量 49m³/s， 主通道内补风，补风量 24.5m³/s （火灾规模 5MW）

丽泽地下交通环廊共设置 4 对进出口（4 个进口、4 个出口）与地面道路相接，其中出口 C1、入口 R1、出入口 R4 位于三路居路；出口 C2、入口 R2 位于金中都东路；出入口 R3 位于骆驼湾西路。

地下环廊共设置 4 对进出口匝道与地面道路相接，设置 20 处出入口（18 处同进同出、2 处单进单出）与地下车库相连。环廊沿线设有附属用房，其中包含 6 处排水泵房（4 座雨水泵房，2 座废水泵房）、9 座通风机房（含通风竖井）、1 处消防泵房（含消防水池）、4 处变电站、1 处监控中心、9 处人员逃生口（含 2 处临时逃生口、7 处永久逃生口）。

丽泽地下环廊主环廊设计车速为 30km/h，道路出入口、集散车道设计车速为 10km/h。其中，主环廊全长为 2.06km，进出口通道长 1.74km，两条连接线总长 0.5km。

隧道内行车净空不小于 2.8m，交通标志及设备层净空不小于 1.25m。

丽泽地下环廊全线总长约 4.3km。该工程主要采用明开挖法施工。其中，主环廊行车道层净高 4.35m（含设备层 1.55m、车行净空 2.8m）；连接线及进出口车行道层净高 4.05m（含设备层 1.25m、车行净空 2.8m）。

主环廊最大纵坡为 1.34%，最小纵坡为 0.1%，除路口接顺段外，最小坡长为 100m。

2. 通风量计算

道路隧道通风以汽车行驶时排出废气中的一氧化碳（CO）气体和烟雾为主要对象，故隧道通风量计算时同时作了稀释隧道内车辆排出的一氧化碳（CO）和烟雾浓度允许标准的所需风量计算，并选择其中较大值作为隧道设计需风量（表 9-18）。

需风量计算结果（m³/s） 表 9-18

工况	稀释 CO 需风量	稀释烟尘需风量	隧道换气需风量		火灾工况	
			最小换气频率 3 次/h	隧道换气风速 1.5m/s	1~7 号风机	8、9 号风机
30km/h	117.87	156.55				
20km/h	252.59	193.65	162.1	66.84	106.44	30.3
10km/h	169.74	309.84				

说明：1~7 号风机房服务的主隧道采用多竖井送/排风加射流风机诱导型纵向通风方式，根据主隧道火灾释放量为 10MW，临界风速为 2m/s，经计算，主隧道计算排烟量为 90m³/s。

8、9 号风机房服务的支隧道采用横向排烟模式，根据火灾释放量为 10MW，取最小清晰高度为 2m，计算排烟量为 30.3m³/s。

3. 通风、排烟方案

根据方案及初步设计阶段的研究分析，本工程采用多竖井送/排风 + 射流风机诱导型纵向通风方式。

1）隧道机械通风系统

在 1~7 号风机房均设置 22 号可逆转耐高温变频轴流风机（风机风量 110m³/s，全压 1000Pa，功率 200kW）。且要求能正反转，反风比为 100%，正反向转换时间小于 60s。风机通过变频控制使风量、风压满足平时通风、火灾排烟工况的节能运行要求。

在 8、9 号风机房均设置 12.5 号可逆转耐高温轴流风机（风机风量 36m³/s，全压 900Pa，功率 55kW）。且要求能正反转，正反向转换时间小于 60s。风机的风量、风压须满足火灾排烟工况的节能运行要求。

2）风井、风亭

每个风机房设一个直通地面的风亭。1~7 号风井的净过风面积约为 20m²。风亭上百叶窗面积约为 33m²，百叶底部距地高度 2.5m。8、9 号风井的净过风面积约为 3m²。风亭上百叶窗面积约为 7m²，百叶底部距地高度 2.5m。

3）隧道通风（防排烟）系统

隧道通风主要是对 CO、烟尘和异味进行稀释。设置机械通风系统，且通风系统兼作火灾防排烟系统。

160

整个隧道的通风系统（兼防排烟）由 7 台 22 号轴流风机、2 台 12.5 号轴流风机和 76 台射流风机组成（还包含风管和风阀、消声器等零部件）。负责整座隧道的平时通风，兼火灾工况的防排烟。

4. 运行工况

正常运行时，车辆行驶形成的活塞风气流将有助于纵向通风，当车速下降形成活塞风减小到不能满足稀释通道内的污染物时，开启悬挂安装于通道顶部的射流风机及附近的轴流风机，从洞口及风井补充新风以维持通道内空气环境不低于设计标准。

事故工况时全线同一时间考虑一处火灾，燃烧规模按照 10MW 计算。当主通道内某一处发生火灾时，启动火灾点区段对应的排烟风机排烟，对应的送风机补风，无须启动主隧道全线风机排烟。排烟风机的开启台数根据火灾位置、通道情况等确定，火灾点前方的车辆迅速远离火灾点，火灾点后方的车辆始终处于安全地带。当在进出口匝道处发生火灾时，启动射流风机排烟，当射流风机无法满足排烟要求时，根据火灾点的位置，启动火灾点后方的轴流风机送风，射流风机平衡压力，烟气从隧道口排出。

射流风机的配置既满足正常工况下地下通道通风需求，又满足火灾工况排烟时平衡压力的需求。

在地下隧道与地下车库的进出口设置防火卷帘门，隧道或车库火灾时地下车库的防火卷帘门关闭，以确保通道与车库烟气不互相流通，能够独立地进行消防排烟。

5. 火灾烟气控制分析

本工程主隧道及主隧道连接道采用多竖井 + 射流风机纵向通风方式。主环廊沿线设置 7 座风机房，每座机房内设置一台双速可逆转轴流风机，正常通风时低速运行，消防排烟时高速运行。进出口匝道采用射流风机纵向通风方式。车库连接道 Z2、Z3 采用半横向排烟，各设置 1 座风机房，内设 1 台双速可逆转轴流风机。

丽泽商务区地下环隧以现有的风机房为边界，结合隧道建筑形式，将主隧道划分为 7 个烟控区段，两条主隧道连接道分别划分为一个烟控区段，总共 9 个烟控区段，见图 9-50 图所示。根据现有设计条件，烟控方案如下。

1）主隧道火灾

确认隧道发生火灾时，开启火源所在烟控区段下游就近轴流风机进行机械排烟，上游就近轴流风机逆转机械补风进行防烟。同时，启动火源所在区段射流风机补风机上游最近射流风机平衡压力。

由于本工程隧道弯道及岔道较多，使得火源上游补风漏点增多，下游烟气蔓延范围广，因而为了形成临界风速，限制烟气蔓延范围，需联动较多的通风排烟设备控制烟气流动。结合本工程风机房在环隧的位置，设定火源位置，通过 CFD 计算机模拟设计及计算烟气控制结果，确定每段防烟分区烟控方案及联动的排烟设备。

2）主隧道连接道火灾

连接道发生火灾后，利用连接道所在小环设置的轴流风机独立防烟排烟，尽量减少对主隧道的影响。

3）出入口隧道火灾

出入口支隧道发生火灾后，火灾初期采用自然排烟方式，若烟气蔓延至主隧道，则主隧道就近的轴流风机逆转机械排烟，防止烟气进入主隧道。为了加强支隧道的排烟能力，可开启射流风机将烟气从隧道出入口排出室外。

4）车库连接道 Z2、Z3

发生火灾时，采用半横向排烟。车库连接道与主隧道之间的挡烟垂壁下降，车库连接道内机械排烟，主隧道机械自然补风。若烟气蔓延至主隧道，启动主隧道相邻区段的烟控方案。

火灾场景设置基于轴流风机、射流风机的初设布置图，共 11 个场景，见图 9-51。

火灾模拟参数：主隧道火灾规模均设置为 10MW，主隧道连接道及出入口支隧道内的火灾规模设为 5MW。

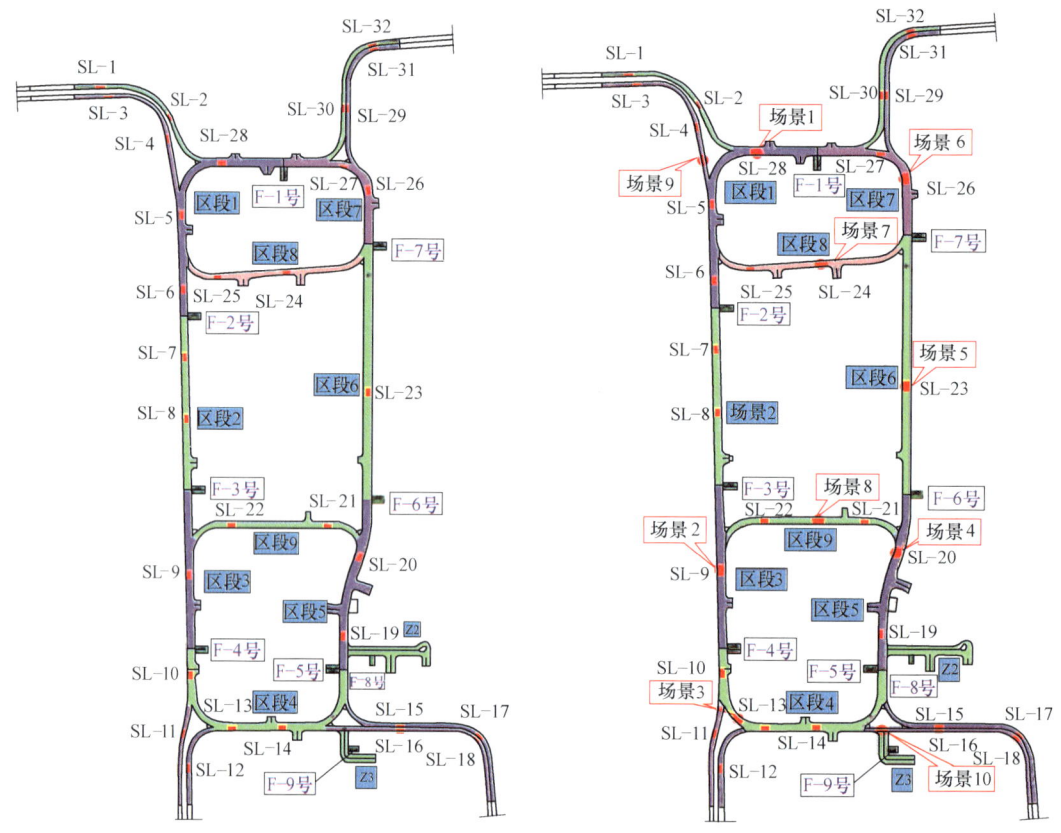

图 9-50　通风机房位置和防烟分区示意图　　　图 9-51　火灾场景设置示意图

通过烟气控制模拟计算总结知，当主隧道发生火灾时，烟气需要控制在 2 个烟控区段内，能确保烟气不发生回流，火源上游人员安全疏散。对于岔道口上游火灾，如场景 4 和场景 5，火灾烟气蔓延范围相对较大。详细烟气控制计算结果见表 9-19 和图 9-52。

5）气流组织分析

每一个区段发生火灾后，对启动部分送风机和排风机的情况下的气流组织进行简要分析，可以从中看出岔道口的分流现象，从而也直观地看到烟气控制的复杂度（图 9-53 ~ 图 9-58）。

丽泽火灾场景表

场景编号	火源位置	工况设置	烟气蔓延区段	备注
场景 1	区段 1，SL-28 下方	SL-5、SL-27、F-1 号（送）、F-2 号（排）、F-3 号（排）	2	1 送 2 排
场景 2	区段 3，SL-9 下方	SL-8、F-3 号（送）、F-4 号（排）	3	1 送 1 排
场景 3	区段 4，SL-13 上游	SL-9、SL-14、F-3 号（送）、F-4 号（送）、F-5 号（排）、F-6 号（排）	2	2 送 2 排
场景 4	区段 5，SL-20 下方	SL-19、SL-34、F-5 号（送）、F-6 号（排）	4	1 送 1 排
场景 5	区段 6，SL-23 下方	SL-20、F-6 号（送）、F-7 号（排）	3	1 送 1 排
场景 6	区段 7，SL-26 下方	SL-23、SL-27、F-6 号（送）、F-7 号（送）、F-1 号（排）	2	2 送 1 排
场景 7	区段 8，SL-24 下方	SL-5、SL-25、F-1 号（送）、F-7 号（排）	2	1 送 1 排
场景 8	区段 9 中部	SL-8、SL-21、SL-22、SL-16、F-4 号（排）、F-5 号（排）	3	仅 2 排
场景 9	R1 靠近主隧道处	正在计算		
场景 10	C3 靠近主隧道处	正在计算		
场景 11	车库连接道 Z2	正在计算		

备注：主隧道的火灾规模设置为 10MW，车库连接道及出入口支隧道的火灾规模设为 5MW。均采用快速 t^2 火。

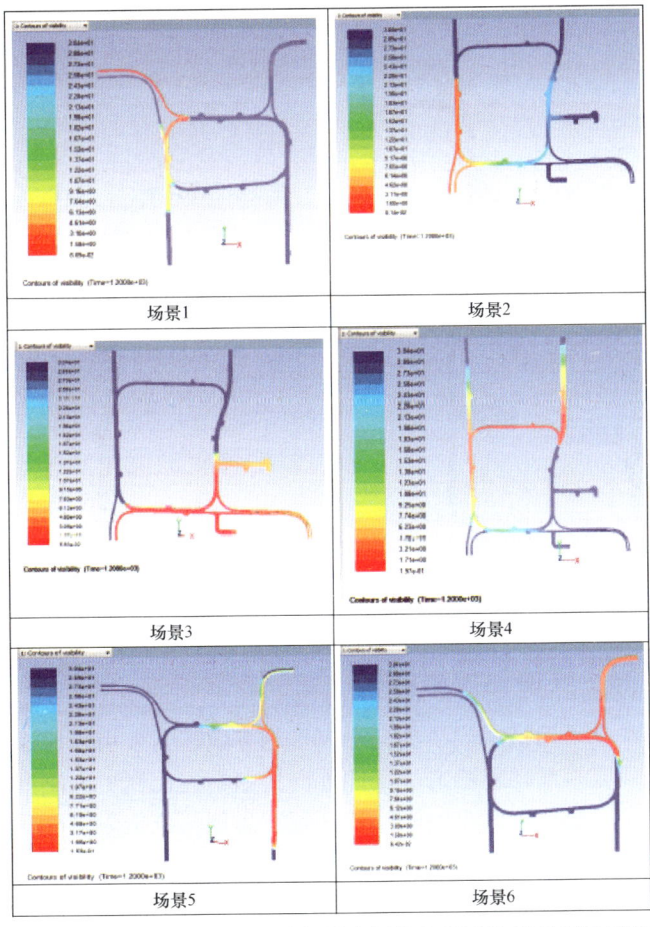

图 9-52   各火灾场景 1200s 时在所选烟控方案下的能见度计算结果

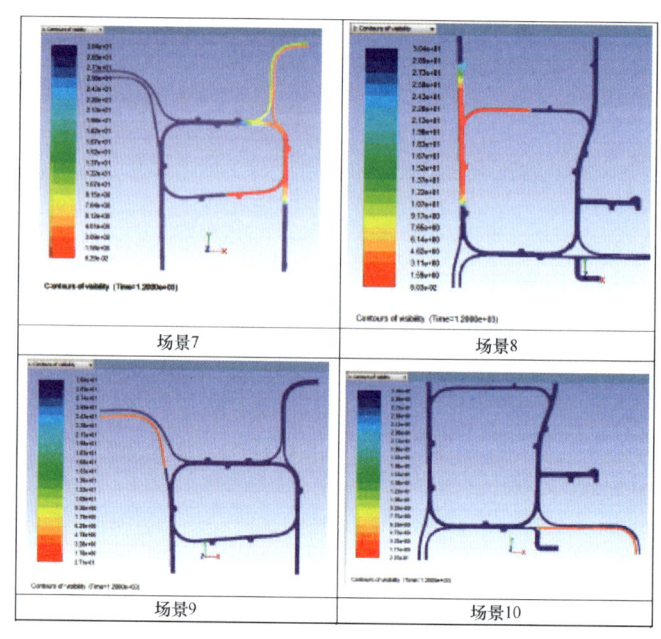

图 9-52　各火灾场景 1200s 时在所选烟控方案下的能见度计算结果（续）

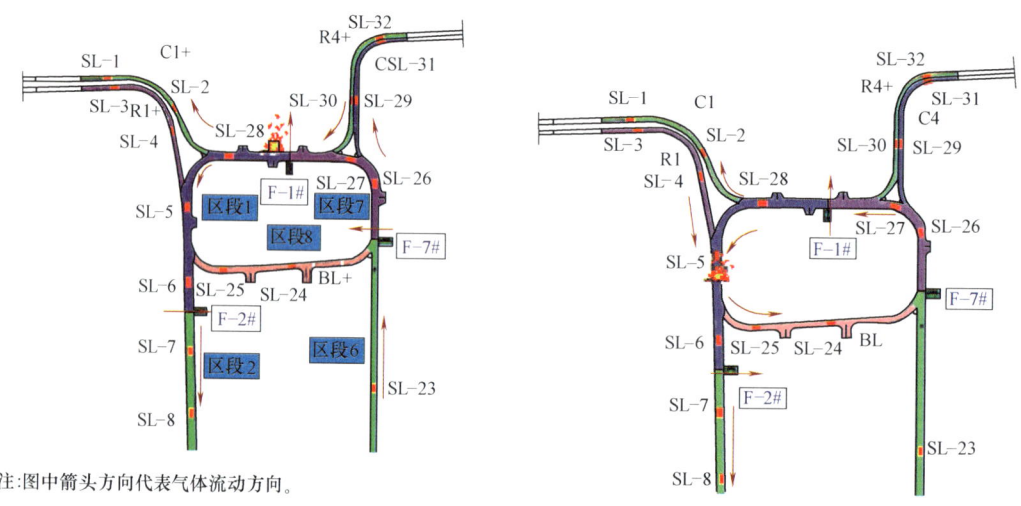

注:图中箭头方向代表气体流动方向。

图 9-53　C1 与 R4 中部气流组织示意图　　　　图 9-54　R1 与 BL 中部气流组织示意图

9.3.4　环隧工程通风排烟控制

环形隧道工程宜采用横向或半横向通风排烟方式，当采用纵向通风排烟方式时，相比单环环隧，双环或多环环隧隧道区域的纵向排烟烟气控制更为复杂。这主要由于主隧道连接道的设置所引起，以北京丽泽商务区环隧为例，概括为以下几点：

（1）主隧道内三岔路口增多后，烟气气流组织的泄压口增多，影响临界风速的形成，并扩大烟气蔓延范围。主隧道内的连接道越多，则多环环隧的三岔路也越多，烟气气流组织越难。每一个岔路口都是泄压口。

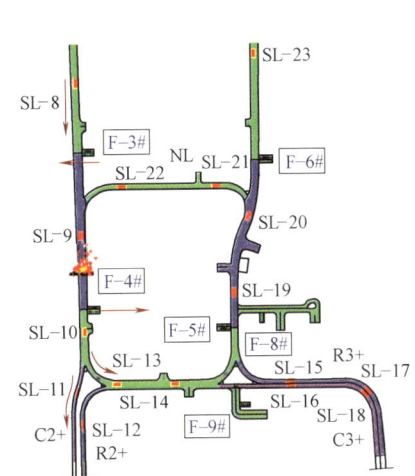

图 9-55　NL 与 C2 中部气流组织示意图

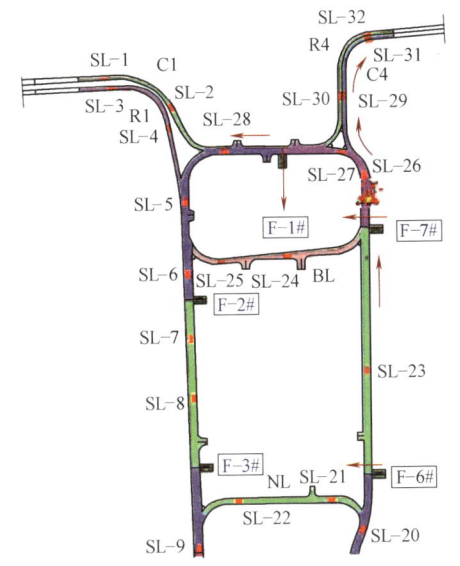

图 9-56　BL 与 C4 中部气流组织示意图

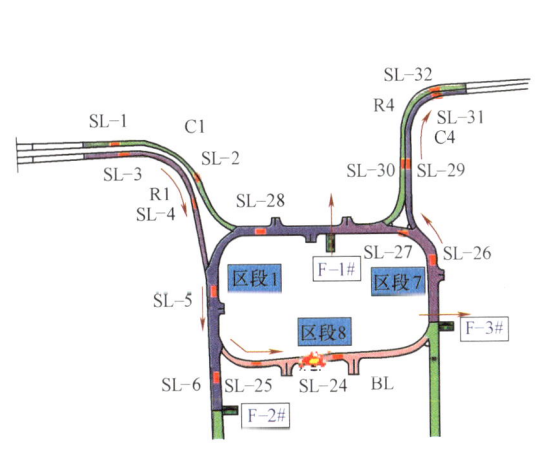

图 9-57　BL 中部气流组织示意图

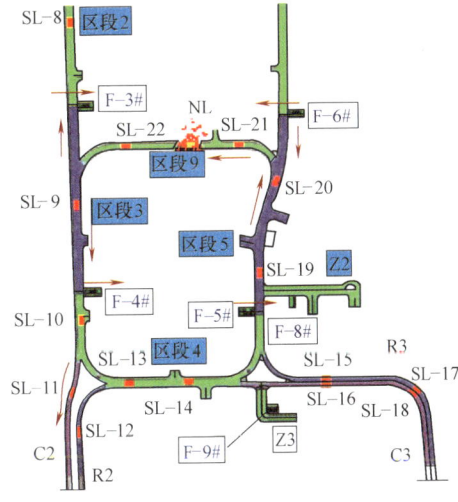

图 9-58　NL 中部气流组织示意图

（2）更容易出现烟气"转圈"的现象。多环环隧中每个小环的长度一般不大于
1000m，在小环内发生火灾，若临界风速设置过大，可能出现烟气蔓延范围到达火源上
游补风口的位置，烟气在送风口作用下，容易沿着风流继续往下蔓延，从而导致烟气在
整个单环区域内蔓延，不利于人员安全疏散及消防救援。同时，利用临界风速形成火源
上游区域的安全环境，难以实现。

（3）较难区分火源上下游。对于单环环隧，纵向通风排烟的烟控目的，一般是将
烟气控制在一半的隧道长度范围内，因而可认为火源点上游的隧道一半区域为上游，同
理，隧道另外一半区域为下游。对于多环环隧，由于环路较短、连接道多，烟气的蔓延

范围可能包括主隧道的直线段与连接段，有些烟气蔓延的区域距离火源较近，很难判断是火源上游还是下游。

（4）联动启动的设备更多。岔路口的存在，使得火源上游补风漏风点增多，下游烟气蔓延范围广，为了形成临界风速，限制烟气蔓延范围，需联动较多的通风排烟设备控制烟气流动，但同时也增加了烟气控制的复杂性。联动的设备越多，可靠性越低。

10　计算机辅助设计仿真模拟软件简介

在城市地下道路的通风及排烟系统设计中，对于一些结构复杂、出、入口多的城市地下道路，由于其内部气流流动复杂，影响因素众多，采用常规的单点进出的经验公式计算和设计思路等方法无法满足实际隧道的通风效果需求，此时，借助于计算机仿真模拟可以解决复杂的通风网络计算问题，再现不同通风条件下隧道内污染物、烟气等的扩散及分布情况以及通风系统的控制效果，从而确定出最优的设计参数和系统的运行策略，提高系统设计的可靠性和合理性。

隧道内通风排烟设计常用的辅助模拟仿真方法主要包括 CFD (Computational Fluid Dynamics) 模拟以及用于较复杂的隧道通风排烟设计的一维隧道通风网络模拟等。

10.1　CFD 模拟方法简介

计算流体力学 (CFD) 是通过数值方法求解流体流动控制方程，得到流场的离散的定量描述，并以此预测流体运动规律的学科。CFD 模拟以其数据翔实、经济性好等优点在隧道的通风、排烟系统的气流组织设计、通风排烟方案评估以及隧道火灾动力学特性研究等方面已得到了大量的应用。

在 CFD 中，把流体运动控制方程中的积分、微分项近似地表示为离散的代数形式，使得积分或微分形式的控制方程转化为代数方程组，然后，通过计算机求解这些代数方程组，从而得到流场在离散的时间/空间点上的数值解 (numerical solution)。CFD 模拟过程通常遵循以下步骤：

(1) 问题的界定和流动区域的几何描述。明确要解决的问题中流场的几何形状、流动条件和对于数值模拟的要求。

(2) 选择流动控制方程，确定边界条件。一般认为，在牛顿流体范围内，所有的重要流动现象都可以用 Navier-Stokes (纳维—斯托克斯) 方程来描述。边界条件通常有固体壁面条件，来流、出流条件，周期性条件，对称条件等。

(3) 确定网格划分策略和数值方法。在 CFD 中，网格划分可以有各种不同的策略，如结构网格、非结构网格、组合网格、重叠网格等。网格可以是静止的，也可以是运动的 (动网格)，还可以根据数值解动态调整 (自适应网格)。CFD 中的数值方法有有限差分、有限体积、有限元等。数值方法和网格划分策略是相互关联的。

(4) 程序设计和调试。在网格划分策略和数值方法的基础上，编制、调试数值求解流体运动控制方程的计算机程序或软件。

(5) 数值解的显示和评价。在得到数值解后，显示和输出计算结果。

10.1.1 CFD 理论基础

1. 描写流体流动与传热问题的控制方程（直角坐标系）

流体力学的基本方程是 CFD 的基础。流体的运动应满足质量守恒、动量守恒和能量守恒的规律。

1）连续方程

$$\frac{\partial \rho}{\partial \tau} + div(\rho U) = 0 \tag{10-1}$$

2）动量方程

$$\frac{\partial(\rho u)}{\partial \tau} + div(\rho u U) = div(\mu grad u) + S_u - \frac{\partial p}{\partial x} \tag{10-2}$$

$$\frac{\partial(\rho v)}{\partial \tau} + div(\rho v U) = div(\mu grad v) + S_v - \frac{\partial p}{\partial y} \tag{10-3}$$

$$\frac{\partial(\rho w)}{\partial \tau} + div(\rho w U) = div(\mu grad w) + S_w - \frac{\partial p}{\partial z} \tag{10-4}$$

其中，S_u、S_v、S_w 为 3 个动量方程的广义源项：

$$S_u = \frac{\partial}{\partial x}\left(\mu \frac{\partial u}{\partial x}\right) + \frac{\partial}{\partial y}\left(\mu \frac{\partial v}{\partial x}\right) + \frac{\partial}{\partial z}\left(\mu \frac{\partial w}{\partial x}\right) + \frac{\partial}{\partial x}(\lambda div U)$$

$$S_v = \frac{\partial}{\partial x}\left(\mu \frac{\partial u}{\partial y}\right) + \frac{\partial}{\partial y}\left(\mu \frac{\partial v}{\partial y}\right) + \frac{\partial}{\partial y}\left(\mu \frac{\partial w}{\partial x}\right) + \frac{\partial}{\partial y}(\lambda div U)$$

$$S_w = \frac{\partial}{\partial x}\left(\mu \frac{\partial u}{\partial z}\right) + \frac{\partial}{\partial y}\left(\mu \frac{\partial v}{\partial z}\right) + \frac{\partial}{\partial y}\left(\mu \frac{\partial w}{\partial z}\right) + \frac{\partial}{\partial z}(\lambda div U)$$

3）能量方程

$$\frac{\partial(\rho h)}{\partial t} + \frac{\partial(\rho u h)}{\partial x} + \frac{\partial(\rho v h)}{\partial y} + \frac{\partial(\rho w h)}{\partial z} = -p div U + div(\lambda grad T) + \Phi + S_h \tag{10-5}$$

式中 S_h 为流体的内热源项，$-p div U$ 为表面力对流体微元所做的功，一般可以忽略。Φ 为由于黏性作用机械能转换为热能的部分，称为耗散函数，计算式如下：

$$\Phi = \mu 2\left[\left(\frac{\partial u}{\partial x}\right)^2 + \left(\frac{\partial v}{\partial y}\right)^2 + \left(\frac{\partial w}{\partial z}\right)^2\right] + \left[\left(\frac{\partial u}{\partial y} + \frac{\partial v}{\partial x}\right)^2 + \left(\frac{\partial u}{\partial z} + \frac{\partial w}{\partial x}\right)^2 + \left(\frac{\partial v}{\partial z} + \frac{\partial w}{\partial y}\right)^2\right] + \lambda div U \tag{10-6}$$

对于理想气体、流体及固体可以取 $h = c_p T$，于是可得：

$$\frac{\partial(\rho T)}{\partial t} + div(\rho U T) = div\left(\frac{\lambda}{c_p} grad T\right) + S_T \tag{10-7}$$

其中 $S_T = S_h + \Phi$

当流动与换热过程伴随有质交换时，设组分 l 的质量百分数为 m_l，引入质扩散的 Fick 定律后，得组分方程

$$\frac{\partial(\rho m_l)}{\partial t} + div(\rho m_l U) = div(\Gamma_l grad m_l) + R_l \tag{10-8}$$

式中 R_l 是单位容积内组分 l 的产生率，Γ_l 为组分 l 的扩散系数。

上述控制方程可用如下的通用形式的控制方程来表示：

$$\frac{\partial(\rho\phi)}{\partial t} + div(\rho U\phi) = div(\Gamma_\phi grad\phi) + S_\phi \qquad (10\text{-}9)$$

式中 ϕ——通用变量，可代表 u、v、w、T 等求解变量；

Γ_ϕ——广义扩散系数；

S_ϕ——广义源项。

不同求解变量之间的区别除了边界条件和初始条件外，就在于 Γ_ϕ 和 S_ϕ 的表达式的不同。

2. 湍流流动与换热的数值模拟

由于隧道内气体的流动多为湍流流动，关于湍流流动与换热的数值计算，目前常用的方法可以分为三类，即直接模拟（Direct Numerical Simulation，DNS）、大涡模拟（Large Eddy Simulation，LES）和 Reynolds 时均模拟（Reynolds Averaging Navier-Strokes，RANS）。

1）直接模拟

直接模拟是对三维非稳态 Navier-Strokes 方程进行直接求解，要对高度复杂的湍流流动进行数值计算，必须采用很小的时间和空间步长，才能分辨出湍流中详细的空间结构及变化剧烈的时间特性。湍流的直接模拟对计算机的内存与速度要求很高，目前无法用于工程计算。

2）大涡模拟

大涡模拟主要是用非稳态的 Navier-Strokes 方程来直接模拟大尺度的涡，但不直接计算小尺度的涡，小涡对大涡的影响通过近似的模型来考虑。大涡模拟对计算机内存和速度的要求仍比较高，但低于 DNS 方法，可以用于小规模的工程计算。

3）Reynolds 时均模拟

Reynolds 时均模拟是将非稳态的控制方程对时间作平均，所得的关于时均物理量的控制方程中包含了脉动量乘积的时均值等未知量，使得所得方程的个数小于未知量的个数，需要补充相应的模型使方程组封闭。根据对未知脉动量乘积时均值的处理方法的不同，Reynolds 时均方程法又包括 Reynolds 应力方程法以及湍流黏性系数法（涡黏法）。

湍流黏性系数法是目前工程流动与数值计算中应用最广的方法。在湍流黏性系数法中，把湍流脉动所造成的附加应力表示成湍流黏性系数的函数。依据确定湍流黏性系数的微分方程数目的多少，湍流模型包括零方程模型、一方程模型及两方程模型等。

10.1.2 CFD 中常用的数值方法

在流体力学控制方程的微分和积分项中包括时间/空间变量以及物理变量，这些变量分别对应着时间/空间求解域和定义在求解域上的流动问题的解。要把这些积分或者微分项用离散的代数形式代替，必须首先把求解域表示为离散形式。在不同的离散方法中，求解域或者被近似为一系列网格点的集合，或者被划分为一系列控制体或单元体。因变量定义在网格点上或者控制体的中心、顶点或其他特征点上。在每一个网格点或者控制体上，流体运动方程中的积分或者微分项被近似地表示为离散分布的因变量和自变量的代数函数，并由此得到作为微分或积分型控制方程近似的一组代数方程，这个过程称为控制方程的离散化，其中所采用的离散化方法称为数值方法或者数值格式。CFD中常用的数值方法有多种，应用比较广泛的有有限差分法、有限容积法、有限元法等。

1. 有限差分法（FDM，Finite Difference Method）

有限差分法是最早采用的数值方法，它将求解区域用与坐标轴平行的一系列网格线的交点所组成的集合来代替，在每个节点上，将控制方程中每个导数用相应的差分表达式来代替，在每个节点上形成一个代数方程，每个方程中包括了本节点及其附近一些节点上的未知值，求解这些代数方程就获得了所需的数值。有限差分法的优点是它建立在经典的数学逼近理论的基础上，容易被理解和接受，其主要缺点是对复杂区域的适应性较差及数值解的守恒性难以保证。

2. 有限容积法（FVM，Finite Volume Method）

在有限容积法中将所计算的区域划分成一系列控制容积，每个控制容积都有一个节点作为代表。通过将守恒型的控制方程对控制容积作积分来导出离散方程。在导出过程中，需要对界面上的被求函数本身及其一阶导数作出假定，这种构成的方式就是有限容积法中的离散格式。用有限容积法导出的离散方程可以保证具有守恒特性，而且离散方程系数的物理意义明确，是目前流体流动与传热问题的数值计算中应用最广的一种数值方法。

3. 有限元法（FEM，Finite Element Method）

有限元法是把计算区域划分成一系列元体（在二维情况下，元体多为三角形或四边形），在每个元体上取数个点作为节点，然后通过元体对控制方程作积分来获得离散方程。它与有限容积法的区别主要在于：①要选定一个形状函数，并通过元体中节点上的被求变量之值来表示该形状函数。②控制方程在积分之前要乘上一个权函数，要求在整个计算区域上控制方程余量（即代入形状函数后使控制方程等号两端不相等的差值）的加权平均值等于零，从而得出一组关于节点上的被求变量的代数方程。

有限元法的最大优点是对不规则区域的适应性好。但计算工作量一般较有限容积法大，而且在求解流体流动与传热问题时，对流项的离散处理方法及在不可压流体原始变量法求解方面没有有限容积法成熟。

10.1.3　常用 CFD 软件简介

目前，在隧道通风排烟设计及研究领域应用较广的 CFD 软件包括通用软件 CFX、FLUENT、PHOENICS、STAR-CD 以及专门用于火灾模拟的软件 FDS、SMART-FIRE 等。

1. CFX

CFX 采用的数值方法是有限容积法，可以进行结构化正交网格、不规则分块网格和非正交曲线坐标网格划分。对流项的离散包括一阶迎风、混合格式、QUICK、CON-DIF、MUSCL 及高阶迎风格式。压力与速度的耦合关系采用 SIMPLE 系列算法（SIMPLEC），代数方程求解的方法包括线迭代代数多重网格、ICCG、Stone 强隐方法及块隐式方法等。湍流模型中纳入了 k-ε 模型、低 Reynolds k-ε 模型、RNG k-ε 模型、代数应力模型及微分 Reynolds 应力模型等。CFX 还能处理滑移网格，有很强的网格生成和图像后处理功能，使得问题的定义、求解直到最后的结果输出都非常直观、方便。

2. FLUENT

FLUENT 是继 PHOENICS 软件之后第二个投放市场的基于有限容积法的软件。FLU-ENT 软件采用非结构网格与适应性网格相结合的方式进行网格划分。FLUENT 中速度与压力的耦合采用同位网格上的 SIMPLEC 算法。对流项差分格式纳入了一阶迎风、中心差分及 QUICK 格式等，代数方程的求解采用多重网格及最小残差法。湍流模型有标准的 k-ε 模型，RNGk-ε 模型及 Reynolds 应力模型等。

3. PHOENICS

PHOENICS 软件是世界上第一个投放市场的 CFD 商用软件。软件中采用的一些基本算法和处理过程对此后开发的商用软件有较大的影响。PHOENICS 采用的数值方法是有限容积法，对流项的差分格式可选择一阶迎风混合格式、QUICK 格式等，压力与速度耦合采用 SIMPLEST 算法，代数方程组可以采用整场求解或点迭代、块迭代方法，同时纳入了块修正以加速收敛。湍流模型方面，除了标准的 k-ε 模型外，还开发了通用的零方程模型、低 Reynolds$k$-ε 模型、RNGk-ε 模型等。它可以模拟单相流和多相流的流体流动、传热传质、化学反应、燃烧等现象。

4. STAR-CD

STAR-CD 是一个基于有限容积法的通用软件。在网格生成方面，采用非结构化网格，单元的形状可以有六面体、四面体、三角形截面的棱柱体、金字塔形的椎体等，在适应复杂计算区域的能力方面具有特别的优势。同时，STAR-CD 还可以处理滑移网格的问题。在对流项差分格式方面，纳入了一阶迎风、二阶迎风、中心差分、QUICK 格式以及将一阶迎风与中心差分或 QUICK 等掺混而成的混合格式。在压力与速度耦合关系的处理方面，可选择 SIMPLE、PISO 以及称之为 SIMPISO 的算法。在湍流模型方面纳入了标准的 k-ε 模型、RNGk-ε 模型及两层 k-ε 模型等。

5. FDS

FDS 是由美国国家标准与技术研究院（National Institute of Standards and Technology，NIST）开发的专门用于模拟火灾中流体运动的 CFD 软件。该软件采用数值方法求解受火灾浮力驱动的低马赫数流动的 N-S 方程，内部模型主要包括流体力学模型、燃烧模型和热辐射模型等。通过对火灾发展过程的再现，FDS 可用于模拟研究建筑物内部烟气的流动特性、评估烟控系统及喷淋系统的性能等实际的消防问题，并通过自带的 SMOKEVIEW 直观地展现模拟结果。FDS 中提供了两种数值模拟方法：直接模拟（DNS）和大涡模拟（LES）。由于 FDS 程序是开放的，其准确性得到了大量试验及工程实践的验证。通过一系列的发展，FDS 不仅致力于解决火灾保护工程中的实际消防问题，同时也可为火灾动力学和燃烧的理论研究提供工具。

10.2　一维隧道通风网络仿真简介

尽管与一般的试验分析方法相比，CFD 模拟具有数据完整、结果直观、考察范围广、经济等优点，但 CFD 模拟一般对计算机的内存和运行速度要求较高，且计算时间相对较长，对于一些复杂的大型通风工程，受计算机资源的限制，要对整个隧道进行

CFD 模拟往往可能无法实现。此外，CFD 模拟结果的准确性很大程度上取决于模拟人员拥有的 CFD 知识及运行经验，对设计人员的素质有一定的要求。此种情况下，用通风网络理论来对复杂结构的隧道内的气体流动情况进行分析，既节约了计算机运行的时间，其计算结果的准确度在一定程度上又可满足工程实际的要求。当前，采用系统仿真模拟进行隧道整体模拟与局部 CFD 模拟相结合的模拟分析方法在国际隧道设计行业中已经被广泛地应用。

10.2.1 隧道通风网络仿真的基本理论

通风网络，是由表示通风系统内各风流路线及其分合关系的网状线路图与其赋权通风参数组成。将通风系统抽象为网络结构，进行通风系统分析，是研究通风系统的重要手段。通风网络图，是用图论的方法来表示通风系统各分支的风流走向及相互关系，不反映风路的实际形状。从而可以避开实际各通风段、连接风道及竖井的空间位置关系，使计算机解算通风网络成为可能。

1. 通风网络图的绘制

隧道通风网络图是根据通风系统图抽象而成的。绘制通风网络图，一般可按如下步骤进行：

（1）节点编号。即将风流分合点进行编号。编号顺序通常沿风流方向从小到大，也可按系统、按翼分开编号。编号工作应首先在通风系统图上完成。

（2）分支连线。将有风流连通的节点用单线条连接。先连接主干风路，后连支流。

（3）图形整理。通风网络图形状不一，在正确反映分合流关系的前期下，可根据习惯和方便化成椭圆形、圆形或框形。

（4）标注。除标出各分支的风向、风量外，还应将进回风口、通风设施等加以标注，并用图例说明。

2. 通风网络图的简化

1）简化原则

简化后的通风网络图的结构，必须力争反映出原通风系统的基本结构特点，因简化导致的误差，应在通风工程允许误差的范围内；用简化网络图求得的数据，对需解决的实际问题，应有实用价值。

2）简化内容

（1）将并联或串联的分支，用一条等值分支代替，其等值分支的风量、风压、风阻按并联或串联公式计算；

（2）相近的风流分合流点，其间风阻很小时，可简化为一点，其风阻加在邻近的大风阻分支上；

（3）同标高的各进风井口和出风井口，可视为一点；

（4）当进、回风井口间自然风压不能忽略时，可把自然风压作为通风动力计入；也可采用虚拟风道的方法，将进风、回风井增设一条风阻为零的分支，把自然风压置于该风道。

3. 通风网络中风流流动的基本规律

正常情况下，风流在风路中近视呈稳定连续流动，风流流动遵守以下三个基本定律。

1）风量平衡定律

风量平衡定律指风网中任意节点（或回路）相关分支的风量代数和为零，即

$$\sum_{j=1}^{n} Q_{ij} = 0$$

式中　Q_{ij}——i 节点相关联的分支 j 的风量（m³/s）。流入节点的分支风量为正，流出为负。

　　　n——节点相关联的分支数。

2）风压平衡定律

风网的任意闭合回路内，各分支风压的代数和为零。分支风压包含通风阻力和通风动力两部分。

对不含通风动力的回路，如取逆时针方向分支阻力为正，顺时针方向分支阻力为负，则各分支阻力代数和为零，即

$$\sum_{J=1}^{n} \Delta P_{ij} = 0$$

式中　ΔP_{ij}——第 i 回路第 j 个分支的阻力（Pa）。逆时针为正，顺时针为负。

　　　n——回路内分支数。

对于含通风动力的回路，回路内各分支阻力代数和等于回路内风机风压与自然风压、交通风压的代数和。即

$$\sum_{J=1}^{n} \Delta P_{ij} - \sum_{j=1}^{n} H_{ij} = 0$$

式中　ΔP_{ij}——第 i 回路第 j 个分支的阻力（Pa）。逆时针为正，顺时针为负。

　　　H_{ij}——第 i 回路第 j 个分支的通风动力，包括自然风压、风机动力、交通风力、火灾烟流动（阻）力等（Pa）。逆时针为正，顺时针为负。

　　　n——回路内分支数。

3）阻力定律

隧道风路中的风流一般为紊流，因此，网络中各分支都遵循紊流阻力定律，即

$$\Delta P_j = R_j Q_j^2$$

式中　ΔP_j——第 j 分支的通风阻力（Pa）；

　　　R_j——第 j 分支的风阻（N·s²/m⁸）；

　　　Q_j——第 j 分支的风量（m³/s）。

4. 复杂通风网络的解算方法

复杂通风网络是由众多分支组成的包含串、并、角联在内结构复杂的风网，其各分支风量分配很难用解析法直接求解。一般通过运用风量分配的基本定律建立数学方程式，然后用一定的数学方法，求解出网络内各分支自然分配的风量。目前，对于复杂通风网络解算的主要方法有斯考德—恒斯雷法、牛顿法和节点压力法等。

10.2.2　隧道通风网络仿真软件简介

与 CFD 模拟软件相比，影响力较大的、商业化的隧道通风网络仿真软件不多见。在欧美地区应用较广的软件包括 HOTFLOW、CAMATT、EXPRESS' AIR、IDA Tunnel、SES、SPRINT 等。IDA Tunnel 是由瑞典的 EQUA 公司开发的用于公路和轨道隧道防火通风以及相应的设备控制系统与耗能的隧道系统动态仿真模拟软件，该软件在北欧地区应用较为广泛。

IDA Tunnel 是使用 Modelica 语言开发的模块化隧道通风模拟软件，核心求解器 IDA Solver 能求解模块化的微分代数方程组。程序使用集总参数模型，在每段隧道模块内参数以平均量表达。利用整个隧道的空气质量流和全压的平衡关系，以及稳态流动能量方程，求解每段隧道的风流参数。主要方程包括每段隧道的全压差平衡方程、通风竖井的压力损失（或升压）方程、隧道分流与合流的局部阻力损失方程、隧道出入口的风压差方程、每段隧道的热平衡方程、壁面导热方程和火源模型等。

IDA Tunnel 可以模拟公路隧道中空气流动、车辆排放所产生的污染物浓度、火灾时的烟气扩散等问题。通过输入隧道数据（包括隧道尺寸，摩擦系数和损失系数）、交通流量、排放数据和隧道边界大气压力等相关数据，可以模拟隧道中的压力变化、温湿度、空气流速和污染浓度等不同相关变量。IDA 隧道模拟软件还可以用于与真实交通情况相关运行工况的研究，比如交通拥堵、双向多车道通行、隧道内坡路运行等不同运行工况下的排放物浓度、通风和火灾等，模拟结果可通过 3D 进行直观、动态展示。

10.3　小　　结

本章对城市地下道路通风及排烟设计中常用的仿真模拟软件进行了介绍。对于较复杂的隧道通风问题，一维通风网络模拟软件具有无可比拟的优势，可以相对准确地计算出隧道内的压力、流速、温度、烟气及污染的浓度分布等，但是，一维通风软件不能模拟出隧道内气体复杂的三维流动以及烟气分层等现象。另外，其计算结果的准确性很大程度上取决于所依据的理论模型的准确性及计算方法的可靠性。CFD 模拟虽然具有结果详尽、直观、经济等优点，但 CFD 模拟特别是大涡模拟对计算机的内存和运行速度要求高，且计算时间相对较长，在探讨隧道通风及排烟设计的细节问题上有优势，但对于一些复杂的大型通风工程，要对整条隧道进行 CFD 模拟往往无法实现。此外，CFD 模拟结果的准确性很大程度上取决于模拟人员的 CFD 知识及运行经验。采用一维仿真模拟软件对隧道通风排烟进行整体模拟结合局部 CFD 模拟的分析方法是目前大型隧道通风系统设计及运行中较为可行的仿真模拟方法。

附　　录

排放量简化方法

如果对于项目排放数据不能在本地有效数据的基础上提供，可以应用下面的简化计算方法计算的排放量 Q。目前，基准排放因子和影响因素有可供排放技术标准规定的以下几大类。

技术标准 A

该技术标准介绍了欧盟排放法规有关排放标准和这些标准执行年份的单车平均排放特性。它涵盖了欧盟、美国和其他有类似机动车排放标准的国家。

为了确定隧道通风能力，欧洲和美国的排放标准可以认为是相同的。请注意，对于环境评估研究，特定国家相关排放因子必须使用，相关的排放因子由附录一给出。

技术标准 B

标准 B 用于已采用欧盟或类似的排放标准为 10 年一时间偏移的国家。该排放量对技术标准 A 的排放因子在乘以一个影响因素 f_e 的基础上进行计算。对于进一步分类的影响因素 f_e 见附录一。

技术标准 C

标准 C 适用于那些已经采用了排放标准，但不进行老旧车辆的任何有效的排放控制（即车辆检查程序）的国家。该排放量根据技术标准 A 的排放因子在乘以一个影响因素 f_e 的基础上进行计算。进一步分类参见附录一。

附录一　技术标准 A 的基准排放因子

技术标准 A 的基准排放因子计算用交通组成　　　　　　　　附表 1-1

车型	年份	pre EU1	EU1	EU2	EU3	EU4	EU5	EU6
小客车（汽油）		14.87%	3.95%	12.40%	20.87%	43.64%	4.27%	0.00%
小客车（柴油）		2.34%	1.75%	8.11%	32.70%	49.25%	5.85%	0.00%
轻型车（汽油）	2010 年	36.20%	5.87%	14.31%	20.93%	22.68%	0.00%	0.00%
轻型车（柴油）		4.36%	1.97%	8.26%	37.80%	47.60%	0.00%	0.00%
重型车（柴油）		4.07%	5.11%	16.08%	28.45%	12.07%	34.22%	0.00%

按欧洲综合排放标准的小客车汽油发动机 CO 基准排放因子　　附表 1-2

小客车汽油机排放的 CO(g/h)，2010 年

V(km/h)	坡度(%)						
	—6	—4	—2	0	2	4	6
0	20.5	20.5	20.5	20.5	20.5	20.5	20.5
10	24.4	25.9	27.8	29.5	32.0	35.5	42.9
20	28.3	31.4	35.2	38.6	43.6	50.5	65.4
30	28.2	32.9	38.9	46.0	54.6	64.6	87.4
40	28.0	34.5	43.5	56.2	71.7	93.2	120.4
50	27.4	35.5	46.9	63.0	85.4	118.0	163.2
60	27.1	36.0	49.4	68.2	97.5	140.2	221.6
70	26.9	36.3	51.7	75.0	113.2	169.4	290.2
80	26.7	37.1	54.9	85.5	136.6	217.7	369.1
90	27.8	39.4	60.1	99.6	170.3	297.4	483.3
100	32.5	45.2	69.2	117.2	218.1	422.2	643.6
110	44.2	58.0	86.2	143.0	291.6	612.1	1007.4
120	67.2	83.8	119.4	192.7	419.4	889.8	1615.2
130	106.4	132.0	183.5	303.1	660.7	1333.0	2462.1

按欧洲综合排放标准的小客车汽油发动机 NO$_x$ 基准排放因子　　附表 1-3

汽油机小客车排放的 NO$_x$(g/h)，2010 年

V(km/h)	坡度(%)						
	—6	—4	—2	0	2	4	6
0	1.6	1.6	1.6	1.6	1.6	1.6	1.6
10	3.3	3.3	3.3	4.4	5.1	5.7	6.3
20	3.3	3.3	3.4	5.3	6.2	8.9	12.4
30	3.3	3.3	4.0	6.0	9.1	13.2	15.3
40	3.3	3.3	4.3	6.7	12.1	15.3	17.6
50	3.3	3.3	4.4	8.1	13.9	17.0	19.5
60	3.3	3.3	4.9	10.3	15.7	18.8	23.8
70	3.3	3.3	5.6	13.3	17.5	21.7	29.7
80	3.3	3.3	6.7	15.1	19.3	27.0	36.4
90	3.3	3.3	9.9	17.0	22.7	32.9	43.8
100	3.3	4.3	13.7	19.0	28.4	40.1	52.4
110	3.3	6.2	16.1	22.8	35.1	48.3	62.2
120	3.3	10.9	18.5	29.1	43.0	57.8	73.3
130	3.7	15.0	22.4	36.8	52.2	68.6	85.7

按欧洲综合排放标准的小客车柴油发动机 CO 基准排放因子　　　附表 1-4

柴油机小客车排放的 CO(g/h),2010 年

V(km/h)	坡度(%)						
	—6	—4	—2	0	2	4	6
0	1.0	1.0	1.0	1.0	1.0	1.0	1.0
10	2.2	2.2	2.2	3.6	5.1	6.7	8.4
20	2.2	2.2	2.4	5.4	8.2	4.1	3.2
30	2.2	2.2	3.0	7.2	4.0	3.3	3.2
40	2.2	2.2	3.2	8.6	3.1	3.3	2.8
50	2.2	2.2	2.9	6.3	3.3	2.9	2.6
60	2.2	2.2	3.4	4.0	3.3	2.7	2.6
70	2.2	2.2	4.6	3.2	2.9	2.4	3.1
80	2.2	2.2	6.6	3.4	2.7	2.8	3.6
90	2.2	2.2	7.8	3.2	2.5	3.2	4.2
100	2.2	2.2	3.2	2.8	2.8	3.8	4.8
110	2.2	2.6	3.4	2.5	3.3	4.4	5.5
120	2.2	6.9	3.1	2.7	3.8	5.0	6.2
130	2.2	3.5	2.7	3.2	4.5	5.7	7.0

按欧洲综合排放标准的小客车柴油发动机 NO_x 基准排放因子　　　附表 1-5

柴油机小客车排放的 NO_x(g/h),2010 年

V(km/h)	坡度(%)						
	—6	—4	—2	0	2	4	6
0	6.3	6.3	6.3	6.3	6.3	6.3	6.3
10	6.3	6.3	6.3	11.5	15.8	19.6	23.6
20	6.3	6.3	7.2	16.5	23.0	28.3	36.6
30	6.3	6.3	9.3	20.9	28.6	38.7	51.7
40	6.3	6.3	10.0	24.0	34.6	49.9	68.2
50	6.3	6.3	9.0	25.7	40.7	61.6	83.7
60	6.3	6.3	10.7	28.6	50.3	76.3	103.9
70	6.3	6.3	14.2	34.7	62.5	92.9	127.9
80	6.3	6.3	19.4	43.1	76.4	113.1	154.1
90	6.3	6.3	24.7	54.0	91.9	135.9	182.6
100	6.3	6.3	31.3	68.4	112.5	162.7	215.2
110	6.3	7.9	41.7	85.6	137.2	193.1	251.6
120	6.3	20.0	56.8	107.2	165.8	227.7	292.2
130	6.3	30.1	76.3	134.4	199.0	266.9	337.6

按欧洲综合排放标准的小客车柴油发动机排放物基准排放因子（浑浊度） 附表1-6

柴油机小汽车排放物产生的浑浊度（m^2/h）,2010 年

V（km/h）	坡度（%）						
	—6	—4	—2	0	2	4	6
0	1.4	1.4	1.4	1.4	1.4	1.4	1.4
10	1.4	1.4	1.4	2.9	4.1	5.3	6.6
20	1.4	1.4	1.7	4.4	6.4	8.4	10.7
30	1.4	1.4	2.2	5.7	8.5	11.3	14.7
40	1.4	1.4	2.4	6.7	10.2	14.3	19.0
50	1.4	1.4	2.2	7.4	11.8	17.3	22.9
60	1.4	1.4	2.6	8.5	14.4	21.1	27.3
70	1.4	1.4	3.7	10.2	17.5	25.2	31.4
80	1.4	1.4	5.3	12.4	21.1	29.0	35.7
90	1.4	1.4	7.0	15.3	24.9	23.8	40.0
100	1.4	1.4	9.3	19.1	28.9	37.0	44.7
110	1.4	1.8	12.1	23.4	33.0	41.5	49.7
120	1.4	5.5	16.1	27.9	37.5	46.4	54.9
130	1.4	8.9	21.1	32.5	42.4	51.7	60.6

按欧洲综合排放标准的小客车的时间因子 f_t　　　　　附表1-7

f_t	CO		NO_x		浑浊度
小客车	汽油机	柴油机	汽油机	柴油机	柴油机
2010 年	1.00	1.00	1.00	1.00	1.00
2015 年	0.75	0.74	0.65	0.76	0.55
2020 年	0.58	0.65	0.44	0.52	0.29
2025 年	0.46	0.60	0.30	0.40	0.17
2030 年	0.40	0.57	0.22	0.35	0.13

按欧洲排放标准的2000m处小客车逐年海拔高度系数 f_h　　　　　附表1-8

f_h	CO		NO_x		浑浊度
小客车	汽油机	柴油机	汽油机	柴油机	汽油机
2015 年	2.0	1.0	1.0	1.0	1.0
2020 年	1.6	1.0	1.0	1.0	1.0
2025 年	1.0	1.0	1.0	1.0	1.0
2030 年	1.0	1.0	1.0	1.0	1.0

按欧洲综合排放标准的轻型车辆（柴油/汽油混合）CO 基准排放因子　附表 1-9

轻型车辆排放的 CO(g/h),2010 年

V(km/h)	坡度(%)						
	—6	—4	—2	0	2	4	6
0	2.3	2.3	2.3	2.3	2.3	2.3	2.3
10	8.1	8.1	8.7	13.4	16.5	19.3	16.0
20	8.1	8.1	10.8	17.4	16.1	10.7	11.2
30	8.1	8.1	13.0	18.3	10.3	12.7	18.7
40	8.1	8.1	14.8	13.1	11.6	17.8	29.6
50	8.1	8.1	15.6	10.8	15.2	26.6	43.1
60	8.1	8.1	18.2	10.6	21.6	39.3	57.1
70	8.1	8.1	16.3	15.0	31.7	53.3	74.0
80	8.1	8.1	105.0	21.8	45.9	68.3	94.3
90	8.1	13.7	12.2	32.1	58.8	86.3	118.0
100	8.1	17.0	19.4	47.8	76.2	109.7	147.8
110	8.1	17.1	31.8	63.6	98.1	138.2	183.5
120	14.9	17.2	49.5	83.9	125.2	172.7	196.4
130	11.2	31.2	68.1	109.5	158.4	180.5	212.4

按欧洲综合排放标准的轻型车辆（柴油/汽油混合）NO$_x$ 基准排放因子　附表 1-10

轻型车辆排放的 NO$_x$(g/h),2010 年

V(km/h)	坡度(%)						
	—6	—4	—2	0	2	4	6
0	9.1	9.1	9.1	9.1	9.1	9.1	9.1
10	9.8	9.8	10.4	15.2	18.3	20.9	21.8
20	9.8	9.8	12.6	19.1	21.8	22.5	28.1
30	9.8	9.8	14.8	21.7	22.6	31.8	44.6
40	9.8	9.8	16.6	22.1	28.9	36.7	62.9
50	9.8	9.8	17.4	22.5	37.6	58.2	80.0
60	9.8	9.8	19.8	26.3	50.0	75.5	108.9
70	9.8	9.8	21.8	37.0	65.5	100.5	145.4
80	9.8	9.8	22.6	50.3	84.5	133.1	188.7
90	9.8	15.6	30.5	66.1	112.4	171.8	239.1
100	9.8	21.8	46.0	88.6	150.0	221.4	301.8
110	9.8	24.5	65.7	122.8	196.7	281.6	376.3
120	16.7	41.8	92.4	166.5	254.2	353.8	402.9
130	22.4	64.8	132.5	221.1	323.9	370.1	435.8

按欧洲综合排放标准的轻型车辆（柴油／汽油混合）排放颗粒物基准因子（浑浊度）

附表 1-11

<table>
<tr><td colspan="8">VUL 浑浊度（m²／h），2010 年</td></tr>
<tr><td rowspan="2">V（km／h）</td><td colspan="7">坡度（%）</td></tr>
<tr><td>—6</td><td>—4</td><td>—2</td><td>0</td><td>2</td><td>4</td><td>6</td></tr>
<tr><td>0</td><td>6.4</td><td>6.4</td><td>6.4</td><td>6.4</td><td>6.4</td><td>6.4</td><td>6.4</td></tr>
<tr><td>10</td><td>1.1</td><td>1.1</td><td>1.3</td><td>2.8</td><td>4.1</td><td>5.3</td><td>6.6</td></tr>
<tr><td>20</td><td>1.1</td><td>1.1</td><td>1.9</td><td>4.5</td><td>6.6</td><td>8.7</td><td>10.9</td></tr>
<tr><td>30</td><td>1.1</td><td>1.1</td><td>2.7</td><td>6.1</td><td>8.9</td><td>12.0</td><td>15.7</td></tr>
<tr><td>40</td><td>1.1</td><td>1.1</td><td>3.4</td><td>7.5</td><td>11.2</td><td>13.8</td><td>20.4</td></tr>
<tr><td>50</td><td>1.1</td><td>1.1</td><td>3.7</td><td>8.6</td><td>13.7</td><td>19.3</td><td>24.3</td></tr>
<tr><td>60</td><td>1.1</td><td>1.1</td><td>4.8</td><td>10.5</td><td>17.1</td><td>23.4</td><td>28.9</td></tr>
<tr><td>70</td><td>1.1</td><td>1.1</td><td>6.5</td><td>13.5</td><td>21.1</td><td>27.7</td><td>33.9</td></tr>
<tr><td>80</td><td>1.1</td><td>1.1</td><td>8.8</td><td>17.2</td><td>25.2</td><td>23.3</td><td>39.1</td></tr>
<tr><td>90</td><td>1.1</td><td>3.0</td><td>11.7</td><td>21.3</td><td>29.4</td><td>37.2</td><td>44.6</td></tr>
<tr><td>100</td><td>1.1</td><td>6.4</td><td>16.0</td><td>25.8</td><td>34.5</td><td>42.7</td><td>50.6</td></tr>
<tr><td>110</td><td>1.1</td><td>10.0</td><td>21.2</td><td>30.9</td><td>40.0</td><td>48.7</td><td>57.2</td></tr>
<tr><td>120</td><td>3.4</td><td>14.9</td><td>26.4</td><td>36.5</td><td>46.1</td><td>55.3</td><td>60.3</td></tr>
<tr><td>130</td><td>8.4</td><td>21.0</td><td>32.2</td><td>42.7</td><td>52.6</td><td>56.7</td><td>64.6</td></tr>
</table>

按欧洲综合排放标准的轻型车的时间因子 f_t

附表 1-12

<table>
<tr><td>f_t</td><td>一氧化碳</td><td>氮氧化物</td><td>浑浊度</td></tr>
<tr><td>轻型车辆</td><td>柴油机／汽油机混合</td><td>柴油机／汽油机混合</td><td>柴油机／汽油机混合</td></tr>
<tr><td>2010 年</td><td>1.00</td><td>1.00</td><td>1.00</td></tr>
<tr><td>2015 年</td><td>0.72</td><td>0.76</td><td>0.54</td></tr>
<tr><td>2020 年</td><td>0.47</td><td>0.49</td><td>0.30</td></tr>
<tr><td>2025 年</td><td>0.39</td><td>0.36</td><td>0.20</td></tr>
<tr><td>2030 年</td><td>0.35</td><td>0.30</td><td>0.15</td></tr>
</table>

注：对于附表 1-12 中的这类轻型车，海拔高度大于 2000m 的海拔修正系数 f_h 没有明显影响。

按欧洲综合排放标准的重型车（平均质量 23t）柴油发动机 CO 基准排放因子

附表 1-13

<table>
<tr><td colspan="8">柴油机重型车辆排放的 CO（g／h），2010 年</td></tr>
<tr><td rowspan="2">V（km／h）</td><td colspan="7">坡度（%）</td></tr>
<tr><td>—6</td><td>—4</td><td>—2</td><td>0</td><td>2</td><td>4</td><td>6</td></tr>
<tr><td>0</td><td>12.5</td><td>12.5</td><td>12.5</td><td>12.5</td><td>12.5</td><td>12.5</td><td>12.5</td></tr>
<tr><td>10</td><td>17.5</td><td>20.3</td><td>32.8</td><td>42.5</td><td>44.5</td><td>44.3</td><td>46.8</td></tr>
<tr><td>20</td><td>13.5</td><td>17.9</td><td>30.6</td><td>44.8</td><td>44.3</td><td>51.8</td><td>59.0</td></tr>
<tr><td>30</td><td>12.4</td><td>18.1</td><td>38.8</td><td>44.9</td><td>49.0</td><td>60.9</td><td>68.9</td></tr>
</table>

V(km/h)	坡度(%)						
	—6	—4	—2	0	2	4	6
40	11. 2	16. 7	40. 3	44. 6	55. 5	68. 1	77. 7
50	11. 2	15. 6	38. 6	44. 8	61. 9	74. 4	87. 6
60	11. 2	13. 9	35. 4	46. 3	67. 2	81. 3	98. 6
70	9. 8	11. 8	31. 6	19. 9	71. 9	88. 9	110. 3
80	11. 2	12. 2	35. 9	55. 7	77. 1	98. 3	124. 4
90	11. 2	13. 0	38. 1	61. 7	83. 1	108. 3	138. 6
100	11. 2	14. 7	43. 1	67. 4	89. 8	118. 8	152. 8
110	11. 2	17. 4	46. 2	72. 8	96. 7	129. 3	166. 9
120	11. 2	23. 7	50. 8	77. 0	103. 7	139. 6	180. 9
130	12. 3	28. 2	57. 7	80. 5	110. 7	149. 8	195. 1

表头：柴油机重型车辆排放的 CO(g/h),2010 年

按欧洲综合排放标准的重型车（平均质量 23t）柴油发动机 NO_x 基准排放因子

附表 1-14

V(km/h)	坡度(%)						
	—6	—4	—2	0	2	4	6
0	12. 5	12. 5	12. 5	12. 5	12. 5	12. 5	12. 5
10	38. 1	55. 5	115. 9	163. 5	192. 8	219. 5	251. 0
20	25. 1	40. 0	130 0	182. 4	223. 8	294. 9	367. 0
30	22. 4	41. 3	147. 6	202. 1	271. 2	387. 4	494. 5
40	19. 2	36. 8	148. 0	218. 0	329. 2	482. 9	617. 9
50	19. 2	32. 2	148. 1	229. 7	397. 0	574. 7	747. 4
60	19. 2	25. 8	150. 0	247. 4	467. 8	670. 1	881. 3
70	19. 2	20. 5	151. 0	278. 8	535. 9	773. 9	1017. 9
80	19. 2	21. 4	152. 0	327. 9	614. 7	883. 0	1159. 0
90	19. 2	23. 7	153. 8	390. 1	697. 7	990. 1	1298. 8
100	19. 2	29. 3	190. 9	465. 8	779. 5	1094. 3	1437. 6
110	19. 2	43. 8	231. 6	547. 9	856. 7	1197. 2	1575. 5
120	19. 4	74. 6	280. 5	613. 8	926. 6	1299. 2	1712. 6
130	23. 5	105. 1	348. 4	660. 2	997. 1	1400. 3	1849. 7

表头：柴油机重型车辆排放的 NO_x(g/h),2010 年

按欧洲综合排放标准的重型车（平均质量23t）排放颗粒物基准因子（浑浊度）

V(km/h)	坡度(%)						
	—6	—4	—2	0	2	4	6
0	11.0	11.0	11.0	11.0	11.0	11.0	11.0
10	13.6	13.4	15.5	18.2	21.4	25.1	28.2
20	11.9	13.8	15.0	19.9	25.7	31.5	36.5
30	11.4	13.8	17.3	22.5	29.7	38.0	45.3
40	10.8	13.3	17.8	24.9	33.9	44.6	53.6
50	10.8	13.0	17.6	26.3	38.7	50.6	62.5
60	10.8	12.4	17.5	28.0	43.6	57.1	71.9
70	9.5	11.2	16.5	30.4	48.2	64.0	81.7
80	10.8	11.4	17.4	33.9	53.3	71.8	92.5
90	10.8	11.9	19.6	38.5	58.9	79.8	103.3
100	10.8	12.9	21.9	43.7	64.6	87.8	114.2
110	10.8	13.2	25.5	49.0	70.1	95.8	124.9
120	10.9	15.1	29.6	53.1	75.5	103.7	135.5
130	11.4	18.0	34.6	56.3	80.9	111.5	146.3

柴油机重型车辆浑浊度(m²/h),2010 年

质量因子（FM）

附表 1-16

类型	CO	NO$_x$	浑浊度
15t(单一货车的质量) *	0.7	0.7	0.7
23t(平均值) * *	1.0	1.0	1.0
32t(货车拖车组合/半挂车)	1.9	1.9	1.9

注：* 包括公共汽车；
　　* * 平均值包括58%的单一货车和42%的卡车/拖车或者是半挂车组合。

按欧洲综合排放标准 A 的重型车辆的时间因子 f_t

附表 1-17

年份	CO	NO$_x$	浑浊度
2010 年	1.00	1.00	1.00
2015 年	0.58	0.61	0.59
2020 年	0.34	0.35	0.33
2025 年	0.25	0.23	0.21
2030 年	0.21	0.18	0.16

注：对于附表 1-17 中的这类重型车，海拔高度大于 2000m 的海拔因子 f_h 没有明确值。

附表 1-18 提供了应用的三种技术标准（A、B 和 C）。前欧 –1 排放标准的机动车辆比例是排放标准分类的选择依据。请注意，对于小客车和轻型车也有可能存在柴油车和汽油车的差别。

标准 A、B 和 C 分类选择　　　　　　　　　　　　　　　　附表 1-18

参考年份:2010 年	前欧 -1 机动车辆比例		
车型	标准 A	标准 B	标准 C
小客车(汽油)	<20%	20% ~30%	>30%
小客车(柴油)	<5%	5% ~30%	>30%
轻型车(汽油)	<40%	40% ~60%	>60%
轻型车(柴油)	<5%	5% -25%	>25%
重型车(柴油)	<5%	5% ~40%	>40%

技术标准 B 对应的其他技术标准相关因子 f_e　　　　　　附表 1-19

车型	CO	NO$_x$	PM
小客车(汽油/柴油)	1.5/2.0	1.8/1.1	—/1.4
轻型车(混合)	2.7	1.4	2.2
重型车(柴油)	1.9	1.6	2.5

技术标准 C 对应的其他技术标准相关因子 f_e　　　　　　附表 1-20

车型	CO	NO$_x$	PM
小客车(汽油/柴油)	2.9/4.0	2.8/1.2	—/2.0
轻型车(混合)	3.5	1.8	2.6
重型车(柴油)	2.3	1.8	2.8

另外,其他技术标准相关因子 f_e 不考虑技术标准函数中的海拔因素的任何变化。对于用技术标准 B 的国家,海拔修正系数 f_h(见附表 1-21)必须被考虑在内。

技术标准 B 的海拔因子 f_h　　　　　　　　　　　　　　附表 1-21

f_h	CO		NO$_x$		浑浊度
小客车	汽油	柴油	汽油	柴油	柴油
0m	1.0	1.0	1.0	1.0	1.0
1000m	2.2	1.2	1.0	1.0	1.0
2000m	3.0	1.5	1.0	1.0	1.25
3000m	4.0	1.5	1.0	1.0	1.5

附录二　中国的排放因子

小客车汽油机 CO 基准排放因子　　　　　　　　　　　　附表 2-1

V(km/h)	汽油机小客车排放的 CO(g/h),2007 年						
	坡度(%)						
	—6	—4	—2	0	2	4	6
0	31.7	31.7	31.7	31.7	31.7	31.7	31.7
10	37.3	40.1	43.6	47.1	52.4	59.3	70.5

汽油机小客车排放的 CO(g/h),2007 年						
V(km/h)	坡度(%)					
	—6	—4	—2	0	2	4	6
20	42.9	48.5	55.5	62.4	73.0	86.9	109.3
30	43.1	51.7	62.6	76.6	94.2	115.4	154.5
40	43.2	54.9	71.1	94.5	124.6	166.1	219.9
50	42.5	56.9	78.3	109.3	153.6	219.2	304.7
60	41.4	57.5	83.1	121.3	181.3	269.3	408.2
70	40.4	57.4	86.3	133.9	213.2	325.5	531.7
80	40.4	57.9	89.7	150.3	255.6	409.2	679.7
90	41.8	60.3	96.3	172.3	313.8	546.9	858.9
100	44.5	65.9	108.9	200.1	392.2	760.3	1077.0
110	48.0	75.2	129.1	233.8	495.9	1052.0	1339.4
120	51.2	87.7	156.1	277.2	634.9	1313.0	1691.9
130	52.9	101.4	184.7	341.7	829.1	1588.7	2097.6

小客车汽油机 NO$_x$ 基准排放因子　　　　　　　附表 2-2

汽油机小客车排放的 NO$_x$(g/h),2007 年						
V(km/h)	坡度(%)					
	—6	—4	—2	0	2	4	6
0	2.8	2.8	2.8	2.8	2.8	2.8	2.8
10	5.9	5.9	5.9	8.0	9.5	10.7	11.8
20	5.9	5.9	6.1	9.7	11.6	16.6	23.1
30	5.9	5.9	7.2	11.1	17.0	24.7	28.6
40	5.9	5.9	7.8	12.6	22.5	28.4	32.7
50	5.9	5.9	8.0	15.1	26.0	31.5	36.1
60	5.9	5.9	9.0	19.2	29.2	35.0	44.3
70	5.9	5.9	10.4	24.9	32.5	40.3	55.9
80	5.9	5.9	12.5	28.2	35.8	50.6	69.0
90	5.9	5.9	18.5	31.6	42.2	62.2	83.4
100	5.9	7.9	25.5	35.3	53.3	76.1	100.4
110	5.9	11.5	29.9	42.4	66.4	92.3	119.7
120	5.9	20.3	34.4	54.8	81.9	110.9	141.6
130	6.8	27.9	41.8	69.7	100.0	132.3	166.3

按欧洲综合排放标准的小客车柴油机 CO 基准排放因子

柴油机小客车排放的 CO(g/h),2007 年

V(km/h)	坡度(%)						
	—6	—4	—2	0	2	4	6
0	4.2	4.2	4.2	4.2	4.2	4.2	4.2
10	11.8	11.8	11.8	12.4	12.9	13.2	13.6
20	11.8	11.8	11.9	12.9	13.5	13.4	15.7
30	11.8	11.8	12.2	13.3	13.5	16.3	15.8
40	11.8	11.8	12.3	13.6	15.2	16.3	11.9
50	11.8	11.8	12.2	13.4	16.8	13.2	9.7
60	11.8	11.8	12.4	13.5	16.2	10.7	9.0
70	11.8	11.8	12.7	15.2	13.0	8.8	10.2
80	11.8	11.8	13.2	17.5	10.7	9.5	11.4
90	11.8	11.8	13.5	17.5	18.0	19.0	20.0
100	11.8	11.8	13.5	17.5	18.0	19.0	20.0
110	11.8	12.0	13.5	17.5	18.0	19.0	20.0
120	11.8	13.3	13.5	17.5	18.0	19.0	20.0
130	11.8	13.9	13.5	17.5	18.0	19.0	20.0

柴油小客车 NO_x 基准排放因子

柴油机小客车排放的 NO_x(g/h),2007 年

V(km/h)	坡度(%)						
	—6	—4	—2	0	2	4	6
0	9.1	9.1	9.1	9.1	9.1	9.1	9.1
10	8.1	8.1	8.1	13.9	18.3	22.2	26.1
20	8.1	8.1	9.2	19.1	25.5	31.2	40.8
30	8.1	8.1	11.6	23.5	31.6	43.2	57.4
40	8.1	8.1	12.2	26.4	38.6	55.5	75.0
50	8.1	8.1	11.2	28.3	45.4	68.0	91.2
60	8.1	8.1	13.1	31.5	55.9	83.5	112.7
70	8.1	8.1	16.7	38.7	69.0	100.7	139.4
80	8.1	8.1	22.0	48.0	83.6	122.9	168.7
90	8.1	8.1	27.3	59.9	99.7	148.3	200.6
100	8.1	8.1	34.8	75.2	122.3	178.3	237.3
110	8.1	9.9	46.5	93.1	149.7	212.4	278.3
120	8.1	22.6	62.9	116.3	181.8	251.3	324.2
130	8.1	33.4	83.5	146.6	219.0	295.6	375.5

小客车柴油机排放物基准因子（浑浊度）

柴油机小客车浑浊度(m^2/h),2007 年

V(km/h)	坡度(%)						
	—6	—4	—2	0	2	4	6
0	2.9	2.9	2.9	2.9	2.9	2.9	2.9
10	2.5	2.5	2.5	5.6	8.4	11.2	14.2
20	2.5	2.5	3.0	9.0	13.8	18.5	23.8
30	2.5	2.5	4.3	12.2	18.7	25.1	32.3
40	2.5	2.5	4.6	14.5	22.6	31.4	40.4
50	2.5	2.5	4.1	16.1	26.3	37.3	47.7
60	2.5	2.5	5.1	18.7	31.6	44.3	56.5
70	2.5	2.5	7.4	22.7	37.7	51.8	66.3
80	2.5	2.5	11.1	27.7	44.3	60.3	76.5
90	2.5	2.5	15.2	33.5	51.3	69.5	87.2
100	2.5	2.5	20.5	40.5	60.1	79.8	99.0
110	2.5	3.4	26.9	48.5	70.0	91.1	111.6
120	2.5	11.5	34.9	57.8	81.0	103.4	125.2
130	2.5	19.7	44.3	68.9	93.2	116.8	139.9

轻型车辆柴油机和汽油机百分比

轻型车辆百分比(平均,2007~2030 年)

柴油机	汽油机
50%	50%

轻型车辆（柴油/汽油混合）CO 基准排放因子

轻型车辆排放的 CO(g/h),2007 年

V(km/h)	坡度(%)						
	—6	—4	—2	0	2	4	6
0	4.7	4.7	4.7	4.7	4.7	4.7	4.7
10	33.7	33.7	37.1	68.8	82.3	85.7	89.1
20	33.7	33.7	50.5	99.4	89.2	87.9	100.0
30	33.7	33.7	65.9	106.1	110.4	120.0	129.9
40	33.7	33.7	79.5	110.0	120.4	132.9	241.5
50	33.7	33.7	85.4	120.0	150.8	210.9	383.7
60	33.7	33.7	105.2	130.0	159.5	343.7	536.1
70	33.7	33.7	110.0	140.0	263.3	493.9	720.4
80	33.7	33.7	120.0	161.1	413.9	658.0	942.1
90	33.7	71.5	130.0	267.6	553.8	855.2	1202.8

V(km/h)	坡度(%)						
	—6	—4	—2	0	2	4	6
100	33.7	96.5	137.0	434.4	743.8	1111.3	1530.9
110	33.7	100.0	264.2	606.2	983.7	1425.0	1924.0
120	79.9	115.3	453.2	828.4	1281.8	1804.7	2062.3
130	54.7	257.9	655.1	1109.5	1647.0	1891.1	2232.7

轻型车辆排放的 CO(g/h),2007 年

轻型车辆（柴油/汽油混合）NO$_x$ 基准排放因子　　　　　　　附表 2-8

轻型车辆排放的 NO$_x$(g/h),2007 年

V(km/h)	坡度(%)						
	—6	—4	—2	0	2	4	6
0	8.5	8.5	8.5	8.5	8.5	8.5	8.5
10	9.9	9.9	10.9	21.4	31.0	25.0	37.5
20	9.9	9.9	15.0	34.2	37.5	29.1	34.6
30	9.9	9.9	20.4	41.3	37.0	40.0	59.2
40	9.9	9.9	25.6	32.8	35.8	60.1	88.1
50	9.9	9.9	28.0	29.3	48.5	80.8	117.7
60	9.9	9.9	36.9	32.2	67.6	109.9	152.8
70	9.9	9.9	38.0	47.6	68.4	143.1	194.1
80	9.9	9.9	28.8	68.1	92.9	180.4	241.6
90	9.9	22.5	38.1	93.9	156.9	223.2	295.3
100	9.9	27.0	61.3	129.0	199.3	276.7	360.5
110	9.9	29.6	93.2	168.8	250.3	339.7	436.2
120	25.8	54.8	133.5	217.5	311.2	413.5	464.9
130	29.9	91.8	179.7	276.3	383.1	430.2	501.6

轻型车辆（柴油/汽油混合）排放颗粒物基准因子（浑浊度）　　　　附表 2-9

轻型车浑浊度(m^2/h),2007 年

V(km/h)	坡度(%)						
	—6	—4	—2	0	2	4	6
0	6.3	6.3	6.3	6.3	6.3	6.3	6.3
10	1.4	1.4	1.6	3.9	5.8	7.7	9.7
20	1.4	1.4	2.5	6.4	9.7	12.9	16.4
30	1.4	1.4	3.7	8.9	13.3	17.9	22.7
40	1.4	1.4	4.8	11.1	16.7	22.9	28.7
50	1.4	1.4	5.2	12.8	20.1	27.3	34.6

轻型车浑浊度(m²/h),2007年						
V(km/h)	坡度(%)					
	—6	—4	—2	0	2	4	6
60	1.4	1.4	6.9	15.7	24.5	33.1	42.0
70	1.4	—	9.6	19.9	29.7	40.0	50.1
80	1.4	1.4	13.1	24.6	36.0	47.5	58.7
90	1.4	4.1	17.4	29.9	42.8	55.4	67.8
100	1.4	9.3	23.1	37.0	51.0	64.7	78.1
110	1.4	14.9	29.7	45.2	60.2	74.9	89.4
120	4.8	21.6	38.0	54.4	70.4	86.1	94.4
130	12.4	29.4	47.3	64.6	81.6	88.6	101.3

按欧洲综合排放标准的重型车辆（平均质量23t）柴油机 CO 基准因子 附表 2-10

柴油机重型车辆排放的 CO(g/h),2010年						
V(km/h)	坡度(%)					
	—6	—4	—2	0	2	4	6
0	45.7	45.7	45.7	45.7	45.7	45.7	45.7
10	35.2	40.1	58.1	68.5	76.7	87.1	96.8
20	25.6	36.4	55.6	73.1	88.7	107.4	125.1
30	23.4	37.3	66.0	79.9	101.9	130.5	156.6
40	21.4	34.3	67.7	86.8	116.5	154.3	186.9
50	21.4	31.6	66.6	91.7	133.6	176.7	220.2
60	21.4	27.4	62.4	97.2	151.4	200.3	254.7
70	21.4	22.7	57.4	105.1	167.8	226.1	290.5
80	21.4	23.7	62.4	117.5	186.9	254.5	329.6
90	21.4	26.0	70.5	134.6	207.3	283.3	368.4
100	21.4	31.1	81.0	154.2	227.9	312.0	407.1
110	21.4	34.9	93.1	171.2	247.3	340.5	445.5
120	21.7	49.4	106.8	184.1	266.9	368.7	483.6
130	25.0	59.1	123.5	195.4	286.2	396.7	522.2

重型车辆（平均质量23t）柴油机 NOx 基准排放因子 附表 2-11

柴油机重型车辆排放的 NOx(g/h),2010年						
V(km/h)	坡度(%)					
	—6	—4	—2	0	2	4	6
0	45.7	45.7	45.7	45.7	45.7	45.7	45.7
10	58.4	72.0	140.8	203.2	263.5	342.0	421.4

柴油机重型车辆排放的 NO_x (g/h),2010 年						
V(km/h)	坡度(%)					
	—6	—4	—2	0	2	4	6
20	36.7	61.4	128.4	236.5	354.7	514.0	655.8
30	32.6	64.1	185.7	286.0	467.6	699.7	913.3
40	29.2	56.9	196.4	339.9	586.9	891.7	1166.6
50	29.2	49.7	190.1	377.4	721.7	1080.6	1435.2
60	29.2	38.7	169.7	422.7	864.1	1278.9	1707.8
70	29.2	30.8	149.3	493.8	1005.0	1492.2	1983.3
80	29.2	32.5	178.1	595.1	1170.4	1710.2	2261.9
90	29.2	36.7	225.9	723.1	1337.9	1920.2	2537.5
100	29.2	49.3	296.9	881.1	1498.8	2125.4	2811.3
110	29.2	69.3	390.2	1033.9	1642.1	2328.0	3083.1
120	29.9	119.1	505.3	1146.9	1783.0	2528.7	3353.5
130	39.7	189.8	632.2	1235.1	1920.9	2727.5	3623.7

重型车辆（平均质量23t）柴油机排放颗粒物基准因子（浑浊度）　　附表 2-12

柴油机重型车浑浊度(m^2/h),2007 年						
V(km/h)	坡度(%)					
	—6	—4	—2	0	2	4	6
0	47.6	47.6	47.6	47.6	47.6	47.6	47.6
10	27.8	32.3	45.8	54.3	62.7	71.0	78.6
20	18.6	30.7	47.8	58.6	72.3	87.4	103.7
30	16.6	29.6	53.2	64.6	82.7	108.9	135.5
40	14.8	26.9	54.7	70.9	95.4	132.9	166.6
50	14.8	24.8	53.9	74.7	111.8	156.1	200.4
60	14.8	21.5	51.0	78.9	129.7	180.5	235.0
70	14.8	16.1	46.3	85.3	146.8	207.0	270.3
80	14.8	17.1	50.7	95.9	166.9	235.1	307.3
90	14.8	19.6	58.3	112.2	188.0	262.7	344.1
100	14.8	24.9	65.9	132.0	208.5	290.0	380.6
110	14.8	27.1	76.4	150.4	227.3	317.0	416.9
120	15.0	39.7	88.5	164.1	245.9	343.6	453.0
130	17.9	49.3	102.9	175.4	264.2	370.2	489.3

类型	CO	NO$_x$	浑浊度
15t 单一货车的质量 *	0.7	0.7	0.7
32t 货车拖车组合/半挂车	1.9	1.9	1.9

注：* 包括公共汽车。

时间因子 f_t

时间因子 f_t 考虑持续的车辆交通组成更新和新车更严格的排放标准的影响。由于缺乏对中国未来的交通组成的数据，具体影响时间因子 f_t 暂时还无法给出。

海拔因子 f_h

由于缺乏关于中国汽车的海拔因子的数据，具体的海拔因子目前还不能给出。

附录三　逐年递减的 CO 基准排放量

设计年限	CO 基准排放量（m³/(veh·km)）	
	交通工况	
	正常交通	阻滞交通
2005 年	0.00633	0.01356
2010 年	0.00572	0.01226
2015 年	0.00517	0.01108
2020 年	0.00467	0.01001
2025 年	0.00422	0.00905
2030 年	0.00382	0.00818

附录四　名词解释

城市地下道路 city underground tunnel

设置于城市地面以下供汽车与行人通行的，仅限通行非危险化学品的车行隧道。城区范围内的山岭、水下区域按城市隧道确定。

出入口 entrance and exit

在地下道路主线上设置的供车辆驶出或驶入地下道路主线的单向交通路口，一般通过匝道与衔接道路连接。

多点进出 multi-entrance and exits

城市地下道路除在两端与地面道路连接外，还在地下道路内通过匝道与其他道路相连接，形成多个出入口。

洞口 portal

地下道路洞身暗埋段的端部。

分岔隧道 branch tunnel

并行双洞由分离式隧道或小净距隧道逐渐过渡到连拱或全幅路基隧道的隧道设置形式，以满足两股车流在短距离内连续进行合流、分流的交通现象。

设计行车速度 design driving speed

又称计算行车速度，是指当气候条件良好、交通密度小、汽车运行只受道路本身条件（几何要素、路面、附属设施等）影响时，中等驾驶技术的驾驶员能保持安全顺适行驶的最大行驶速度。

机动车污染物排放量 vehicle emissions

是指各类型车辆单位时间、单位行驶里程排放某污染物的量（$g/(km \cdot s)$ 或 $m^3/(km \cdot s)$），该值等于各车型交通流量与对应车型平均单车污染物排放因子乘积的求和。

机动车单车污染物排放因子 vehicle emission factor

是指单辆机动车运行单位里程或单位时间所排放的污染物（g/km 或 g/h），它是计算道路车流污染物排放量、道路建设项目环境影响评价、道路通风设计、制定机动车污染物控制法规等的重要参考依据。

隧道测试法 tunnel test method

是在营运的交通隧道内通过检测过往隧道的机动车排入隧道内的污染物浓度，以及隧道内风速等的环境因素，应用大气扩散方程，从而得出单车平均污染物排放因子。

一氧化碳设计浓度 carbon monoxide concentration

隧道单位体积被污染空气中含有一氧化碳的体积，用体积浓度计量。

烟尘设计浓度 exhaust/smoke concentration

烟尘对空气的污染程度，通过测定污染空气中 100m 距离的烟尘光线透过率来确定，表示洞内能见度的指标，也称消光系数。

需风量 requested air volume

按保证隧道安全运营要求的环境指标，根据隧道条件计算确定需要的新鲜空气量。

设计风量 design airflow rate speed

以计算得到的隧道需风量为基础，满足运营要求，进行风机配置后达到的通风量。

设计风速 design ventilation speed

根据设计风量 Q 计算得到的空气在隧道内沿隧道轴向流动的速度。

风压 air pressure

分为静压、动压、全压。作用于各个方向上压强相等的空气压力称为静压；空气以某一速度流动时所产生的压力称为动压；任意测点处静压和动压之和称为全压。

纵向通风 longitudinal ventilation

通风气流在行车空间沿隧道轴线方向（纵向）的流动。

通风井 ventilation shaft

为公路隧道运营通风而设置的竖井、斜井和平行导洞。

通风阻力 ventilation resistance

是指气体流动时需要克服气体层间或气体与管道壁面的阻力。地下道路内通风阻力主要包括地下道路内沿程摩擦力及在地下道路进出口、地下道路断面变化时的局部阻力。

自然通风力 natural ventilation power

是由于自然风的影响、气压差及温差所产生的压力差形成的通风力。

交通风流 traffic flow

隧道内行驶的车辆会带动隧道内空气沿隧道流动，这种由机动车的行驶引起的风流叫交通风流，由于它类似于活塞的作用，所以也叫活塞风。

自然通风 natural ventilation

是指通过车辆通行产生的交通通风力或基于自然现象（温度差异的压力、隧道洞口之间气候影响的压力差）产生的自然通风力等实施的通风换气。

机械通风 mechanical ventilation

是指借助通风机作用使空气沿着预定方向流动，实现隧道内外空气交换。

运行通风量 operating ventilation

按保证隧道安全运营要求的环境指标，在隧道运营过程中通风设备应提供的新鲜空气量。

排烟系统 smoke exhaust system

采用自然排烟或机械排烟的方式，将隧道、附属用房等空间的火灾烟气排至室外的系统，分为自然排烟系统和机械排烟系统。

自然排烟 gravity smoke venting

利用火灾时产生的热烟气流的浮力和外部风压作用，通过短隧道洞口自由排出或通过竖井排出隧道的排烟方式。

重点排烟 concentrated smoke extraction

在隧道纵向设置专用排烟风道，并设置一定数量的排烟口。火灾时远程控制火源附近的排烟口开启，将烟气快速、有效地排出行车空间。

临界风速 critical velocity

采用纵向通风的隧道，防止（抑制）火灾时烟气回流的隧道断面最小通风风速。

热释放速率（HRR）heat release rate

是指在规定的试验条件下，在单位时间内材料燃烧所释放的热量。单位为"瓦特"，即焦耳/秒。热释放速率表达了火源释放热量的快慢和大小，也是火源释放热量的能力。HRR越大，燃烧反馈给材料表面的热量就越多，结果造成材料热解速度加快和挥发性可燃物生成量的增多，从而加速了火焰的传播。

轴流风机 axial flow fan

工质气体主要以轴向流动方式通过叶轮的透平式风机。

射流风机 jet fan

射流风机是一种特殊的轴流风机，主要用于公路、铁路及地铁等隧道的纵向通风系统中，提供全部的推力；也可用于半横向通风系统或横向通风系统中的敏感部位，如隧道的进、出口，起诱导气流或排烟等作用。

城市地下道路通风监控系统 ventilation monitoring system for urban underground road

专门针对城市地下道路开发的一款集交通监控、污染物监控、通风运营、数据采集为一体的隧道通风运营软件。

计算流体动力学（CFD）computational fluid dynamics

计算流体动力学是用电子计算机和离散化的数值方法对流体力学问题进行数值模拟

和分析的一个新分支。

名词缩写

ECE   欧洲经济委员会

EPA   美国环境保护署

EU   欧洲联盟

PIARC   世界道路协会

WHO   世界卫生组织

附 录 五   变 量 名 表

Q_{CO}——隧道 CO 排放量（m^3/s）；

q_{co}——设计目标年份的 CO 基准排放量（m^3/（veh·km））；

N_m——机动车设计交通量（veh/h）；

f_a——车况系数；

f_d——车密度系数；

f_h——海拔高度系数；

f_{iv}——车辆纵坡—车速系数；

f_m——车型系数；

n——车型类别数；

$q_{co}(v, i)$——单车基准排放因子（g/（h·veh））；

f_h——海拔因子；

f_t——时间因子；

f_e——其他技术标准相关因子；

Q_{NOX}——NO_x 排放量（g/（h·veh））；

$q_{NOx}(v, i)$——单车基准排放因子（g/（h··veh））；

$Q_{req(NO_x)}$——隧道稀释 NO_x 的需风量（m^3/s）；

Q_{NO_x}——NO_x 的基准排放量（g/（h·veh））；

N——交通流量（veh/h）；

L——隧道长度（m）；

V_t——机动车车速（m/s）；

n_{veh}——隧道内车辆数（veh）；

$q_{ex}(v, i)$——轻型汽油车随平均车速和道路坡度变化的基本排放因子（g/（h·veh）或 m^2/（h·veh））；

$q_{ne}(v)$——非排放颗粒因子（m^2/（h·veh））；

C_{adm}——NO_x 允许浓度（g/m^3）；

C_{amb}——NO_x 背景浓度（g/m^3）；

$Q_{req(NO_2)}$——隧道稀释 NO_2 需风量（m^3/s）；

$Q_{\text{req}(\text{VI})}$——隧道全长稀释烟雾的需风量（m³/s）；

Q_{VI}——隧道烟尘排放量（m²/s）；

K——烟尘允许浓度（m⁻¹）；

$Q_{\text{req}(\text{换})}$——隧道全长稀释空气中异味的需风量（m³/s）；

A_{r}——隧道净空断面积（m²）；

n_{s}——隧道全长空间不间断换气频率，最小换气频率不应低于每小时 3 次（次/h）；

v_{h}——隧道换气风速（m/s）；

$Q_{\text{主}i\text{req}}$——第 i 段主隧道直隧道段需风量（m³/s）；

$Q_{\text{匝}j\text{req}}$——第 j 段匝道段需风量（m³/s）；

$Q_{\text{主}(i-1)\text{req}}$——$i-1$ 段主隧道直隧道段需风量（m³/s）；

$Q_{\text{主}(i+1)\text{req}}$——第 $i+1$ 段主隧道直隧道段需风量（m³/s）；

$Q_{\text{匝}(j+1)\text{req}}$——第 $j+1$ 段匝道段需风量（m³/s）；

ρ——地下道路内的空气密度（kg/m³）；

ρ_0——标准大气压状态下的空气密度（kg/m³）；

T——通风计算点夏季气温（K）；

h——通风计算点的海拔高度（m）；

ΔP_{m}——隧道外自然通风力（N/m²）；

$\sum \Delta P_j$——隧道内机械风机升压力（N/m²）；

ΔP_{r}——隧道通风阻力（N/m²）；

ΔP_{λ}——地下道路内沿程阻力（N/m²）；

$\Delta P_{\xi i}$——地下道路内局部阻力（N/m²）；

λ——地下道路壁面沿程阻力系数；

L——地下道路长度（m）；

D——地下道路断面当量直径（m）；

ν_{λ}——地下道路内风速（m/s）；

ξ_i——地下道路局部阻力系数；

Δ——平均壁面粗糙度（mm）；

λ_{c}——曲线地下道路壁面摩阻损失系数；

R——曲线段平面曲线半径（m）；

ΔP_{h}——热位差（N/m²）；

ρ'——地下道路外的空气密度（kg/m³）；

Δz——地下道路两洞口间的高差（m）；

ΔP_{w}——动压（N/m²）；

v_{w}——隧道外大气自然风速（m/s）；

α——自然风向与隧道中线的夹角（°）；

ξ_{n}——全隧道总阻力系数；

v_n——隧道内平均自然风速（m/s）；

D_q——气动阻力（N/m²）；

C_D——气动阻力系数；

A_c——机动车正面投影面积（m²）；

ΔP_{ti}——1辆机动车产生的交通风力（N/m²）；

A_r——隧道通风面积（m²）；

A_m——汽车等效阻抗面积（m²）；

ξ_{in}、ξ_{out}——隧道进、出口局部阻力系数；

v_{ri}——隧道各段的平均风速（$i = 1 \sim 5$）（m/s）；

ΔP_{ti}——隧道i段的交通通风压力（$i = 1 \sim 5$）（N/m²）；

ζ_i——隧道进出口局部阻力损失系数（$i = 1, 2, 4, 5$）；

k_{ij}——三通i-j段的局部阻力损失系数；

ΔP_j——单台射流风机的升压力（N/m²）；

n——同一断面上的风机布置台数（台）；

$\Delta P'_j$——单台射流风机的额定升压力（N/m²）；

v_j——射流风机的出口风速（m/s）；

A_j——射流风机的出口面积（m²）；

η——射流风机位置摩阻损失折减系数。

参 考 文 献

［1］ 中华人民共和国交通运输部. 公路工程技术标准（JTG B01—2014）［S］. 北京：
人民交通出版社，2014.

［2］ 中华人民共和国住房和城乡建设部. 城市地下道路工程设计规范（CJJ 221—
2015）［S］. 北京：中国建筑工业出版社，2015.

［3］ 中华人民共和国交通运输部. 公路隧道通风设计细则（JTG/T D70/2-20—2014）
［S］. 北京：人民交通出版社，2014.

［4］ 世界卫生组织. 关于颗粒物、臭氧、二氧化氮和二氧化硫的空气质量准则（2005
年全球更新版）风险评估概要［Z］.

［5］ 旻苏. 机动车排放标准体系分析［J］. 世界标准化与质量管理，2006，（6）：
29-31.

［6］ 中华人民共和国环境保护部. 2009~2014 年中国机动车污染防治年报［Z］.

［7］ 李晓玲，吴烨，姚欣灿等. 广州市实施 I/M 简易瞬态工况检测方法的环境效果分
析［J］. 环境科学学报，2012（1）：101-108.

［8］ 邓顺熙. 公路与长隧道空气污染影响分析方法［M］. 北京：科学出版社，2004.

［9］ Pierson W. R. , Gertler A. W. , Robinson N. F. , et al. Real-World Automotive
Emissions-Summary of Studies in the Fort McHenry and Tuscarora Mountain Tunnels
［J］. Atmospheric Environment, 1996, 30（12）：2233-2256.

［10］ Johannes Staehelin, Kurt Schapfer. Emission Factors from Road Traffic from a Tunnel
Study（Gubrist Tunnel, Switzerland）. Part I：Concept and First Results［J］. The Sci-
ence of the Total Environment, 1995, 169（1）：141-147.

［11］ Colberg C. A. , Tona B. , Catone G. , et al. Statistical Analysis of the Vehicle Pollu-
tant Emissions Derived from Several European Road Tunnel Studies［J］. Atmospheric
Environment, 2005, 39（13）：2499-2511.

［12］ Kristnesson A. , Johansson C. , Westerholm R. , et al. Real-World Traffic Emission
Factors of Gases and Particles Measured in a Road Tunnel in Stockholm, Sweden［J］.
Atmospheric Environment, 2004, 38（5）：657-673.

［13］ Brousse P. , Carlotti B. , Measurement of Pollution Levels in Three Alpine Road Tun-
nels［C］. 11th International Symposium on Aerodynamics and Ventilation of Vehicle
TunnelsLuzern, Switzerland：7-9 July 2003：497-515.

［14］ Cheng Y. , Lee S. C. , Ho K. F. , et al. On-Road Particulate Matter（PM2. 5）and
Gaseous Emissions in the Shing Mun Tunnel, Hong Kong［J］. Atmospheric Environ-
ment, 2006, 40（23）：4235-4245.

［15］ 宋文斌，李文韬，高琪. 西安市机动车排放因子隧道测试研究及排放总量计算

　　　　［C］．第八次全国环境监测学术交流会论文集，2007.

［16］　王伯光，张远航，吴政奇等．广州市机动车排放因子隧道测试研究［J］．环境科学研究，2001，14（4）：13-16.

［17］　Johannes Staehelin, Christian Keller, Werner Stahel, et al. Emission Factors from Road Traffic from a Tunnel Study (Gubrist Tunnel, Switzerland). Part III: Resultsof Organic Compounds, SO_2 and Speciation of Organic Exhaust Emission［J］. Atmospheric Environment, 1998, 32 (6): 999-1009.

［18］　L. Gidhagen, C. Johansson, et al. Model Simulation of Ultrafine Particles inside a Road Tunnel［J］. Atmospheric Environment, 2003 (37): 2023-2036.

［19］　胡伟，钟秦．隧道实验测定南京市机动车 PM10 排放因子［J］．环境工程学报，2009，3（10）：1852-1855.

［20］　李琼，陈超，李俊梅等．基于城市地下道路污染物排放特性的交通特征调研［J］．上海理工大学学报，2012，34（5）：456-460.

［21］　Nadel C. Overview of the Central Artery/Tunnel (CA/T, Boston, Ma) Project and the Tunnel Ventilation Methodologies Employed to Ensure Public Safety and to Maintain Acceptable Internal Tunnel Air Quality［J］. Proc. The Air &Waste Management Association Annual Meeting &Exhibition, 1997.

［22］　韩星，张翛，张旭．公路隧道通风需风量计算中车密度系数的讨论［J］．重庆交通大学学报（自然科学版），2008，27（2）：217-220.

［23］　朱春，张旭．公路隧道通风设计需风量几个问题的研究［J］．地下空间与工程学报，2009，5（2）：364-367.

［24］　Bellasio R. Modeling Traffic Air Pollution in Road Tunnels［J］. Atmospheric Environment, 1997, 31 (10): 1539-1551.

［25］　Shinichi O., Kazuhiro S., Koichi M., et al. Development and Application of a Three-Dimensional Taylor-Galerkin Numerical Model for Air Quality Simulation Near Roadway Tunnel Portal［J］. J. Appl. Meteor, 1998 (37): 1010-1025.

［26］　Oettl D. A Simple Model for the Dispersion of Pollutants from a Road Tunnel Portal［J］. Atmospheric Environment, 2002, 36 (18): 2943-2953.

［27］　Axel Bring, Tor-Goran Malmstrom, Carl Alex Boman. Simulation and Measurement of Road Tunnel Ventilation［J］. Tunneling and Underground Space Technology, 1997, 12 (3): 417-424.

［28］　范厚彬，樊志华，董明刚．公路长隧道污染物的运移机理及一维解析分析［J］．交通运输工程学报，2002，2（3）：57-59.

［29］　金栋林．分歧与合流汽车隧道内气流流动及污染情况研究［D］．南京：南京航空航天大学，2007.

［30］　童艳，施明恒，龚延风．竖井型自然通风公路隧道气流与污染问题研究［J］．建筑热能通风空调，2009（4）：18-22.

［31］　苏文辉，傅琼阁，谢喻等．长沙南湖路湘江隧道通风方案初探［J］．公路交通

技术, 2014 (3): 113-119.

[32] Qiong Li, Chao Chen, et al. Influence of Traffic Force on Pollutant Dispersion of CO, NO and Particle Matter (PM2.5) Measured in an Urban Tunnel in Changsha, China [J]. Tunnelling and Underground Space Technology, 2015: 400-407.

[33] Chi-Ji Lin, Yew Khoy Chuah. A Study on Underground Tunnel Ventilation for Piston Effects Influenced by Draught Relief Shaft in Subway System [J]. Applied Thermal Engineering, 2008 (28): 372-379.

[34] Jaroslav Katoliekv, Miroslav Jieha. Eulerian—Lagrangian Model for Traffic Dynamies and Its Impact on Operational Ventilation of Road Tunnels [J]. Journal of Wind Engineering and Industrial Aerodynamics, 2005 (93): 61-77.

[35] Ming-TsunKe, Tsung-Che Cheng, Wen-Por Wang. Numerical Simulation for Optimizing the Design of Subway Environmental Control System [J]. Building and Environment, 2002 (37): 1139-1152.

[36] C. Stacey, M. Meissner. A Dynamic Simulator of Airflow and Pollution for Road Tunnel Networks with Longitudinal Ventilation [C]. The 11th International Symposium on Aerodynamics & Ventilation of Vehicle Tunnels, 2003: 159-169.

[37] J. Y. Kim, K. Y. Kim. Experimental and Numerical Analyses of Train-Induced Unsteady Tunnel Flow in Subway [J]. Tunneling and Underground Space Technology, 2007, 22 (12): 166-172.

[38] Brown A. B., Dabberdt W. F. Modeling Ventilation and Dispersion for Covered Roadways [J]. Journal of Wind Engineering and Industrial Aerodynamics, 2003, 91 (5): 593-608.

[39] 沈翔. 地下铁道活塞风特性的研究 [D]. 上海: 同济大学, 2004.

[40] 王峰, 王明年, 邓园也. 曲线公路隧道行车间距对活塞效应的影响研究 [J]. 工程力学, 2011, 28 (6): 195-199.

[41] Miroslav Sambolek. Model Testing of Road Tunnel Ventilation in Normal Traffic Conditions [J]. Engineering Structure, 2004, 26 (12): 1705-1711.

[42] T. Y. Chen. Investigations of Piston-Effect and Jet Fan-Effect in Model Vehicle Tunnels [J]. Wind Engineering and Industrial Aerodynamics, 1998, 73 (2): 99-110.

[43] 洪丽娟, 刘传聚. 隧道火灾研究现状综述 [J]. 地下空间与工程学报, 2005, 1 (1): 149-154.

[44] Haukur Ingason, Anders Lonnermark. Heat Release Rates form Heavy Goods Vehicle Trailer Fires in Tunnels [J]. Fire Safety Journal, 2005 (40): 646-668.

[45] Carvel R. O., Beard A. N., Jowitt P. W. The Influence of Tunnel Geometry and Ventilation on the Heat Release rate of Fire [J]. Fire Technology, 2004, 40 (1): 5-26.

[46] Heselden A. J. M. Studies of Fire and Smoke Behaviour Relevant to Tunnels [C].

Proceedings of the 2nd International Symposium of Aerodynamics & Ventilation of Vehicle Tunnels, Paper J1, 1976.

[47] Oka Y., Atkinson G. T. Control of Smoke Flow in Tunnel Fires [J]. Fire Safety Journal, 1995 (25): 305-322.

[48] Wu Y., Bakar M. Z. A. Control of Smoke Flow in Tunnel Fires Using Longitudinal Ventilation System s-A Study of the Critical Velocity [J]. Fire Safety Journal, 2000 (35): 363-390.

[49] Vauquelin O., Megret O. Smoke Extraction Experiments in Case of Fire in a Tunnel [J]. Fire Safety Journal, 2002 (37): 525-533.

[50] 王明年, 杨其新, 郭春编著. 高速公路隧道及隧道群防灾救援技术 [M]. 北京: 人民交通出版社, 2010.

[51] 吴德兴, 李伟平, 郑国平. 国内外公路隧道火灾排烟设计理念比较 [J]. 公路交通技术, 2008 (5): 113-117.

[52] 张旭, 徐琳, 韩星. 长大越江隧道组合通风设计分析 [J]. 暖通空调, 2008, 38 (2): 80-83.

[53] 李磊, 刘文利, 唐海, 王婉娣. 北京奥林匹克公园地下交通联系通道性能化防火设计研究 [J]. 科技导报, 2008, 26 (15): 41-46.

[54] Hu L. H., Huo R., Wang H. B., Li Y. Z., Yang R. X. Experimental Studies on Fire-Induced Buoyant Smoke Temperature Distribution along Tunnel Ceiling [J]. Building and Environment, 2007, 42 (11): 3905-3915.

[55] 彭伟. 公路隧道火灾中纵向风对燃烧及烟气流动影响的研究 [D]. 合肥: 中国科学技术大学, 2008.

[56] 阳东, 胡隆华, 霍然, 蒋亚强, 刘帅, 祝实. 纵向风对通道火灾烟气竖向分层特性的影响 [J]. 燃烧科学与技术, 2010, 16 (3): 252-256.

[57] Yoshimochi T. A Ventilation Control System Using Fuzzy Control for Two-Way Traffic Tunnel in Highway [C]. Aerodynamics & Ventilation Vehicle Tunnels Symposium, 1994: 873-881.

[58] Ferkl L, G. Meinsma. Finding Optimal Ventilation Control for Highway Tunnels [J]. Tunnelling and Underground Space Technology, 2007, 22 (2): 222-229.

[59] Li Y., L. Ling, J. Chen. Combined Grey Prediction Fuzzy Control Law with Application to Road Tunnel Ventilation System [J]. Journal of Applied Research and Technology, 2015, 13 (2): 313-320.

[60] 韩直. 秦岭终南山特长公路隧道通风控制研究 [A]. 中国公路学会 2005 年学术年会论文集 (上), 2005: 429-432.

[61] 郑继亭. 高速公路隧道环境数据处理与通风控制模型研究 [D]. 西安: 长安大学, 2012.

[62] 严蕾. 公路隧道通风安全控制系统的研究 [D]. 西安: 长安大学, 2014.

[63] 张立广, 刘正中. 城市隧道通风控制算法研究与实现 [J]. 自动化技术与应

用，2015.

[64] 中华人民共和国住房和城乡建设部. 民用建筑供暖通风与空气调节设计规范（GB 50736—2012）[S]. 北京：中国建筑工业出版社，2012.

[65] 中华人民共和国环境保护部. 环境空气质量标准（GB 3095—2012）[S]. 北京：中国环境科学出版社，2016.

[66] 王伯光，吕万明，周炎等. 城市隧道汽车尾气中多环芳烃排放特征的研究 [J]. 中国环境科学，2007，27（4）：482-487.

[67] 李素艳. 地下道路通行能力及交通设计研究 [D]. 上海：同济大学，2007.

[68] 道路隧道技术基准（换气篇）及解说 [Z]. 日本道路协会隧道委员会. 2001.

[69] PIARC-World Road Association，PIARC Technical Committee on Road Tunnels Operation（C5）. Road Tunnels：Vehicle Emissions and Air Demand for Ventilation [R]. France，2004.

[70] PIARC-World Road Association，PIARC Technical Committee on Road Tunnels Operation（C5）. Road Tunnels：Vehicle Emissions and Air Demand for Ventilation [R]. France，2012.

[71] 中华人民共和国环境保护部. 2015 年中国机动车污染防治年报 [J]. 环境与可持续发展，2016（1）：9-10.

[72] Irwin A. A.，Hudson G. J. Meeting Consumer Expectations for Air Quality in Road Tunnels [C]. Proceedings of the 11th International Symposium of the Aerodynamics and Ventilation of Vehicular Tunnels，Luzern，Switzerland，2003：139-157.

[73] 邓奕雯. 基于交通特征的城市地下道路污染物排放特性研究 [D]. 北京：北京工业大学，2015.

[74] 中华人民共和国公安部. 道路交通阻塞度及评价方法（GA115—1995）[S]. 北京：中国标准出版社，1996.

[75] 位楠楠，刘卫，肖德涛等. 隧道大气细颗粒物及其元素的粒径分布特征 [J]. 环境科学研究，2011，24（5）：475-481.

[76] 杨立新等. 现代隧道施工通风技术 [M]. 北京：人民交通出版社，2012.

[77] Yiwen D eng，Chao Chen，Qiong Li，Qinqiang Hu，Junmei Li，Yan Li. Measurements of Real-World Vehicle CO and NOx Fleet Average Emissions in Urban Tunnels of Two Cities in China [J]. Atmospheric Environment，2015，122（12）：417-426.

[78] 钟星灿，高慧翔，龚波. 交通风力自然通风作用原理探析 [J]. 铁道工程学报，2006（5）：82-87.

[79] 王晓磊. 城市道路隧道交通风作用下壁面压力的特性研究 [D]. 天津：天津大学，2011.

[80] Qinqiang Hu，Chao Chen，Qiong Li，Yiwen Deng，Yan Li，Haoting Yuan，Junmei Li. Research on the Simplified Calculating Method of the Traffic Force Ventilation for Urban Bifurcation Tunnel [C]. The 11th International Conference on Industrial Ventilation，October，26～28，2015，Shanghai.

［81］ 杨洪海，崔兴华. 公路隧道纵向通风系统射流风机选型计算［J］. 通风技术，2000（2）：17-19.

［82］ World Road Association. Fire and Smoke Control in Road Tunnels［R］. PIARC Report 05. 05. B. , 1999.

［83］ 中华人民共和国公安部. 建筑设计防火规范（GB 50016—2014）［S］. 北京：中国计划出版社，2014.

［84］ Directive 2004/54/EC. On Minimum Safety Requirements for Tunnels in the Trans-European Road Network［S］. The European Parliament and of the Council, April, 2004.

［85］ PIARC Report：Road Tunnels：Operational Strategies for Emergency Ventilation［R］. PIARC Technical Committee 3. 3 Road Tunnel Operation, 2011.

［86］ CETU（2003b）. Les Dossier Pilotes des Tunnel Équipements, Section 4. 1, Ventilation［C］. Centre d'Études des Tunnels, France, November, 2003.

［87］ PIARC（World Road Association）. Systems and Equipment for Fire and Smoke Control in Road Tunnels［R］. Final Draft of Proposed Publication, 2004.

［88］ 上海隧道工程轨道交通设计研究院. 道路隧道设计规范（DG/TJ08-2033—2008）［S］. 上海，2008.

［89］ 浙江网新电气技术股份有限公司. 国内外隧道空气净化技术应用于武汉东湖隧道工程的适应性分析（初稿）［D］. 杭州：浙江大学，2013.

［90］ 吕康成. 公路隧道运营管理［M］. 北京：人民交通出版社，2006.

［91］ 段昕. 公路隧道氮氧化物浓度安全指标研究及控制［D］. 重庆：重庆交通大学，2012.

［92］ 陶文铨编著. 数值传热学［M］. 第二版. 西安：西安交通大学出版社，2001.

［93］ McGrattan K. , Hostikka S. , Floyd J. NIST Special Publication 1019-5：Fire Dynamics Simulator（Version 5）User's Guide［M］. Washington：U. S. Government Printing Office, 2009.

［94］ 王惠宾，胡卫民，李湖生编著. 矿井通风网络理论与算法［M］. 徐州：中国矿业大学出版社，1996.

［95］ Handbok 021（2010）［Z］. Statens Vegvesen Vegdirektoratet, Norway, 2010.

［96］ Langrish J. P. Lundbäck M. , Barath S. , et al. Exposure to Nitrogen Dioxide Is Not Associated with Vascular Dysfunction in Man［J］. Inhalation Toxicology, 2010, 22（3）：192-198.

［97］ 蒋卫艇，郑晋丽，劳衡生. 长大公路隧道温升的初步探讨［J］. 地下工程与隧道，2006（1）：44-47.

［98］ 实用供热空调设计手册［M］. 第二版. 北京：中国建筑工业出版社，2002.

［99］ 公路长隧道通风方式研究［M］. 北京：科学技术文献出版社，2000.

［100］ 龚蕣杰，张华玲. 城市轨道交通活塞风井设计研究综述［J］. 制冷与空调（四川），2014，28（3）：354-357.

[101] PIARC (World Road Association). Fire and Smoke Control in Road Tunnels [R]. Report 05. 05. B. , 1999.

[102] 中华人民共和国公安部. 建筑设计防火规范（GB 50016—2014）[S]. 北京：中国计划出版社，2014.

[103] National Fire Protection Association. NFPA 502, Standard for Road Tunnels, Bridges, and other Limited Access Highways [S]. 1 Batterymarch Park, Quincy, MA, USA, 2014.

[104] National Fire Protection Association. NFPA 502, Standard for Road Tunnels, Bridges, and other Limited Access Highways [S]. 1 Batterymarch Park, Quincy, MA, USA, 2011.

[105] Highways Agency. BD 78/99 Design of Road Tunnels [J]. Design Manual for Roads and Bridges. Volume 2, Section 2, Part 9, 1999.

[106] National Fire Protection Association. NFPA 92, Standard for Smoke Control Systems [S], 1 Batterymarch Park, Quincy, MA, USA, 2012.

[107] RVS 09. 02. 31: Tunnel equipwent, ventilation, basic princples,, Velaion, Basin Pvinciples [M] Ventilation, Basic Principles [M]. Forschungsgemeinschaft Straße, Schiene, Verkehr, Wien, 2014.

[108] 中华人民共和国住房和城乡建设部，国家质量监督检验检疫总局. 建筑设计防火规范（GB 50016—2014）[S]. 北京：中国计划出版社，2014.

[109] Tunnel Air Cleaning Proposal [Z]. CTA International AS .

[110] 隧道工程 [M]. 北京：人民交通出版社，2001.

[111] 四川法斯特消防安全性能评估有限公司. 北京通州运河核心区市政配套工程北环环隧工程 [Z]，2012.

[112] 中国建筑科学研究院建筑防火研究所，建研防火设计性能化评估中心有限公司. 北京市丽泽金融商务区地下交通环廊工程性能化评估报告 [R]，2014.

[113] 中华人民共和国交通运输部. 公路隧道设计规范 第二册 交通工程与附属设施（JTG D70/2—2014）[S]. 北京：人民交通出版社，2014.